20 世纪中国图书馆学文库·93

读者服务的
组织与管理

袁琳 编著

圕 國家圖書館出版社

本书据武汉大学出版社 1998 年 3 月第 1 版排印

目　录

前　言

在现代社会中,图书馆的读者服务工作是一种有着丰富内容和深远意义的工作。它是图书馆工作的重要组成部分,也是展示社会精神文明和物质文明的窗口。特别是在社会的文献信息交流系统中,读者服务工作针对社会不同层次的文献需求,提供有针对性的服务,最大限度地满足了读者和社会的文献需求,对社会的精神文明建设和物质文明建设,发挥了巨大的作用,越来越显示出在整个文献交流系统中的重要地位。随着图书馆工作重心的转移,读者服务工作方法和手段的提高与发展,使读者服务理论研究不断深化,读者服务理论体系日益丰富和完善。

为了适应读者服务理论与实践发展的需要,在总结现有的读者服务理论成果与实践成就的基础上,结合长期在教学工作中的心得体会,我编著了这本《读者服务的组织与管理》教材,试图从理论上对读者服务的基本原理、基本方法和组织管理进行全面的阐述和探讨。

本书共分为八章,从图书馆读者服务工作的实践出发,分别论述了读者服务理论基础、读者队伍的组织与发展、读者文献需求与行为规律、读者服务方法体系及读者服务工作的组织与管理等问题,力图使读者服务实践经验与理论研究相结合,从而构成"读者服务研究"的完整体系。书后附有由梁芸、傅西平及武汉大学图书馆学专业'94级部分同学共同编制的"90年代以来读者服务工作研究论文索引"。

在本书的编著和出版过程中,得到了彭斐章、谢灼华、詹德优、肖希明、王秀兰、王巧云、何皓等同志的大力支持和帮助。图书情报学院资料室的全体同志也为本书的编写提供了全面的服务。责任编辑严红同志为本书的出版付出了大量辛勤的劳动。对于上述给予本书出版以支持和帮助的同志们以及参阅和引用过他们研究成果的专家学者们,我谨在此表示衷心的感谢。由于水平有限,本书缺点和错误在所难免,敬请专家和读者批评指正。

编著者

1997 年 12 月 2 日

第一章　绪论

在现代社会中,图书馆读者服务是一种有着丰富内容和深远意义的工作。它是图书馆工作的重要组成部分,是联系社会与读者的纽带,也是展示图书馆工作质量和社会文明程度的一个主要窗口。学习本章的目的,在于全面了解读者服务工作的概念、结构与性质,掌握读者服务的主要方针与原则,明确读者服务工作的社会作用与现实意义。

第一节　读者服务的内容、性质与作用

一、读者服务概念的含义

所谓概念,是指综合概括反映人们对思维对象的本质属性认识的思维形式,是人们对于客观对象的认识达到理性化的阶段,具有普遍性和抽象性。人们对概念的认识是随着社会实践过程不断深化而发展的。在现代社会中,"读者服务"概念有着特定的内涵和外延,它反映了人们对读者服务工作本质属性的科学认识。因此,阐明读者服务概念的含义及其本质属性对于建立读者服务理论体系有着非常重大的意义。

读者服务,是指图书馆根据读者的文献需求,充分利用图书馆

资源直接向读者提供文献和信息的一系列活动。也被称为读者工作或图书馆服务。它是一种特殊的服务,是利用图书馆资源所进行的文献服务,其目的就是通过开发利用图书馆的各项资源,来最大限度地满足读者的各种文献需求。读者服务的实质就是向社会传播知识,向读者传递文献信息。读者服务的对象是来自社会各个阶层的有着特定文献需求的社会成员。这就是图书馆读者服务与其他行业的服务(如商业、运输业服务)的主要区别。正是由于这种服务的特殊性,也就决定了图书馆读者服务特定的内涵和外延,它已绝非传统意义上的以借还图书为主的"读者服务"可以比拟的了。作为一个规范性的概念,现代的"读者服务"在内容上已经发展成为一个多成分、多层次的网络结构。它通常包含了四个方面的结构因素:

1. 服务的对象

读者服务的对象是读者,也被称为文献信息用户。"读者"是一个非常广泛的社会概念,对图书馆来说,读者通常指具有利用图书馆各种资源条件的一切社会成员,包括个人、集体和单位,都可以成为图书馆读者。读者既是文献信息的利用者,也是图书馆进行文献信息服务的接受者。离开了读者对文献信息的利用,也就不会产生读者服务活动。

2. 服务的基础条件

读者服务的基础是图书馆资源。它是开展读者服务的前提条件。图书馆资源含有多方面的内容,它主要指图书馆的文献资源、目录资源、建筑设备资源、专业干部资源以及其他劳动成果资源。图书馆资源有时也被专指为图书馆文献资源。在图书馆的各种资源中,文献资源和其他资源有着相互依存的关系。其中,文献资源是读者利用的主要资源,其他资源是开发利用文献资源的条件、媒介和发展结果。在现代条件下,读者对图书馆资源的利用不仅局限于文献资源,而且包含了对图书馆其他资源的利用;不仅局限于一馆的资源,而且还可以利用不同范围的多馆资源。实现图书馆资源共享,是现代图书馆读者服务工作发展的必然趋势。图书馆的各种资源都是为了提供读者利用,为读者服务,否则就失去了存在的价值和意义。

3. 服务的方法

读者服务方法是指针对读者特定的文献需求所采用的各种文献信息服务方式和手段。它是读者服务工作得以实现的前提,没有丰富多彩的读者服务方法,就不可能充分开发利用图书馆各种资源,也不可能通过各种途径来最大限度地满足读者特定的文献需求,以及广泛的社会信息需求。读者服务方法是一个多层次多功能的整体,各种服务方法相对独立,同时又相互渗透,相互联系,它不但能够满足读者以整本书刊为单位的文献需求,也能够不断满足读者以某一知识单元或信息代码为单位的信息需求。尤其是在科学技术高速发展的今天,人们通过计算机和现代化的通讯设施,不受时空和地点的限制,以多种方式查找到读者所需要的文献与信息。随着社会对文献信息广泛而高层次的需求,以及图书馆现代化的存储与利用方式,使读者服务方法体系逐渐发展并完善,充分发挥着综合性的整体功能。

4. 读者服务工作的管理

组织管理是读者服务工作顺利进行的有效组织保证。读者服务管理是指应用现代的科学方法和管理技术,对读者服务活动进行计划、组织、指挥、协调、控制的过程。它是对整个读者服务活动过程的管理,其实质是对读者服务系统的不断运动、发展和变化进行有目的、有意义的控制,有效地运用人力、物力、财力等基本因素,以达到实现最大限度满足社会文献信息需求的总体目标。读者服务管理是图书馆科学管理的重要组成部分,它既要遵循图书馆科学管理的总的原则,服从于图书馆系统管理,同时又自成体系,具有自己的管理特点。随着现代图书馆服务范围的不断扩大,服务内容日益增多,其影响与制约读者文献需求和阅读行为的因素也越来越多,越来越复杂。为使整个图书馆读者服务工作顺利、有序地进行,不断提高服务质量,并取得最大效益,就必须对读者服务的各个工作环节和运行过程实行科学的组织、计划、指挥、协调和控制,加强对读者服务工作的管理。

上述读者服务概念的四个不同要素相互联系,相互制约,读者是图书馆读者服务的对象和目标,图书馆资源是读者服务工作不可缺少的物质和人力条件,服务方法是读者服务的基本手段,组织管理是读者服务顺利进行的组织保证。

应该指出的是,"读者服务"概念与现代社会中广为运用的"信息服务"概念是有区别的。"信息服务"是以用户的信息需求为依据,面向用户所开展的一切服务性活动。它是社会化的信息开发、组织、传递和提供的系统性工作,其基点是围绕社会成员的信息需求开展全方位、多功能的服务,满足社会各方面的信息需求,以维持社会的正常运行,促进社会的进步和发展。信息服务的内容是相当广泛的,包括了口头信息服务、实物信息服务和文献信息服务。而我们所说的"读者服务"概念,则是以社会成员对图书馆资源,尤其是对图书馆文献资源的利用为前提条件的服务,它是在特定范围内的文献信息服务,具有专指性。两个概念在内容和范围上具有内在的联系,但又各有侧重,二者的目的是相同的,都是为了满足社会成员的信息需求。随着现代科学技术在图书馆的广泛应用,图书馆各项职能的延伸,图书馆的读者服务工作将会逐渐向信息服务方向发展,积极参与社会信息服务活动,使图书馆资源得到最充分的开发和利用。

二、读者服务的内容

从一般意义上来说,读者服务内容主要包括四个方面:

1.研究读者,组织读者

研究与组织读者,是读者服务工作的重要内容和前提条件,因为读者是图书馆这个社会组织的基本组成要素之一,读者的文献需求最直接、最具体地体现了社会的需要。它是图书馆赖以存在的土壤,也是图书馆不断发展的动力。在现代图书馆工作中,研究读者,就是要研究世纪之交的读者知识结构的跨学科性、读者文献需求的综合性、读者信息咨询的针对性和读者服务的有效性,等等。以读者知识结构现代化的探索和读者需求分析作为提高读者服务工作和图书馆管理工作水平的重要依据,使"图书更新"与"读者的知识更新"相适应,使读者服务管理方式的变革与读者需求的服务方式的变化同步。因此,对读者的研究与组织是读者服务工作中的基础性工作,是为读者服务寻求理论依据的活动。

研究与组织读者主要从以下几方面入手:(1)读者队伍的组织与发展。包括确定读者服务范围与服务重点,制定读者发展规划与计划,定期发展与登记读者,划分读者类型,掌握读者动态,组织与调整读者队伍等。(2)读者心理及行为规律研究。包括对读者阅读需求、阅读动机、阅读兴趣、阅读能力等心理活动的研究,读者文献选择行为和文献获取行为的分析,各类型读者需求特点的研究,读者阅读效果的评估等。(3)读者文献知识及信息意识的调查。包括对读者文献利用的途径、方式的调查,读者文献利用障碍的分析等。(4)一定社会背景下读者文献需求的整体考察。包括社会的发展与变化对读者文献需求的影响,社会环境与读者需求结构的关系等。

2. 组织各项服务活动

组织服务是读者服务工作的中心环节,即充分利用各种图书馆资源,有针对性地采取不同的方式向读者提供文献,以最大限度地满足读者的文献需求。组织各项服务活动,其主要内容有:(1)建立完善的读者服务方法体系。包括综合应用外借服务、阅览服务、复制服务、咨询服务、检索服务、定题服务、编译服务、报道服务、展览服务、情报服务等多种方式,有效地满足各类读者对文献的不同层次需求。(2)电子信息服务。即以电子计算机和现代化的网络技术为服务手段,以网上阅览、检索、参考咨询和查新服务为主要形式,为用户提供电子信息。(3)文献信息调研服务。包括文献信息的分析与综合,对文献信息进行综述、述评、预测,建立数据库等。(4)文献信息导向服务。即帮助读者解决在学习、研究、工作中选择文献的各种具体问题。

3. 组织各项宣传辅导活动

主动开展文献信息的宣传报道,有针对性地编制各种书目索引。参与读者选择文献、检索文献,以及开展阅读内容和阅读方法的指导。组织广泛的学术报告活动和科学技术交流活动,及时传递最新情报信息,普及与提高群众的科学文化知识。开展利用图书馆知识的宣传教育,有计划地开设文献检索课程或讲座,帮助读者学会利用图书馆,充分发挥图书馆的教育职能和情报职能,吸引更多的读者开发利用图书馆资源。

4. 组织管理工作

读者服务工作的组织管理是以有效利用图书馆资源,充分发挥人力和设备的作用,加快文献的传递速度,提高读者服务工作质量为主要目标。其主要内容包括:(1)读者服务对象的管理。制定读者发展的政策和计划,读者队伍的组织等。(2)读者服务人员管理。设置工作岗位,配备工作人员,明确岗位职责,建立业务人员考核、奖评制度等。(3)读者服务设施管理。合理组织利用各种设备,改善服务技术手段,确立开放制度,健全读者目录体系,为读者创造良好的阅读环境和条件,保证读者服务工作健康顺利地向前发展。

以上四个方面的内容相互作用,相互制约,缺一不可。其中,组织与研究读者是读者服务工作的前提条件;组织各项服务活动是读者服务工作的具体体现;组织各项宣传辅导活动是读者服务活动的基本要求;组织管理工作是顺利开展读者服务工作的根本保证。

三、读者服务工作的性质

读者服务工作在图书馆工作中占有极为重要的地位。那么,它是一项什么性质的工作呢?对于读者服务工作的性质,在不同的历史时期人们有着不同的理解和认识。在解放前的一些图书馆学文献中,通常认为读者工作是一种图书流通工作,其工作的主要内容就是为读者借还图书。解放后,随着图书馆性质的变化,读者服务部门为了配合各项社会政治运动,开展了许多图书宣传和阅读指导活动,使读者服务工作在内容上得到了新的发展,成为社会宣传教育的阵地。因而许多人又认为读者服务工作也是一项社会教育工作。在现代社会中,文献数量的与日俱增,社会文献需求日益广泛,要求读者服务工作以最快的速度从大量的文献信息中选取读者需要的文献,以满足读者的特定文献需求。这对图书馆以借还图书和宣传教育为主的读者服务工作提出了更高的要求。尤其是计算机网络系统的发展,使读者服务工作不仅在服务质量和速度上得到了提高,而且在服务的内容和范围上也得到了进一步的拓展。因此,人们又将读者服务工作看成是一种文献信息的传递工作。由此可见,读者服务工作随着社会需求的发展,有一个从低级到高级、由简单到复杂的发展过程,其工作性质不断发展变化。

读者服务工作的性质应该充分体现图书馆的基本性质,因为图书馆的性质及其对社会的作用,必须通过读者对图书馆资源的利用才得以体现。因此,就其读者服务工作的性质而言,主要有:

1. 中介性

图书馆是社会文献交流系统的有机组成部分,图书馆活动是文献信息的交流活动,其中心内容就是通过收藏与利用文献而进行社会知识信息的交流与沟通。在这个文献交流子系统中,读者服务工作在文献与读者之间起着联系和中介的作用。具体表现在:(1)在文献的聚集和流通中起着积极的中转作用。它既是文献信息的汇集点,又是文献信息的发送源。它以特殊的工作方式,广泛地搜集和掌握读者文献需求信息,同时又有效地组织文献、提供文献,最大限度地满足读者特定的文献需求。并通过对文献的提供和传递,进行人类知识的传播和交流,并使之得到继承和发扬。(2)在读者与文献之间起着媒介作用。图书馆丰富的文献资源只有被读者充分利用和广泛的交流,才能使文献中的知识转化为生产力,促进社会的发展,真正实现其存在价值。而读者对文献资源的利用,则是通过一系列的读者服务活动来实现的。因此,读者服务工作把图书馆的文献资源和特定的读者文献需求紧密地联系起来,它一方面要了解社会的文献生产状况及图书馆的文献搜集、加工和整理状况,另一方面又要研究读者的文献需求,把读者所需要的文献传递到读者手中,满足读者文献利用的要求。(3)在读者与知识信息之间起着“纽带”作用。文献中蕴藏着知识信息,读者服务工作通过文献的流通和提供使用,把读者的阅读活动和思维活动有机地结合起来,使文献中凝固的知识活化为流动的知识,把文献中潜化的知识转化为现实的知识,把前人留下的历史知识或综合性知识转化为现实生活中人们所需要的实际知识或专业知识。可以说,读者服务工作是读者与知识信息的“纽带”,是开启“智慧之门”的钥匙,是开发人类智力资源的“社会工具”。

从这个意义上来讲,读者服务工作是利用图书馆有序化的文献体系,通过各种服务方式的中介作用,将文献信息传递给读者,使读者从中获得知识,掌握信息,从而实现人类知识的继承、发展与创新。它是一项传播知识、进行文献交流的工作,是社会文献交流系统中的一个中间环节。

　　2. 社会性

图书馆读者服务工作作为人们共同使用人类精神财富的一种组织形式,它具有明显的社会性:一是图书馆的文献资源具有社会性,它是一种社会的文化资源,是人类共同创造的精神财富,开发与利用文献资源,对人类社会的发展有着重要的意义。二是图书馆的读者也具有社会性,他们来自社会的各个阶层,体现了社会不同层次的文献需求。满足读者的文献需求是现代图书馆读者服务的根本目的。图书馆资源被读者利用得越充分,图书馆的社会作用就发挥得越大。三是读者的阅读活动是一种社会活动,组织读者利用图书馆文献资源是一种社会行为。读者服务所提供的服务内容及读者对文献的选择和评价,往往取决于社会对人们世界观和行为规范所确定的标准。同时,读者阅读活动结果对人类自身的发展都会产生影响。四是读者服务工作必须面向社会的文献需求,才能充分实现图书馆的各项社会职能,发挥馆藏文献资源的潜在价值,提高图书馆的利用率,才能有利于读者服务工作自身的"造血功能",实现社会效益与经济效益的有机结合,促进图书馆事业的不断发展。因而读者服务工作具有社会性。

随着图书馆事业的深入发展,文献信息交流范围的进一步扩大,尤其是计算机与远距离文献传输技术的结合,一国之内和国际之间图书馆网络的建立和发展,必然使读者服务工作的社会化程度不断提高,它不仅是图书馆与社会联系的"窗口"和桥梁,而且还积极投入社会的行列,以其特有的方式在社会的科学技术发展过程中发挥着积极作用。

3. 教育性

读者服务工作是社会宣传教育的主要阵地,它充分体现了图书馆的社会教育职能。读者服务工作的教育性主要表现在:它通过文献的宣传和推荐活动,向社会宣传党和国家的各项方针政策,向读者进行革命理想、共产主义道德、爱国主义和国际主义等方面的教育。通过文献的提供和利用活动,向读者介绍文献知识与线索,辅导阅读和学习的方法,寻找治学的途径。通过服务和教育活动,为读者建立良好的自学环境,提高读者的自学能力、文献利用能力,培养读者的信息意识,提高学习效果。在现代社会,读者服务的教育性得到了强化和延伸。人们在自我发展的道路上越来越依赖于图书馆丰富的、动态的文献资源,同时也越来越依赖于读者服务工作的各项成果,使读者服务工作在现代社会生活中显示出新的活力。

4. 服务性

读者服务工作是图书馆工作的前哨,是联系读者与文献资源的桥梁。读者服务的目的是向读者提供他们所需要的文献,确保读者的阅读效益,通过各种途径来满足读者的文献需求。读者服务工作的开展是以工作人员的智力和体力的付出为前提的,并在读者文献利用活动中体现其自身价值。从这个意义上来说,读者服务是一种特殊的服务工作。其主要表现为:第一,为读者服务,满足读者文献需求是读者服务工作的宗旨,"一切为了读者"是读者服务工作的基本方针,读者的利益就是读者服务工作的首要利益。第二,"为人找书"、"为书找人"是读者服务工作的实质。为了使图书馆文献资源充分得到利用,读者服务工作人员必须牢固地树立服务意识,确立正确的服务观念,热爱读者,尊重读者,全心全意为读者服务,处处为读者着想,在服务方式和管理方式上,方便读者,使读者获得所需要的文献信息。

四、读者服务工作的作用

读者服务工作的作用主要体现在两个方面,即对图书馆工作的作用和对社会的作用上。

读者服务工作在图书馆工作中的作用表现为:

1. 读者服务工作直接体现了图书馆的性质、职能、方针和任务

读者服务工作是图书馆工作中的一线工作,它面向社会,广泛接触各种类型各种成分的读者群,是读者利用图书馆的窗口,是图书馆为读者服务的窗口。在为读者服务的过程中,它充分体现了图书馆的性质、职能、方针和任务,并与读者建立起密切的联系,使读者受益于图书馆,也使图书馆得益于读者。读者服务工作开展得好,不仅能使图书馆资源得到充分利用,而且能够带动整个图书馆工作的深入开展,使之呈现出一派生机勃勃的景象。反之,则不能充分发挥图书馆的社会作用。这是因为,图书馆的性质(社会性、学术性、教育性、服务性)只有通过直接面向读者的服务活动才能体现出来,其体现的程度,完全取决于读者服务工作满足读者的需求程度;图书馆的各项社会职能(传递科学技术信息、开展社会教育、丰富群众文化生活、保存文化遗产)也是通过读者服务工作而得以体现。图书馆若离开了文献信息的开发利用,离开了直接为读者提供服务的工作,也就失去了其存在的价值和意义。我国宪法中已明确规定了图书馆的基本方针是为人民服务,为社会主义服务。图书馆工作的基本任务是为社会主义物质文明和精神文明服务。所有这些的最终落实,都要通过读者服务的一系列活动体现出来。满足读者的文献需求是图书馆一切工作的起点和归宿,图书馆的各项工作实际上都是围绕着读者服务工作而开展的。因而读者服务工作是图书馆工作的中心环节,是图书馆工作的"尖兵"和"前哨"。

2.读者服务工作将图书馆资源和读者有机地联系起来,起着桥梁和纽带的作用

图书馆资源是读者服务工作的基础,读者是读者服务工作的灵魂。图书馆的一切资源都是为了提供读者利用,离开了读者的利用,图书馆也就没有存在的意义。如何使图书馆资源被读者充分利用,并能最大限度地满足读者对文献的需求,这是现代图书馆的基本要求。所以,图书馆一方面要将大量的文献资源和其他资源展现在读者面前,提供读者广泛利用,充分发挥其作用,另一方

面又要千方百计地满足带着不同目的和要求前来利用图书馆的读者的需要。读者服务工作起到了"为人找书"、"为书找人"的桥梁作用和纽带作用,将读者的文献需求和图书馆资源有机地形成一个整体,以解决读者需求的无限性与馆藏文献的有限性之间的矛盾;解决读者文献需求的特定性与文献内容的复杂性之间的矛盾;解决读者文献需求的个别性和文献资源共享性之间的矛盾等。把图书馆资源化为社会发展的生产力,把文献内容化为社会前进的知识动力,为社会的政治、经济、科学技术、教育提供深入而细致的服务。

3. 读者服务工作直接反映了图书馆工作的社会效果,是衡量图书馆业务工作质量的标志

读者服务工作的成效,满足读者需要的程度,解决读者文献需求的能力,直接反映了图书馆对社会发展的作用与效果,关系到图书馆的社会地位与影响。同时,通过图书馆的实际社会效果,又可以检验图书馆整个工作过程的质量及其使用价值。如在组织读者充分利用图书馆资源的过程中,我们可以了解到图书馆各种工作程序是否完备,图书馆工作的劳动成果是否得到了充分利用,在何种程度上转化为现实的使用价值,能否为社会做出有益的贡献等等。因此,读者服务工作是衡量图书馆一切工作质量、效益和价值的标志,也是提高图书馆社会地位的有效途径。

读者服务工作对社会的作用主要有:

1. 为促进科学技术的迅速发展提供有力的信息支持

江泽民同志在中国共产党第十五次全国代表大会上所作的报告中指出:"科学技术是第一生产力,科技进步是经济发展的决定因素。要充分估量未来科学技术特别是高技术发展对综合国力、社会经济结构和人民生活的巨大影响,把加速科技进步放在经济社会发展的关键地位,使经济建设真正转到依靠科技进步和提高劳动者素质的轨道上来。"实施科教兴国战略和可持续发展战略,

是我国经济体制改革和经济发展的战略目标。要实现这个目标，就要从国家长远发展需要出发，加强我国基础性研究和高技术研究，加快实现高技术产业化。强化应用技术的开发和推广，促进科学技术成果向现实生产力转化，集中力量解决经济社会发展的重大和关键技术问题。所有这一切，都不能离开科技信息的传递和利用，因为科技信息作为科学技术的直接体现，在人类社会、经济和科学技术发展的信息传播中，发挥着重要的主导作用。而作为科技信息传播与交流主渠道的图书馆读者服务工作，在科技信息的传递与利用上提供了有力的支持，成为促进科学技术发展的信息保证。它通过各种途径主动与社会取得联系，广泛、全面、准确、快捷地提供文献信息和各项服务活动，节省读者查阅文献的时间，从而可以多出成果，快出成果。尤其是当今全世界处在以信息开发为主导的新技术革命时代，新的发明创造、新的发现、新的改革、新的学科不断涌现，各种知识信息剧增，任何个人都不可能离开图书馆或信息机构去广泛全面地收集有关的文献资料。因此，图书馆在社会发展中越来越显示出其重要作用。图书馆的读者服务工作为科学技术的进步，为社会经济的发展做出了直接的贡献。

2. 为培养社会主义建设人才，提高全民族的科学文化水平提供物质条件

提高劳动者的思想道德素质和科学文化素质，为经济发展和社会全面进步提供强大的精神动力和智力支持，培育适应社会主义现代化要求的一代又一代有理想、有道德、有文化、有纪律的公民，是我国文化教育建设长期而艰巨的任务。图书馆是社会的宣传、教育机构，担负着对广大的社会成员进行思想教育、科学宣传、普及文化、提高专业知识、开发人类智力、培养社会人才等多方面的任务。它通过文献信息，传播科学文化知识，向读者进行教育，促进科学文化事业的发展。它是专业教育的补充活动，是学校教育的辅助机构，是社会教育的重要场所。作为图书馆工作的前沿

阵地,读者服务工作采用多样化的教育形式,现代化的教育手段,组织读者利用图书馆资源,不断丰富读者的知识,提高读者的科学文化水平。如通过文献提供和文献检索等服务方法,使读者获得所需要的知识和信息;通过举办各种学术报告会、读书座谈会、图书展览会、阅读欣赏会等多种形式的文学艺术宣传活动,吸引读者,启发读者,增强阅读效果。同时,读者服务工作还为读者提供良好的学习环境和周到的服务,为我国"四化"建设培养大批专门人才提供了较好的物质条件。

3. 为加强社会主义精神文明的建设提供积极的服务活动

建设以共产主义思想为核心的社会主义精神文明,是全党全民的共同任务。营造良好的文化环境,是提高社会文明程度、推进改革开放和现代化建设的重要条件。图书馆不但是社会的科学文化教育机构,也是社会精神文明建设的"窗口",是对广大人民群众进行共产主义思想教育和宣传党的路线、方针、政策的重要阵地。它通过各种优秀文献的推荐、宣传、流通和辅导,为读者营造良好的阅读环境,对读者的思想意识起着潜移默化的作用,产生积极的教育效果,促使更多的社会成员成为有理想、有道德、有文化、有纪律的劳动者;通过开展健康文明的阅读活动,不断提高精神文化生活的质量,如读者服务工作中积极配合各种社会运动开展读书活动,深受读者欢迎,效果良好,为加强社会主义精神文明建设做出了重大贡献。

第二节　读者服务工作的方针与原则

一、读者服务工作的基本方针

读者服务工作的基本方针是伴随着读者服务工作的产生和发

展应运而生的,它是在长期实践的基础上总结出来的,并经过高度概括的宏观战略思想,它反映了读者服务工作的客观发展规律,是读者服务工作的前进方向、奋斗目标、理论依据和行动准则。

1. 读者服务指导方针的提出与发展

早在 1876 年,美国近代图书馆学家杜威就曾提出读者服务的"三适当"准则,即"在适当的时间,给适当的读者,提供适当的图书"。"三适当"准则,从读者需要出发,将文献的选择、提供与读者服务工作结合起来,对于确立读者服务的指导方针具有开拓意义。

20 世纪初,伟大的革命导师列宁在研究和肯定美国、瑞士等西方国家图书馆工作的经验之后,对俄国图书馆事业的发展提出了一系列的论述,形成了丰富而深刻的思想体系。对读者服务工作,列宁曾明确指出,图书馆要"方便读者","吸引读者","满足读者对图书的一切要求","帮助人民利用我们现有的每一本书"等等。列宁认为,在服务方向上,图书馆要充分重视藏书的流通和使用,"不仅对学者和教授开放,而且也对一般群众和市民开放",要尽可能吸引读者,方便读者,迅速满足读者对图书的一切要求;在服务范围上,要尽量扩大新读者,各机关团体图书馆要向社会公开开放,变为公共使用的图书馆;在服务方式上,图书馆要广泛采用馆际互借的方式,提供各馆藏书的免费服务,并采用开架借阅方式,方便读者利用;在图书馆的开放时间上,要像文明国家的图书馆那样方便读者,延长开放时间,节假日也不例外;在服务工作中,要注意提高参考书的利用率,从读者的需要和使用效果出发,将执行制度的原则性与灵活性有机地结合起来;在办馆方法上,要广泛地宣传图书馆,让广大人民群众了解图书馆,开展工作竞赛,吸引读者并充分依靠社会力量参与管理工作。列宁关于读者服务的思想体系,是辩证唯物主义和历史唯物主义原理的具体体现,其核心就是"一切为了读者",从读者的利益出发,以满足读者的需要为

15

根本目的。对我们明确读者服务工作的战略目标和指导思想具有深远的历史意义和现实意义。

印度图书馆学家阮冈纳赞在其1931年出版的著名论著《图书馆五原则》中明确指出：第一，"书是为了利用的"；第二，"书是为一切人而存在的"；第三，"给读者所有的书"；第四，"节省读者的时间"；第五，"图书馆是生长着的组织"。阮冈纳赞的《图书馆五原则》，是杜威图书馆服务"三适当"准则的继承和发展，为现代东西方国家图书馆的读者服务工作的指导方针的确立，奠定了思想基础。

20世纪50年代以来，西方国家提出了"服务至上"、"读者第一"的口号，我国图书馆界在总结解放以来图书馆工作经验的基础上，提出了"一切为了读者"、"为人找书，为书找人"等战略方针，这是我国构建图书馆工作以读者为核心的最早尝试，含有丰富的实际内容和深刻的理论思想。它是读者服务工作实践经验的总结，是图书馆事业发展的必然成果，是读者服务工作客观规律的反映。"一切为了读者"的战略方针，是人类智慧的共同结晶，其战略思想对一切国家、一切民族的各类型图书馆的读者服务工作都具有普遍的指导意义。

2. 面向21世纪的读者服务指导方针

李鹏总理在《第六十二届国际图联大会开幕式上的讲话》中指出："历史即将跨入21世纪的门槛。知识、信息、文献在经济和社会中的重要性，比以往任何时候都更加明显。图书馆的重要性因此而更加突出。……我们尊重知识，重视人才，强调科学技术是第一生产力，倡导科教兴国，大力加强社会主义精神文明建设。这一切，都加大了图书馆和图书馆工作者的历史责任。"21世纪是信息时代，由于信息技术的飞速发展，极大地丰富了信息资源，提高了信息质量，促进了信息传播，使信息这一战略资源日益成为经济发展不可缺少的重要因素。图书馆作为社会信息服务系统的重要组成部分,既面临着时代变革所带来的严峻挑战,也迎来了适应社会需求而出现的发展机遇。面对社会的重任和时代的挑战,图书馆的读者服务工作从内容到形式有了许多新的创造和新的发展。以计算机技术、通信技术和光盘技术、多媒体技术等信息技术构成的图书馆自动化基础,是图书馆读者服务从传统模式走向现代化的信息动力与信息保证,使以提供文献为主的服务功能延伸为以向社会提供最新的各类型载体的知识、信息为主的服务功能;使读者服务工作从以中介性质为主的被动服务方式转化为参与性的主动服务方式;使读者服务的组织形式从集中、单一的形态转化为分散、多元化的形态。丰富的社会实践活动使读者服务工作在理论和观念上发生了许多引人注目的突破。80 年代以来,我国图书馆界为配合经济建设的发展和两个文明建设的发展,提出了"读者至上,服务第一"的指导方针,它以读者需求为核心,以满足社会需求为准则,把为读者个体的服务扩展为为社会服务,使读者服务活动成为具有明确社会目的性的活动,即以经济建设为中心促进社会进步和人民素质的全面提高。图书馆读者服务是一种社会行为,它是以文献资源共享为主要内容的社会活动。"读者至上,服务第一"的指导方针是对"一切为了读者"方针的继承和发展,充分揭示了读者服务与图书馆各项工作之间的辩证关系,表明:

第一,读者是图书馆发展的动力。图书馆是社会需要的产物,这种社会需要的具体表现就是读者需要。图书馆是以读者为对象的社会实体,没有读者,就不会有图书馆的存在;没有读者的发展,也就不会有图书馆的发展。图书馆对社会所起的作用,是以最终落实在读者需求上为终点和起点的。图书馆与社会之间的互动关系也就是图书馆与读者之间的关系。同时,读者作为图书馆生存与发展的土壤,其消长进退始终与图书馆的发展息息相关。因此,在信息浪潮的冲击下,在发展变化的时代里,关心读者、尊重读者、发展读者、研究读者、提高读者的信息意识,已成为图书馆事业发展的根本途径。

第二,图书馆工作必须以读者及其需求为核心。满足需求是图书馆工作的根本目的。对读者需求的满足程度及效果的大小是衡量图书馆工作整体成效的主要标准。由于信息社会发展总体条件的变化,带来了信息社会图书馆的巨大变化,由传统的图书馆转变为电子图书馆、数字图书馆(虚拟图书馆),无论是从信息源到存贮媒介、从传输系统到服务内容都发生了质的变化,图书馆读者成分与结构及其利用图书馆的方式和使用频率的变化,导致了图书馆各项工作都必须以读者需求为核心,树立读者的利益至高无上的观念,全心全意为读者服务,急读者之所急,想读者之所想。图书馆各项工作都要随着读者需求的变化而变化,与读者的需求相适应,以提高图书馆工作的整体效益。

第三,强调了服务的重要性。图书馆读者服务工作必须以最大限度满足读者需求为最终目的。在21世纪的图书馆读者服务中,由于信息高速公路的发展使人们进行信息交流的时间、距离变短,信息交流量的急剧增加,使信息交流的速度更快;二、三次文献的利用,使人们更容易寻找到有价值的需求信息;多媒体技术的运用,改善了人们信息表示的方法,使一个人去理解另外一个人头脑中的概念的途径变短;而超文本则把人的大脑中的知识插入计算机之中,对读者交流思想、启迪思维、激发联想起到了增智的作用。先进技术使读者获得了最大范围的知识,同时也为读者服务工作达到新的目标提供了充分有利的条件。它要求读者服务工作要千方百计地了解读者需求,激发读者潜在的文献需求,并尽最大的努力满足读者的文献需求,提高读者的阅读效益。

传统图书馆读者服务工作提倡"一切为了读者"的指导原则,依然是做好21世纪图书馆读者服务工作的基本思想,但21世纪图书馆读者服务的工作目标,不再满足于"为人找书"、"为书找人"的文献获取过程,而是更加注重将各项读者服务活动与读者

18

需求直接结合起来,积极参与到社会活动之中,最大限度地满足读者需求,以提高文献信息利用的整体效益。

二、读者服务的基本原则

读者服务的基本原则是对读者服务工作的基本要求,是读者服务指导方针的具体体现,它贯穿在图书馆读者服务的整个活动过程之中。总的来说,读者服务工作应遵循主动服务、充分服务、区分服务、科学服务四项基本原则。

1. 主动服务原则

所谓主动服务,从广义上说,是指以读者和社会的文献需求为核心,以积极的态度和服务精神,采取各种措施主动地为社会服务。从狭义上说,是指读者服务工作者要调动一切积极因素,主动参与社会活动,深入细致地提供各项文献信息服务。在以经济建设为中心的新时期,图书馆要增加情报服务的内容,以情报传递与利用为工作重点,主动向社会提供信息,从深度和广度上充分揭示文献信息的内容。如广东省中山图书馆海外中文报刊信息中心利用馆藏丰富的海外报刊,根据各级领导需要了解海外对内地改革开放评论性的信息,开发出《决策内参》(机读版),并通过广州信息中心进入国家联合信息网,拥有了近千个用户,对有关政府部门领导决策起到了一定的参谋作用。

主动服务原则,对图书馆工作人员和读者服务工作提出了更高的要求。

首先,图书馆工作人员应具备良好的思想素质。要牢固地树立"全心全意为读者服务"的思想,正确认识读者服务工作的意义及社会地位,充分认识到读者服务工作不仅仅是一种图书的借还工作,它是社会文献信息交流的"窗口"和"桥梁",是一种提供信息、知识和情报的高层次的智力和知识服务。读者服务与社会的发展息息相关,为社会主义经济建设和精神文明建设添砖加瓦。

作为读者服务工作人员,要具有无私的奉献精神和强烈的事业心,不计名利,满腔热诚地为读者提供服务,充分体现认真负责的工作态度和高度的工作责任感,尊重读者,理解读者,文明服务,主动为读者排忧解难,做读者的知心人。如上海图书馆新馆读者服务中心以"辛苦我一人,方便众读者"为座右铭,提倡"百问不厌,百问不倒",挂起了读者服务箱,建立读者服务行为规范,总结"服务忌语",建立"阅览区巡视员"制度,推出服务明星,为方便读者做出了积极的尝试和设想。主动服务,强调的是读者的利益,读者服务工作只有从满足读者的需要出发,才能在与社会和读者的联系中求生存,求发展。

其次,读者服务工作人员应具有良好的心理素质。读者服务活动是图书馆与读者之间所进行的交流与沟通,交流双方应具有良好的心理联系,这是创造良好心理情境的重要条件,直接关系到图书馆资源的利用率和利用效果。现代图书馆工作中,图书馆应与读者建立起相互信任的心理相容关系,充分体现利用馆藏人人平等,对待读者一视同仁。只有这样才能使读者工作具备一种与读者的需求相适应的心理情境,才能为顺利开展读者服务活动创造必备的条件与环境。主动服务,要求在接待读者的过程中,尊重读者的意愿和意见,充分利用现有条件和积极创造条件,开展尊重读者的各种活动;通过日常接待和座谈、问卷等形式,主动与读者进行心理沟通,与读者在心理上进行"角色互换",从而建立心心相印、相互依赖的牢固心理基础,使图书馆充分依赖与读者的心理联系,深刻领会和理解读者的需求,主动提供文献信息,促进图书馆资源的开发和利用;同时也使读者通过读者服务工作获得所需要的文献信息,满足需要。要做到这一点,就要充分发挥自身的优势和主观能动性,发挥图书馆的各种职能和作用。不能墨守陈规地等待读者,等待社会对图书馆资源的开发和利用,而应该以积极、主动的姿态,投身于火热的社会实践活动之中,主动地了解社

20

会，了解读者，与社会和读者保持密切的联系，尽可能地利用各种条件和形式宣传图书馆的社会作用，让读者熟悉读者服务工作的具体方法和途径，并充分利用图书馆资源，使之真正成为积极的开放的信息中心。

再次，读者服务工作人员应具有较高水平的职业素质。图书馆是保存和传播人类文化知识的重要阵地，肩负着宣传马列主义、毛泽东思想、邓小平理论、建设社会主义的物质文明和精神文明的重要任务。作为直接为读者提供精神食粮的读者服务工作人员，应该自觉树立和培养职业责任感，养成良好的工作作风，努力提高自身的职业技术水平。读者服务工作是一种学术性、技术性、创造性都很强的工作。随着现代科学技术的发展，人们的需求范围越来越广泛，求知面越来越宽，知识的专业化和综合化程度也越来越强，读者对图书馆的要求越来越高，如果读者服务人员业务水平不高，不能圆满地解决读者提出的问题，或者不能很好地满足读者的需求，也就不可能深入开发利用图书馆资源，影响了读者对图书馆资源的利用和使用频率。因此，要主动提供服务，就要求读者服务人员掌握广博的科学文化知识和图书馆学专门技能，掌握扎实的业务基本功，以丰富的科学知识和文献知识，帮助读者解决各种实际问题。

随着我国经济体制改革的不断深入，社会文献信息需求的日益增强，图书馆读者服务工作面临着严峻挑战。传统图书馆中"等、靠、要"的依赖思想以及被动服务的工作局面已经严重地束缚了图书馆自身的活力和发展，读者服务工作难以得到突破性的发展。为了适应新的形势和新的社会需求，读者服务工作要坚持"读者至上，服务第一"的基本方针，自觉遵循主动服务的原则，注重读者需求，主动吸引读者，更多地向主动服务、开拓服务市场的方向努力。尊重读者，提供文明、亲切、优质的服务，使广大读者都能充分享受社会的精神财富和信息资源，实现图书馆的各种社会职能。

2. 充分服务原则

所谓充分服务,就是要求读者服务工作人员全面开发利用图书馆资源,最大限度地满足读者需求,充分发挥图书馆为社会主义物质文明和精神文明服务的职能。由于图书馆资源是社会共同的财富,每个社会公民都享有充分利用的平等权利。而且文献资源又是一种软资源,它与其他的物质资源有着明显的不同,其最显著的特点就是它必须在应用中实现其自身的价值。如不及时应用,则失去了文献资源存在的生命力,因而它是一种活资源。文献信息的使用频率越高,其社会价值就越大,所发挥的作用也越大。因此,充分服务是图书馆事业发展的必然趋势,是社会对读者服务工作的客观要求。

要做到充分服务,必须做好以下几个方面的工作:

首先,要扩大读者服务范围,提高文献信息利用的普及率。图书馆是社会文献信息传播与交流机构,各类型图书馆除了为本单位本系统读者提供服务外,还应向社会开放,为所有的社会成员服务,以扩大文献信息利用的覆盖面。尤其是在市场经济条件下,社会经济活动中的主体成分应成为图书馆读者服务的主要对象。要采用多种方式,运用公关艺术,尽量扩大读者范围,增加读者数量,提高文献信息利用的普及率。

其次,要做好图书馆资源的开发利用和宣传报道工作。广泛深入地揭示、宣传、报道文献信息,是读者服务工作多层次、多途径开发利用图书馆资源的有效措施。图书馆应加强文献信息的开发利用与宣传报道工作,从大量的文献中开发出符合现实需要的、有用的、重要的文献信息,并及时地让读者充分了解文献信息的收藏及开发利用情况,吸引更多的读者利用图书馆资源,把"静态"的文献内容变为动态的、多方面的、多层次的知识信息,从而把图书馆这座知识的宝库,变为人人都能利用的"知识喷泉"。

第三,要注重读者需求发展与变化。读者需求是读者服务工作的原动力。充分服务原则的基本出发点,就是要挖掘一切潜力,调动一切因素,千方百计地满足读者需求。因此,读者服务必须注重读者需求的发展与变化,尤其是要注重在充分满足读者现实的文献需求基础上,激发读者的潜在需求(包括现实读者未表达出来的文献需求和潜在读者的文献需求)。目前我国图书馆在读者服务过程中,往往比较注意读者的现实需求而忽略了读者的潜在需求。有时在不了解读者需求变化的情况下,闭门造车,生产出一些针对性不强、质量不高、实用性不大的信息产品,造成了图书馆资源的浪费。由于图书馆和读者之间缺乏沟通和了解,使许多读者有文献需求而求助无门,而图书馆丰富的资源又无人问津,大量的潜在需求被拒之于图书馆大门之外。要改变这种状况,就要深入到社会各阶层中去、深入到读者中去,及时地了解和掌握读者需求的发展与变化,并不失时机地向社会各界大力宣传图书馆的社会职能,包括对读者文献需求服务的内容和功能、人才技术力量、业务范围等,为读者搭起一座文献信息的供需桥梁,源源不断向读者输送丰富的知识和信息,从而使大量的潜在读者转化为图书馆的现实读者,使读者潜在的文献信息需求转化为现实需求,并以最大的努力来满足读者的这些需求。

总之,图书馆作为社会智力资源的传递与流通系统,要与整个国民经济及科学教育文化事业的发展相互依存、同步发展,以满足社会文献需求为己任,将一切可以利用的资源充分利用,将一切具有阅读能力的社会成员变为图书馆的现实读者,使图书馆在服务中求生存,在服务中求发展。

3. 区分服务原则

区分服务就是要求读者服务人员根据读者的不同需求特点,采取不同的服务方式,提供不同内容、不同范围、不同层次的文献信息。它是由图书馆服务机构的性质、任务和服务方式的多种功能所决定的;是由多层次、多级别的藏书结构与读者结构决定的;是由图书馆的各项社会职能决定的。

首先,图书馆根据读者的需要和藏书的使用特点,分别设置了具有各种功能的部门和机构,如借阅流通部门、参考咨询部门及宣传辅导部门等。各个部门按职责分工分别开展多种方式的服务活动,如外借服务、阅览服务、复制服务、咨询服务、检索服务、定题服务、情报服务,等等。这些多种功能的服务机构和服务方式,决定了读者服务工作的存在方式,必须按照各种机构和部门自身运作的客观规律,提供服务。

其次,图书馆的文献收藏体系,是一个多级别、多层次的动态结构。不同的内容范围、不同的载体形式、不同的使用方式,组成了动态的文献资源体系。同时,图书馆读者类型及其需求特点,也是一个多层次多级别的动态体系结构。不同职业、不同年龄、不同文化程度、不同兴趣爱好以及不同使用权限的读者群,对图书馆的需要是多级别并不断发展变化的。图书馆的文献资源体系和读者文献需求体系是相互对应、相互依赖的关系。读者服务工作应当针对不同读者对不同类型的文献需求规律和特点,进行分别组织,提供分别服务,这样才能使图书馆资源在区分中保持平衡发展,藏以致用,各得其所。

第三,图书馆是一个有机的整体,其各项社会职能的具体体现,在整体活动的有机联系中,因其固有特点而相互区别。各项社会职能本身的层次结构及功能效果,具有不同的目的和要求,需要不同的服务内容和服务方法来实现。如图书馆的社会教育职能的实现,必须根据社会的一般教育、专业教育、思想教育、技术教育、综合教育的不同内容,来分别组织文献资源,利用文献资源,才能收到应有的教育效果。图书馆的文献信息传递职能,其内容范围涉及到科学研究的各个领域,其本身就是区分服务的表现。图书馆的文化生活职能,要满足读者不同的兴趣和爱好,也必须贯彻区分服务的原则。

总之,区分服务是读者服务工作的总政策,只有贯彻了区分服务原则,才能提高读者服务工作的效率,提高质量,才能真正满足读者各种需求。否则,读者服务工作就会失去针对性。

4.科学服务原则

科学服务就是要遵循读者服务工作的自身规律,按照科学的思想,以科学的态度、科学的方法、科学的管理措施,组织读者服务活动。这是对读者服务工作的基本要求,也是体现读者服务学术性的具体表现。

科学的思想,是指在读者服务工作中,要着眼于全局,善于运用全面的、联系的、发展的观点去认识问题、解决问题,以开发利用图书馆文献资源,充分和有效地满足读者的各种需求为依据,加强各方面的联系,搞好平衡协调工作,不断解决矛盾。

科学的态度,即实事求是,一切从实际出发,讲究实效。不搞浮夸,不追求表面形式,不片面迎合读者,将读者需要与图书馆的具体任务和主观条件结合起来,进行研究,切实帮助读者解决各种实际问题。

科学的方法,是理论联系实际,采用先进的、实用的、有效的方法,提高工作效率和服务质量。

科学的管理措施,代表着图书馆和读者的根本利益,是顺利开展服务工作的保证。严格规章制度,做到有章必依,遵章必严,违章必究。

读者服务的四项原则是一整套读者服务活动的行为准则,它们相互联系、相互渗透,形成了一个有机的整体。其中,主动服务的原则是当前读者服务工作的根本原则,反映了信息时代读者服务的实质;区分服务是读者服务的总政策;充分服务是读者服务的总目标;科学服务是读者服务的基本要求。

第三节　读者服务的发展过程

图书馆读者服务经历了从封闭到开放,从以提供一次文献到二、三次文献服务的漫长历史过程。对图书馆读者服务的认识也逐步提高。

一、国外图书馆读者服务的发展概述

在西方,图书馆读者服务可以远溯到公元前 6 ～ 前 5 世纪。在雅典出土的古希腊一个图书馆的墙壁上,曾发现刻有"不得将图书携出馆外"的阅览规则。但是在印刷术发明前的很多世纪,藏书只能被少数人拥有和使用,且多限于馆内阅览。到中世纪初、中期,在修道院基础上发展起来的大学图书馆已开始重视借阅工作,但那些稀有珍贵的书籍仍被金属链锁住,以防读者携出馆外。17 世纪,德国图书馆学家 G. 诺德提出图书馆不应只是为特殊阶层服务,应该向"一切愿意来图书馆学习的人开放",服务时间也相应地延长。诺德主持的马萨林图书馆 1645 年起每周开放一次,1648 年以后每日开放。大约在同一时期,把图书馆喻为"人类百科全书"、"一切科学宝库"的另一位德国图书馆学家 G. W. 莱布尼茨认为"图书馆头等重要的义务是想方设法让读者利用馆藏,配备完整的目录,延长开放时间,不要对出借图书规定太多的限制。"受莱布尼茨思想的影响,1752 年格丁根大学明文规定,除星期日外,每天开放 10 小时,读者可以自由地利用馆藏。1735 年,法国皇家图书馆向民众开放。19 世纪上半叶,美国出现了指导读者利用图书馆的业务活动。1894 年,美国丹佛公共图书馆率先开辟了儿童阅览室。20 世纪初,美国出现了农村图书馆和流动书库,英国也开始使用流动书库并开展邮寄借书,许多国家的大型公

共图书馆和大学图书馆设立不同学科的参考咨询、文献检索部门，配备学识渊博的专家指导阅览，开展参考咨询和情报检索等服务工作。许多公共图书馆还设立讲演厅、展览厅、电影放映室，出借唱片等音像制品。针对图书馆读者服务工作的问题，许多著名科学家、思想家发表了精辟论述，对读者服务工作的发展起到了良好的指导、促进作用。例如，美国著名图书馆学家 M. 杜威在长期寻求把图书馆与读者联系起来的最有效的方式的基础上，提出任何图书馆都应向读者提供情报、解答咨询的观点。伟大的革命导师列宁对图书馆工作曾有过许多极为深刻的论述。他明确指出："值得公共图书馆骄傲和引以为荣的，并不在于它拥有多少珍本书，有多少 16 世纪的版本或 10 世纪的手稿，而在于如何使图书在人民中间广泛地流传，吸引了多少读者，如何迅速地满足读者对图书的一切要求，有多少图书被读者带回家去，有多少儿童来阅读和利用图书馆。"

第二次世界大战以后，由于图书馆事业的发展，图书馆读者服务的内容和方式日益多样化，社会影响越来越大，一些国家开始制订图书馆读者服务方面的法律、法规。其中，具有代表性、影响较大的是美国国会于 1956 年制订的《图书馆服务法》（1964 年发展成《图书馆服务与建设法》）。这类法规对于促进图书馆读者服务工作逐步走向法制化、科学化和现代化，更好地搜集、整理、保存和提供人类已有知识发挥了重要作用。

20 世纪中期以后，发生了以自动化为主要特征的第三次技术革命和以信息化为特征的第四次技术革命，促进了信息时代的到来。随着现代科学技术，特别是计算机技术、声像技术、通讯技术、缩微技术等在图书馆的广泛应用，使图书馆读者服务方式和服务手段日益多样化，服务范围也日益扩大和发展，服务效率不断提高。许多国家图书馆都努力实现图书馆资源共享，广泛开展馆际协作，向各类型读者提供深入、系统和便捷的文献和情报服务，使图书馆读者服务向更高层次发展。

二、我国读者服务观念的发展与变化

我国图书馆历史悠久,源远流长,读者服务工作经过了一个从低级到高级发展的漫长历程,其读者服务观念的形成、发展与变化大体可分为以下三个阶段。

1."藏书公开"——读者服务观念的孕育(清末以前)

我国封建社会的藏书事业有着悠久的历史,但由于长期受封建社会制度的影响和制约,"保存藏书"一直是其主要功能。最初的官府藏书、宫廷藏书,通常只为封建统治者使用,或限于从事考订、校对、编目、传抄等整理书籍的官员。而私人藏书和书院藏书则更视藏书为秘籍,很少对外开放。尽管明末曹溶曾在其所著《流通古书约》一书中,提倡用传抄和刊刻的方法扩大藏书的流通范围,但其社会影响不大。清乾隆进士周永年鉴于寒士读书之难,提出了"儒藏说",希望"千里之内,有'儒藏'数处",让有才华的读书人前往观读,以"数年之内,可略窥古人之大全,其才之成也,岂不事半而功倍哉。"为了实现自己的理想,周永年将自己一生积蓄的万余卷藏书全部拿出来公开,并将他的藏书室命名为"藉书园",藉者借也,以"招致来学"。周永年"儒藏说"中提出了两个值得注意的思想:(1)变"一家之藏"为四方之士"共读之藏";(2)所藏书籍四方异敏之士均可来读。这些观点中孕育着初期的藏书公共使用思想的萌芽。清道光年间,内阁中书国英将自己的藏书楼取名为"共读楼","准人入览",并拟定了一个较为详细的借阅规则,规定了开馆日期、借阅册次、借阅办法及图书保管方法等。这是我国私人藏书楼中早期较为完善的一个借书规则。"共读楼"为了紧密配合当时知识分子的考试而增加开馆时间,平时每月只逢初三、初八两日开放,但遇乡试之年,自七月二十五日至八月初五日连开十天,以应来京考试之士观阅书籍。除了私人藏书公开之外,官府藏书在清中叶以后也有一定程度的公开,如乾隆时期将江浙两省的文宗阁、文汇阁、文澜阁所藏的《四库全书》公开,"士子有愿读中秘书者,许其呈明到阁钞阅。"

清朝末年,由于反封建运动的兴起和西方科学文化的传入,我国的图书馆事业得到了较大的发展。除私人创办的藏书楼进一步扩大开放外,民主维新派在设立译书院、学堂、学会的同时,作为辅助教育的机构,也创办了一些开放性的藏书楼,并赋予藏书楼以新的内容和作用。当时浙江绍兴徐树兰受维新思想的影响,将其私人创办的"古越藏书楼"向社会各界人士开放。

由于这一时期藏书开放的目的是"启迪民智",通过开放藏书来传播改良主义思想和西方的科学技术知识。因而在读者服务的范围上,限于少数的知识分子,大多数学会的藏书楼以本会会员为服务对象;在服务方式上,大多数藏书楼限于就室阅览,不准将书带出楼外;在借阅管理上,建立了一定的借书手续和制度。但这只是初期的读者服务形式,是读者服务观念的萌芽。

2."面向民众"——封闭式读者服务观念的形成(辛亥革命前后~1949年)

清末以来,图书馆事业的发展,为读者服务观念的发展创造了条件。1901年武汉日知会创办的"圣公会阅览室"和1905年上海创办的"国学保存会藏书楼"等由民主派创办的图书室,为了宣传革命思想和政治主张,以书刊为工具,以阅览室为阵地,开展了书刊借阅服务活动和各种宣传活动,其服务对象广泛,态度热情,体现了积极、进步的服务观念,为"五四"运动以后的进步图书馆开辟了道路。1904年湖北省图书馆、湖南省图书馆相继建立,标志着我国公共图书馆的诞生,并使读者服务范围扩大到一般公职人员及知识分子阶层。如《云南图书馆章程》规定:"凡政界、学界、实业界、军事界之人士,勿论本省客籍,皆得照规则入馆参阅。"1909年,清政府颁布《京师图书馆及各省图书馆通行章程》,规定了图书馆的宗旨是"保存国粹,造就通才,以备硕学专家研究学艺,学生士人检阅考证之用。以广征博采、供人浏览为宗旨。"这一章程对我国各省立公共图书馆的建立和服务方针的确立起到了一定的促进作用。1912 年北京图书馆的前身——京师通俗图书馆正式对外开放,设有阅览室、新闻阅览室、儿童阅览室等,附设公共体育场一个。通俗图书馆的开设受到了广大民众的欢迎。为了扩大图书流通,发展平民教育,有些地方还设有巡行文库,据《教育公报》第 3 卷第 10 期记载:"巡行文库为通俗教育之一种","由各县设通俗文库总部一所,采集人民必需而易晓之各种图书,输送城镇各支部,再由支部转送各村落阅览所。限定日期阅毕,由乡送回总部收存。"巡行文库当时虽然设立不多,但在进一步深入乡村,促进图书流通上有着积极的作用。

1919 年"五四"运动前后,李大钊在担任北京大学图书部主任时强调图书馆的教育职能,认为"现在图书馆已经不是藏书的地方,而为教育的机关。"[①]提出社会图书馆的对象是社会一般人民,应面向工人农民开放,实行开架阅览。以杜定友、刘国钧等为代表的欧美图书馆学派,推行西方的办馆思想,主张图书馆要用各种方法吸引读者,并辅导他们自学,提倡图书馆为民众服务。李小缘强调图书馆要发挥"消息总机关"的作用,向社会提供咨询服务。

在这些思想指导下,公私立高校图书馆的读者服务工作发展很快,延长图书馆的开放时间,增加阅览室的数量,开展图书外借工作。还有些图书馆设置了图书流通代办处、通信借书、家庭文库等服务设施和方式,开展内容广泛、形式多样的阅读指导活动。

总之,在此阶段中,为民众服务的读者服务主要体现在三个方面:(1)读者服务范围扩大。图书馆的服务对象涉及社会各界人

---

① 见李大钊"在北京高等师范图书馆二周年纪念会上的演说辞",载《图书馆学通讯》1979(2)。

员。(2)服务方式不断增加。除外借、阅览服务之外,开展了阅读指导、通信借书等活动。(3)延长了服务时间。但是,由于受社会经济和文化条件的制约,图书馆虽然向民众开放,广大的劳动人民却很少能够利用图书馆,有的馆甚至明文规定:"穿对襟短褂的人不得入馆"。这一时期的读者服务观念是封闭型的,读者服务方式是被动的、单一的,各方面均残留着封建藏书楼的余迹,读者服务工作仍处于初级水平。

3."读者至上"——开放型读者服务观念的发展(1949年~)

建国以后,随着国家性质的变化。图书馆成为广大人民的科学文化教育机构,使图书馆的读者服务观念和读者服务工作都发生了巨大的根本性变化。具体来说,经历了四个阶段:

1949年至1956年　图书馆向广大的劳动人民敞开了大门。为了更好地为广大群众服务,图书馆界提出了"千方百计为读者服务"的口号。在这种服务观念的推动下,各类型图书馆都加强了图书流通工作,想方设法吸引读者来馆借阅,还通过建立广泛的图书流通站,把图书送到劳动人民手中,主动为人民服务。同时还通过举办新书展览、好书推荐等方式,向社会开展图书宣传和指导阅读活动。这些都极大地丰富了人民的文化生活,推动了生产的发展,也有效地配合了各项政治活动和中心工作的开展。对于改变图书馆的性质,贯彻执行图书馆的方针任务,起到了重大的推动作用。

1956年至1965年　党中央向全国发出了"向科学进军"的战略号召,为图书馆的读者服务工作创造了有利条件。各类型图书馆加强了为科学研究服务的工作,如设置科技阅览室、参考工具书阅览室,编制联合目录或专题目录,开展馆际互借工作,对科研工作者在文献借阅上给予一些优惠条件,等等。在此基础上,图书馆界提出了"一切为了读者"、"最大限度地满足读者的借阅要求"等口号。在这一读者服务思想和观念的推动下,读者服务工作形成了一个高潮。具体表现在读者范围不断扩大;图书流通数量成倍增长;服务课题不断深入等方面。尽管当时有些工作缺乏科学的态度,出现一些浮夸现象,但作为读者服务思想,无疑对读者服务工作有着现实的重要意义。尤其是 60 年代以后,我国的图书馆在原来的外借、阅览、阅读指导服务方法的基础上,创造了许多新的服务方式,如定题服务、跟踪服务、参考咨询服务,等等,突破了图书馆传统的服务工作方式,加强了图书馆为科学研究和技术改造服务的内容,从而为读者服务工作开辟了新的领域,注入了新的活力。

1966 年至 1976 年 "文化大革命"十年中,由于推行了一系列极左路线,图书馆事业遭受严重破坏,读者服务工作陷入停顿。

1977 年至今 随着党的拨乱反正政策的落实,全党、全国工作的重点转移到以经济建设为中心的轨道上来,我国的图书馆读者服务工作也进入到了一个新的发展阶段。首先,在服务观念上,改变了过去"重藏轻用"的思想,提出"读者至上,服务第一"的口号,自觉地把读者服务工作与社会的需求结合起来,纳入社会文献交流体系之中;把读者服务工作与读者社会实践结合起来,作为连接读者与图书馆的桥梁和纽带。"读者至上,服务第一"的思想使读者服务工作变被动服务为主动服务,不仅使传统的文献服务工作得到了发展,而且还开拓了文献信息服务,积极面向社会、面向市场,投身社会信息服务业的行列之中,为读者提供全面、深入的服务。具体体现在:(1)一次文献服务工作不断提高。其主要表现是加强了读者服务工作中文献传递的主动性和针对性。逐步推广开架借阅制度,设置专科阅览室,使读者服务工作向专业化方向发展。(2)开展了二次文献服务工作。主要包括:广泛建立了文献检索阅览室和工具书阅览室,集中配备各种检索工具和工具书;对新到馆的国内外文献资料,尤其是外文原版书刊编制《新书通报》;开展文献代查、咨询、定题检索等服务。(3)开拓了文献信息服务。为领导决策提供战略性的信息;针对中小企业和农村经济的发展提供战术性的信息;积极参加信息市场活动。(4)深化读者教育工作。80年代以来,在传统的阅读辅导工作的基础上对读者进行系统的文献知识和文献线索的教育,培养读者的情报意识。(5)广泛应用了现代化的服务手段。全国中型以上的图书馆读者服务工作都普遍引进了文献复制技术和声像技术,开展文献复制服务和视听资料服务。同时将计算机技术广泛应用于读者服务工作中的图书流通、文献检索、参考咨询等各项服务中,提高了读者服务的质量。

当前,由于信息社会的发展,使图书馆的读者服务工作更加专门化,服务方式更加多样化,服务手段实现自动化、网络化,组织管理更加科学化、规范化。从而加强了图书馆与社会的联系,提高了图书馆的社会地位和作用。

思考题:

1. 什么是读者服务? 它通常包括哪几个方面的结构因素?
2. 读者服务的内容有哪几个方面?
3. 读者服务工作的性质是什么?
4. 读者服务的作用是什么?
5. 我国读者服务观念经历了哪几个发展阶段?

第二章　读者服务理论研究

讨论读者服务理论研究这一问题,首先必须充分认识建立读者服务理论体系的必要性和必然性,弄清读者服务理论研究的社会基础和学科基础,然后才能对读者服务作进一步的理论探讨。学习本章的目的,在于系统掌握科学的研究方法,从理论上分析读者服务的研究对象及研究内容,掌握读者服务工作的内在规律性,使读者服务工作更加科学化。

第一节　建立读者服务理论研究体系的基础

一、建立读者服务理论研究体系的必要性

提出一个新的研究领域,构建一门新的理论体系,必须是以科学的态度,将学科理论建立在社会需要的基础上,因为社会的需要是科学研究活动的生命力。读者服务理论研究,正是基于社会的现实需要而产生和发展起来的。

1. 它是读者文献交流活动的客观需要

在现代信息社会中,图书馆是传播人类文化知识的阵地,是进行文献信息交流的重要渠道,是不断向社会喷发知识信息的"知识喷泉"。在这个社会的文献交流系统中,读者是一切交流环节

的终端,是社会文献交流系统不断运转的命脉,它不仅影响和决定着图书馆文献交流系统的发展规模、运动方向和整体格局,而且还反映着文献交流系统功能发挥的程度。

所谓文献交流,是指人们借助于共同的符号系统所进行的知识有效传递。它是人类交流活动中的一个重要组成部分。众所周知,文献是以文字、图像、符号、声频、视频等为主要手段记录的信息和知识载体。文献的社会价值只有在不断的交流和利用活动中才能充分地得到实现。由于文献的内容包含着一定的思想、知识和信息,是人类智慧的结晶,所以文献交流就其实质而言,是一种思想的交流、知识的交流和信息的交流。通过文献的交流,来实现人类知识的共享,进行新的创造。文献交流是人类知识继承、创造和发展的前提,是新知识获得社会承认并被广泛利用的唯一途径。

一般来说,读者的文献交流可以分为两种形式,即直接的文献交流和间接的文献交流。如图所示:

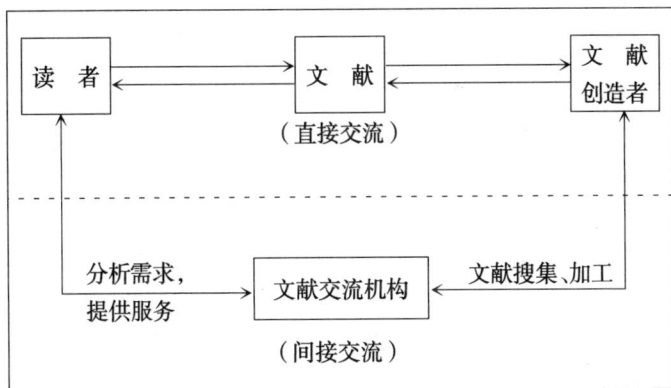

文献交流系统

直接的文献交流也称为非正式文献交流。是指读者与文献创造者之间所进行的文献交流。它主要是通过人际之间的相互关系来搜集和利用文献,进行思想沟通。这种形式的文献交流可以通过读者与文献创造者之间的直接对话、通信、参观、会议、演讲、展览、交换等方式进行,带有明显的个体性和随机性。直接的文献交流具有以下特点:(1)文献交流时间短。由于直接的文献交流是单向式交流,读者具有明确的文献获取方向和特定的交流环境,无须通过其他中间环节,因而能够以最快的速度获得所需要的文献。(2)具有高度的选择性和针对性。在直接的文献交流中,读者往往具有迫切的文献需求和明确的阅读目的,致使读者有目的地进行文献选择。(3)需求信息反馈迅速。读者与文献创造者之间的直接交流是一种文献的交互式定向传递,可以根据读者需求的变化及时进行修正。(4)能够加深对文献内容的理解。如读者可以通过交谈和观察等方式了解对方的思想,加深对文献内容的理解,从而作出自己的判断和评价。

然而,直接的文献交流一般是通过个人自发的直接联系的方式进行,是没有组织、没有确定形式的交流,因此,也就不可能成为特有的、严谨的、科学的交流体系,其文献交流的范围和数量都是非常有限的,它们没有整个社会的监督机构来评价其文献的社会价值、客观性和真实性,既不能检验交流的可靠程度,也不能进行文献的有效积累。所以,这种建立在人际关系基础上进行的文献交流形式始终是一种个体的、小规模的非正式文献交流。

间接的文献交流也称为正式的文献交流。是指通过文献服务机构所进行的社会化文献交流。社会的文献服务机构包括以文献的收集、加工、整理、存贮、利用为主要工作内容的图书馆服务系统、档案服务系统、科技文献服务系统等。间接的文献交流主要是依靠文献来进行的,即通过社会化系统化的文献流通,来实现文献内容的潜在价值。间接的文献交流弥补了直接交流形式中受时空条件或人数、范围的限制和难以进行系统化有效积累的缺陷。具体来说,它具有的特点是:(1)文献交流的知识可信度较高。由于文献服务机构是社会的文献保障系统,其全部工作的最终目的是为文献交流提供服务,通过文献交流,来实现各自的社会职能。因此,对文献的收集、加工、整理并使之有序化,形成科学的文献资源体系,是文献服务机构的主要任务。通过文献服务机构进行的文献交流,具有可靠的知识内容和科学的知识体系。(2)文献交流范围广泛。间接的文献交流一个比较突出的特点,就是通过文献的有序化工作,拓宽了文献交流的时间范围和空间范围。它不再是一对一的交互式定向交流,而是面向社会的多向交流。读者通过文献服务机构,可以获取稳定的、系统的文献信息,从而满足社会化的文献需求。(3)能够进行系统化的社会积累。文献是人类社会知识的结晶。在现代社会中,知识就是力量,知识贵在积累,人类总是将古今中外人类的一切成果作为自己的起点,去不断地探索、创新。文献充分体现了知识的累积性,反映着科学发展的继承性。而文献的间接交流,更能够系统积累人类文明,通过系统化、科学化的文献加工处理,科学地揭示文献内容,帮助读者深入文献海洋之中,了解和选择更为有价值的文献资料,从而开发文献资源,以最快的速度、最优化的水平主动提供给读者。因此,促进文献的间接交流是一切文献服务机构工作的出发点和归宿。要做好这一点,就必须加强对读者的研究,掌握读者的需求规律。因为读者是文献交流过程中的终端环节,一切交流功能的充分发挥和交流效果所能达到的最佳程度,既取决于交流的内容、交流的技术,更取决于读者对交流内容的要求,对情报和知识的吸收能力与素质,以及运用知识改善已有的知识结构,提高认识世界和强化解决实际问题的能力。文献作为一种信息资源,其价值并不一定是显性的,只有在了解读者需求的基础上,针对这种需求和读者可以接受的水平,进行文献信息的开发和有目的的定向传递,才能充分发挥文献的价值。所以,开展读者服务理论研究,是提高交流效益的客观要求,是文献交流活动的关键所在。

2.是图书馆工作社会化的现实需要

图书馆是社会发展的产物,作为人们共同使用人类精神财富的一种组织形式,图书馆具有明显的社会性,其主要表现在于:第一,图书馆的藏书既是人类社会的产物,又是人类社会共同享用的精神财富。一方面,文献是人类智慧的结晶,是古今中外千百万人将丰富的社会经验加以概括、抽象而创造出来的知识,成为全人类共同的精神财富;另一方面,科学技术的发展,社会实践的需要,使人们不断从文献中汲取各种文化知识,借鉴先进的科学技术成果,文献又成为人们共同享用的精神财富。科学无国界,"文献资源共享"的口号正是图书馆社会性的外延。第二,图书馆是组织人们共同使用文献的场所,其主要的任务就是促进人类知识的社会传播与交流,成为人类社会实践活动的信息保证。自从图书馆产生以来,图书馆的大门向社会敞开,组织社会大众利用图书馆的文献资源,就使图书馆这一社会实体具有了广泛的社会性。尽管在不同的社会制度下,图书馆共同利用文献的目的各不相同,但凡属社会的成员,都可以成为图书馆的读者,都可以利用图书馆文献资源,充实自己,提高自己的科学文化素养。特别是社会主义国家的图书馆,组织广大的人民群众充分利用图书馆文献资源,为社会主义精神文明和物质文明服务,更是光荣而神圣的职责。第三,图书馆作为社会文献信息交流的主要场所,其工作的核心就是把各种静态贮存的文献及时地、主动地、准确地转化为动态的情报和交流中的知识,并针对读者特定的需要进行多种多样的传递服务,提供社会利用。图书馆文献资源被读者利用得越充分,其社会作用就发挥得越大。尤其是在知识、信息剧增,各类型出版物大量涌现的形势下,图书馆如何赢得读者,扩大服务面,提高读者服务的效益等问题,一直是许多图书馆工作者孜孜以求的事情。如果说在近代,图书馆还可以靠以外借和阅览等传统的图书馆服务方式来为读者提供文献的话,那么,到了现代社会,随着科学技术的迅速发展,图书馆面对信息、情报的猛烈冲击,开始面临着两个方面的严峻挑战。一是由于信息爆炸而带来的文献激增对图书馆传统服务观念和服务方式的挑战。新的载体的不断出现使文献类型复杂多样,文献的无序状态加剧。二是读者需求增长对图书馆传统服务观念和服务方式的挑战。随着社会的不断进步与发展,读者对文献信息的需求日益复杂、多样化。这样,图书馆的读者服务问题变得日趋复杂。传统图书馆那种"读者要什么,图书馆就给什么"的服务模式,已经不能适应现代社会中读者对图书馆的要求。现代图书馆的服务方式必须根据读者的特定需要,主动提供文献,开展多种多样的服务。同时,在内容和层次上,则应提供更加深化的增值服务。因此,图书馆服务工作越复杂,越需要进行系统研究,越需要理论的指导。读者服务理论研究就应运而生了。它是图书馆事业发展的现实需要,是提高图书馆服务工作社会效益和经济效益,为读者提供现代化和社会化服务的客观要求。

3. 是图书馆学学科体系发展的必然结果

图书馆读者服务是图书馆工作的前沿和窗口。对图书馆读者及其需求的研究、读者利用图书馆文献资源行为的探讨、读者阅读心理分析、图书馆读者服务对策以及服务效果的评估,等等,已经成为当代图书馆学理论研究中的一个重要内容。在长期的观察和研究中,图书馆工作者及研究者充分认识到:读者是图书馆生存与发展的土壤,读者需求是图书馆事业存在和发展的根据,没有读者需求,图书馆就失去了运行的动力,也就失去了自身存在的理由;要提高图书馆文献资源的利用率,发挥文献在传递知识、交流信息中的价值,就必须牢固地树立读者服务的新观念,以读者需要为第一,以服务读者为至上,讲究服务效率,提高服务质量。作为对图书馆活动进行理论上的综合研究和抽象概括其本质与内在规律的图书馆学,应该从一大堆事实、现象、技术、方法中抽象、概括、总结出图书馆活动的一般原理和一般规律,运用逻辑思维方法、辩证统一的方法、系统的方法,来揭示图书馆活动的本质属性及其与社会环境的相互关联,考察图书馆学内部结构和外部联系,探究图书馆的社会功能及发展趋势。基于读者在图书馆活动中的特殊地位与作用,人们强烈意识到建立"以读者为核心"的现代图书馆学的重要性。尤其是在世纪之交,中国图书馆学要走向世界,汇入世界图书馆学的洪流之中,就必须有自己的理论特色和民族特色,它决不仅仅是世界各国图书馆学理论流派的综合,而应该具有自己的理论体系,并能够让世界各国图书馆学借鉴、研究。中国图书馆学应深深扎根于中国图书馆事业的土壤,深深地扎根于中国的传统文化、民情国力、科学文化的发展水平之中。图书馆事业作为一种社会现象,它受制于国家、民族的政治、经济、科学文化的发展。而在图书馆事业的发展中,读者作为图书馆赖以生存的土壤,对图书馆事业有着巨大的影响力和推动力,读者的文化素质、社会心态、阅读观念则是形成这种推动力的最根本的、客观的因素。所以,研究读者,研究读者的阅读行为,唤起读者的阅读意识,增进读者的阅读能力,提高读者的信息素质,不仅是促进图书馆服务发展的有效措施,而且是推动中国图书馆事业发展的根本途径,也是中国图书馆学理论研究和实践的重要内容和特色。

"以读者为核心"的图书馆学理论强调了这么几个内容:第一,图书馆工作的根本目的是满足读者日益增长的文献信息需求。图书馆的一切工作都必须围绕、服从和服务于读者需求,在这个基础上处理好各项工作环节的关系,使图书馆成为一个协调运行的有机整体。读者需求因人而异,图书馆要针对不同读者的不同需求,提供不同的文献信息并采取读者各自所需要的服务方式和工作方法。因此,根据读者需求的不断提高和变化,图书馆的各项工作也必须不断地提高和调整,与读者需求的变化相适应。第二,在图书馆信息交流过程中,读者是最活跃、最能动、起着支配作用的一方。他们有权对图书馆进行选择,有权对图书馆的服务方法、服务时间进行选择,同时也有权对文献利用的内容、深度、方式进行选择。第三,图书馆读者服务应注重服务效果,实现读者与图书馆之间的双向交流。图书馆文献信息交流过程中,读者的态势影响着整个交流系统的规模、发展方向和格局,反映了系统功能发挥的程度。因此,图书馆文献信息交流系统应该是一个依靠灵敏的反馈回路进行调节的系统,其文献信息的交流应该是双向的。如果在这个系统中,图书馆不了解读者的需求及读者如何利用文献资源,就不会知道自己应该做些什么,应该提供什么服务。就会导致服务的盲目性,降低服务效果。因此,对读者需求的了解和识别,是任何一个图书馆开展服务工作的先导,并作为经常修正服务误差、提高服务质量的参数指标。注重服务质量是衡量图书馆工作整体成效的主要标准。

中国图书馆事业要在不断变化的时代里求得自己的生存、发展、壮大,就必须建立起面向读者利用的图书馆运行机制,要使得图书馆走向社会、融于社会,成为与社会息息相关、血肉相连的一部分,就需要广大的图书馆工作者树立现代图书馆读者服务的新观念,关注读者行为,把着眼点从图书馆系统转移到读者研究上来,转移到提高读者服务质量上来,以读者为起点开展图书馆的一切工作,并以读者利益为终点评价图书馆工作,以读者的文献需求与利用为中心,发展现代图书馆学理论。

总之,读者服务理论体系的建立,将使我们对图书馆读者服务问题的认识从现象深入到本质,从个别上升到一般,充分认识其规律性,从而提高读者服务工作的水平。

二、读者服务理论研究的社会基础

读者服务理论研究是建立在广泛的社会文献需求基础之上的,它是社会发展的必然结果,是长期图书馆实践活动经验的升华,是图书馆学理论研究的不断深化。

1.社会文献需求是图书馆读者服务理论产生与发展的先决条件

图书馆事业的发展,依赖于一支广泛的读者队伍和读者具有强烈的阅读愿望、文献需求及信息意识。这样一种条件实质上是一种社会条件,因为社会的政治、经济、科学文化事业等总体条件的发展,决定了一个国家或民族的读者构成比例,决定了图书馆读者成分以及读者利用图书馆的方式和使用频率,更决定了读者文献需求的内容及利用程度。因此,社会的发展是造就一支广泛的、活跃的读者队伍的重要因素,社会的需求是决定读者文献需求及图书馆文献传递的规模、服务的范围、文献资源开发利用程度的基础。首先,社会经济发展的势头、市场竞争和调节的因素、企业经营的方式、科学研究的规模和能力、决策系统的健全和决策过程的科学化程度,是社会信息活力充分发挥的根本条件;而社会的科学技术发展、教育事业的普及与提高程度、人民群众的文化素质和知识修养、学术水平和社会读书的风气,则是社会文献需求和信息意识得以滋生和发展的土壤。一旦科学技术和知识在更广泛的程度上转化为直接的生产力,构成发展生产、技术进步、改善生活的决定因素,知识的社会价值得以充分实现,尊重知识、尊重人才成为社会风尚,就使广大的社会成员迸发出强烈的求知欲望,产生强烈的文献需求。而全民族文化水平的提高,科学研究活动的不断深入发展,国内外学术交流的日益频繁,以及社会对精神文明建设的高度重视,则是传播知识和广泛的文献信息交流活动得以顺利进行的有力保证。只有在这样的社会环境条件下,才能出现一支庞大的读者队伍和广泛的、多样化的文献需求,才能促进图书馆文献交流活动的蓬勃开展,才能使读者服务工作深入进行。其次,由于人们处在不同的社会环境之中,受着不同的文化传统、思维方式、社会心理特点及不同的价值观念和信息传播方式的影响和制约,因而产生了不同的社会文献需求,它直接影响着图书馆读者服务工作的内容和服务范围,影响着读者服务的方式和方法。如果说社会环境是造就和促进图书馆队伍发展的社会动力,那么,读者不同的文献需求则是促进读者文献交流与利用的直接内部动力,它决定了读者对图书馆资源利用的主动性、迫切性和对知识、信息吸收的自觉性。读者需求是各种社会需要的反映,图书馆读者服务只有在满足社会需要的基础上,才能充分体现自身的存在价值;读者服务理论研究才能更好地指导图书馆服务的实践活动,从而最大限度地满足读者的文献需求。所以,社会需求是读者服务理论产生发展的先决条件。

2. 图书馆实践活动是读者服务理论发展的基本条件

任何理论都是在实践——认识——再实践——再认识的过程中不断完善、不断发展起来的。图书馆读者服务理论也不例外。没有图书馆长期的读者服务工作的实践活动,也就没有读者服务理论。读者服务活动是随着社会对图书馆需求的变化而不断变化的,它经历了由简单到复杂、由低级到高级的发展过程。古代社会对读者服务的需要一直处于萌芽状态,读者服务活动并没有受到重视。只是到了近代,公共图书馆向社会开放,大量读者涌入图书馆,使图书馆的职能发生了变化,开始由搜集珍藏转向藏书的利用,开展了文献借阅的服务工作。20世纪后期,社会的不断发展,对文献信息需求提出了新的要求:数量多,水平高,难度大,针对性强。图书馆的读者服务工作也逐步由单纯的借借还还转向组织读者、宣传辅导、书目参考、解答咨询、文献检索等各个方面。服务内容拓展了,服务方式增多了,图书馆工作者在实践中积累了丰富的经验,为读者服务理论的研究创造了条件。但是,在过去很长一段时间里,由于图书馆读者服务活动的实践性、应用性很强的特点,常使人们把研究的注意力集中在工作方法、技术手段、服务内容的充实和完善上,其理论研究的内容、研究的方法以及人们对它的认识程度还存在着严重不足,离图书馆工作的改革和时代发展对读者服务工作提出的要求相差很远。这不能不在很大程度上阻碍了读者服务理论的发展，即使是应用研究，也因为脱离了理论指导而"行之不远，欲进又止"。在21世纪即将到来之时，读者服务要提高工作质量，并使之科学化和规范化，就必须加强读者服务的理论研究，因为科学理论可以为人类的实践活动指明方向，并促其提高到一个新的水平。读者服务理论研究是对读者服务问题的认识从现象深入到本质，从个别上升到一般，建立在长期的图书馆实践活动中，充分认识其规律性的基础之上的，因此，它是读者服务工作科学化、规范化的重要保证，是改变我国当前落后的服务状况，提高服务质量的根本措施，是开展读者服务工作的理论依据。

3. 读者服务观念的变化是促进读者服务理论发展的前提条件

在长期的工作实践中，人们对读者服务工作的认识逐步提高，读者服务观念发生了很大的变化，并升华为理论，用于指导图书馆的读者服务工作。伟大的革命导师列宁，既是图书馆忠实的读者，也是图书馆事业的研究者和指导者。他曾对图书馆读者服务做过许多重要的指示，提出图书馆要"方便读者"、"吸引读者"，"满足读者对图书的一切要求"，"帮助人民利用现有的每一本书"。这些都集中体现了列宁的读者服务思想。印度图书馆学家阮冈纳赞提出了书是为了利用的；书是为一切人而存在的；给读者所有的书；节省读者的时间；图书馆是生长着的组织。它既体现了以读者为中心的服务思想，也体现了图书馆的整体化思想。建国以来，我国图书馆界读者服务观念发生了深刻的变化，随着社会发展的需要，我国图书馆界相继提出了"一切为了读者"、"千方百计为读者服务"、"为书找人，为人找书"、"读者第一，服务至上"等口号。在这些读者服务观念的指导下，读者服务理论研究逐步深入：50年代，我国图书馆界在注重传统的外借、阅览服务方法的基础上，拓宽了研究内容，主动将读者服务与社会实践活动结合起来，研究的重点转向宣传服务和辅导服务。不仅在图书馆学刊物上发表了有关译文,还出现了一批专著和译著。如 1954 年山东省图书馆编印的《编制读书计划,辅导读者阅读》;时代出版社出版的苏大梅译《图书馆怎样做好社会政治书籍的宣传工作》;1955 年鞍山市图书馆编印的《怎样宣传图书》;予达、宗全合译的《图书馆怎样指导青少年阅读》等。60 年代以后,读者服务理论研究深入到读者的阅读特点和服务规律方面。具有代表性的文章有北京师范学院众言的"读者特点和服务读者工作规律的研究"①和顾家杰的"进一步为科学研究服务"②等。由于十年动乱的影响,读者服务理论未能深入继续下去。80 年代以来,图书馆学研究领域开始了对读者服务对象、服务技术、服务方式方法的研究,并对读者的阅读心理、阅读行为、读者教育、情报服务等图书馆读者服务中的应用性问题进行了广泛、深入的探讨。此阶段中,对读者服务理论研究之广、内容之深,是前所未有的,发表论文和专著的数量也是空前的。出版的专著主要有 1986 年北京大学出版社出版的张树华等合著的《图书馆读者工作教程》;武汉大学出版社 1987 年出版的沈继武编著的《藏书建设与读者工作》;学苑出版社 1988 年出版的赵世良和贺达主编的《图书馆读者工作》等。书目文献出版社 1989 年出版了《读者学与读者服务工作论文选》,汇集了诸多高水平的学术论文。此间,《中国大百科全书》(图书馆学、情报学、档案学卷)中提出:"图书馆服务理论研究是研究图书馆服务理论与方法的学科,研究内容包括服务对象、读者心理、图书馆服务方式、服务效果评价、服务过程中的社会因素等问题。"1992 年 11 月颁发的中华人民共和国标准《学科分类与代码》(GB/T13745 – 92)中列出"图书馆服务学"这一学科名称,并说明"包括读者心理学、读者咨询学等"。大量的研究结果表明,读者服务理论研究与读者服务观念

---

① 载《图书馆》1961(1)。

② 载《图书馆》1961 (4)。

的变化有着密切的联系,而读者服务观念的变化正是社会历史发展的具体表现。尤其是信息社会中,信息已成为社会发展的战略资源而被人类广为开发利用。作为文献信息资源集散地的图书馆,则必须顺应时代发展的潮流,变知识宝库为知识喷泉,从提供文献到开发信息资源,变封闭型服务为开放型服务,根据社会对信息的需求,主动地从文献资源中开发出有用的信息。这种读者服务观念的变化,使图书馆读者服务理论研究由无到有,研究范围由狭窄到宽阔,研究内容由浅到深,研究的文章由少到多,不断向广度和深度进展,从而形成具有丰富内容的理论研究体系。

三、读者服务理论研究的学科基础

读者服务理论是一门综合性和应用性很强的学科理论。从理论体系上来说,属于图书馆学的范畴体系。因为读者服务理论研究的基点是读者在图书馆活动中的心理、行为特点,以及读者服务过程中的一般规律,其研究的实质是人与人的关系。所以,读者服务理论又与其他相关学科相互交叉和渗透,从而极大地丰富了自身的研究内容。一般来说,读者服务理论研究主要的学科基础有:

1. 图书馆学、情报学

图书馆学、情报学是研究图书情报机构在文献信息交流过程中的地位、作用及其工作规律的学科。读者服务在文献信息交流过程中占有重要的地位,是图书馆学和情报学的主要研究内容和分支学科。读者服务理论研究的对象、研究任务以及理论体系等无一不受制于图书馆学和情报学理论的规定,因为图书情报机构的最终目的就是为了开展读者服务活动。如果离开了图书馆学和情报学的宏观指导,违背了图书情报机构的社会属性和整体功能,则必将失去读者服务理论研究的根本宗旨。因此,读者服务理论研究必须以图书馆学、情报学理论为基础,否则便会脱离研究的方向。

2. 社会学

社会学是一门综合研究人类社会活动和社会关系的学科,它以研究各种社会问题为中心内容。读者作为社会的存在物,有读者自身的个性,更具有人的共性,常常是时代性和社会性的统一,社会的每一个方面的发展和变化,都必将对读者自身的发展产生重大的影响。如社会环境的变化(包括社会政治、经济、科学技术、文化教育等)对读者的需求和行为有着极大的影响力。因此,研究读者,就必须置身于社会活动之中,探讨读者与社会的相互关系,将读者的活动与社会的现实需要和活动紧密结合起来,从而形成有血有肉的理论研究,否则必然脱离实际。同时,社会学中关于读者分层、影响阅读活动的社会因素、阅读的社会控制等理论为读者服务理论研究提供了丰富的内容和成果。

3. 心理学

心理学是研究人的心理活动规律的科学。读者服务理论研究的主要对象是社会上不同年龄、不同职业、不同文化程度和不同社会阶层的社会成员——读者。了解读者,研究读者,分析读者,掌握各类型读者心理需求规律,是读者服务工作者的主要任务之一。要研究读者的一般心理结构和心理特点,必须利用普通心理学的成果,进而研究读者的阅读心理和阅读行为。所以,心理学为读者服务理论研究提供了基本理论和方法,是读者服务研究的重要学科基础。

4. 教育学

教育学是研究社会教育现象,揭示教育活动规律的科学。图书馆在进行文献信息交流的过程中,除了对读者进行精神文明教育、政治思想教育、专业技术教育和综合教育之外,还要对读者进行文献知识、文献线索的教育,培养读者的情报意识,提高读者的文献查找和利用能力,从而真正实现图书馆的社会教育职能。要做好这一点,就必然要以教育学的理论、原理、方法为指导。可以说,读者教育是读者服务研究与教育学理论相互结合、相互渗透产生出来的理论课题,它既是读者服务研究的主要内容,又是教育学研究的课题。

5. 管理学

管理学是研究科学地组织管理工作的理论与技能的一门学科,其研究范围主要有对管理过程、管理环境、管理的技术方法的广泛分析和研究。读者服务工作是一个巨大的管理系统,既要对丰富的图书馆资源进行科学的有序化的管理,又要对读者这个庞大的队伍进行井然有序的科学管理,使"人有其书"、"书有其人",以最小的代价来最大限度地满足读者需求,这本身就需要科学的管理理论作指导。因此,管理学理论与读者服务工作有着密切的联系。

除此之外,读者服务理论研究还与其他一些学科理论有着一定的联系,在此不一一阐述。

第二节　读者服务理论研究的内容与要求

一、读者服务理论研究的基本内容

图书馆读者服务研究作为现代图书馆学理论体系中的重要方面,其基本内容主要有:

1. 读者研究

主要是指对读者特点和他们在文献利用过程中所反映出来的阅读心理、阅读需求、阅读行为等规律的研究。读者研究是图书馆读者服务工作的主要内容,也是图书馆学研究的重要方面。读者研究的目的在于提高图书馆读者服务质量和效率,有助于图书馆对不同读者的需求进行有针对性的服务,有利于制订和调整图书馆事业的发展目标。

我国对读者进行研究开始于20世纪30年代,当时的图书馆界和教育界对儿童与成人读者的阅读兴趣做过小规模的调查。60年代初期,一些图书馆开始对不同类型读者的阅读需求进行调查研究,80年代中国各类各级图书馆都对读者兴趣和阅读特点等做了大量的调查和分析研究,并有人提出建立"读者学",并使之成为图书馆学的一个分支学科。

读者研究作为现代图书馆学理论的重要方面,其研究的主要内容是:(1)读者结构研究。主要是对读者构成的各种因素和特点的研究,包括对读者的宏观结构研究和微观结构研究。读者结构是指由一定数量的、有阅读能力和借阅需求的人,按照不同的自然因素(如读者的年龄构成、性别构成等)、社会因素(如读者的文化构成、职业构成、民族构成等)和文献需求特征构成的有机组织系统。读者的宏观结构是从整个社会出发,对读者的整体结构进行总体分析。读者的微观结构是指某一具体图书馆的读者构成,它是由不同类型、不同职业、不同文化素养的读者所构成的组织体系。研究读者结构有利于掌握读者队伍的现状及其发展趋势,为做好读者服务工作提供可靠的依据。(2)读者阅读需求研究。读者的阅读需求是读者在一定的客观环境下,向往获得某种知识、信息或情报,从而产生的对文献的探索和利用。读者的阅读需求既是一种个人需求,也是一种社会需求,这种需求处于不断发展变化之中,因而呈现出复杂多样的状态。对读者阅读需求的研究,有助于图书馆有目的、有针对性地进行文献资源的开发和传递。(3)读者阅读心理研究。运用心理学的原理和方法研究读者阅读过程中所反映出来的各种心理现象。读者阅读心理包括阅读的认识活动和阅读的意向活动。阅读的认识活动是读者对文献载体上的信息符号感知的过程,包括感觉、知觉、表象、思维等一系列生理和心理的活动过程。经过这些过程吸收并理解文献所包含的知识、信息。阅读的意向活动带有较多的个人心理色彩,它是受读者的先天特性和社会条件的影响而形成的读者个人的阅读动机、阅读兴趣、阅读能力等。阅读的意向活动是推动读者阅读活动的一种内部动力,它直接影响读者的阅读倾向和阅读效果。(4)读者阅读行为研究。读者阅读行为主要是指读者查寻和得到文献信息的行为。读者为了特定的需求而寻求某种知识或某种文献,这种行为往往表现为读者利用图书馆的行为或文献检索的行为;读者获得文献信息并消化、吸收其知识内容的行为,通常表现为读者的阅读行为。读者行为是文献信息需求与文献信息利用的中间环节,是读者服务研究的重要内容。总之,读者研究的四个方面内容,侧重于对读者在文献利用的心理活动与行为方式的研究。

2. 读者服务方式研究

读者的阅读活动不单纯是反映读者与文献资源之间的联系,以及读者对文献内容中的知识、信息进行吸收、消化的思维过程。它还表现为读者与图书馆服务之间的联系,体现出读者与读者服务工作人员之间的双向交流关系,这种关系的实质是一种社会关系,是服务与被服务的关系。读者服务工作是否能深入开展,是否能最大限度地满足读者需求,不仅取决于读者文献利用的程度,更重要的是取决于图书馆为读者、为社会提供服务的程度。因此,对图书馆读者服务方式方法的研究,向来被广大的图书馆工作者所重视,成为理论研究的重要内容。读者服务方式方法研究的内容主要有:(1)读者服务方法体系的研究。方式方法是实现目标的途径或手段。图书馆读者服务要从传统的封闭式服务转向现代的开放式服务,就必须进行服务方法的变革,建立起科学的服务体系。目前我国图书馆已采用了多种服务方法,并已初步形成一定的体系。当前要把这些方法从理论上加以总结和概括,找出各种方法之间的内在联系,合理地运用这些服务方法,满足读者不同层次的需求,从而使读者服务活动更加科学化。(2)影响读者服务工作诸因素的研究。为了提高读者服务的质量,就必须扫除阻碍读者服务的一切障碍,不管是读者方面的,还是图书馆自身运作中的问题,都要加以解决处理。当然,它必须是建立在分析影响读者服务的各种因素的基础之上所进行的综合处理,而非采取"头痛医头,脚痛医脚"的单打一方式。通过分析和处理,求得读者服务的最佳效果。

3. 读者教育研究

主要是指对图书馆和其他文献信息机构开展的读者(包括潜在读者)利用文献信息能力的教育活动进行研究。其目的在于帮助读者了解文献知识、图书馆的文献资源和服务内容,使读者掌握文献检索和利用的方法,增强信息意识,善于表达文献需求,并能借助各种检索工具和通过各种渠道获得文献信息。由于读者对文献利用的主动性取决于他们的信息意识和接受文献的能力。因此,注重读者信息意识的培养和文献接受能力的训练,是读者教育研究的主要内容,它是合理开发和利用图书馆资源的有力保证。

4. 读者服务管理研究

读者服务管理是图书馆管理科学的重要组成部分。对读者服务管理的研究,有助于提高读者服务工作和服务质量,充分发挥图书馆的功能,促进图书馆事业的发展。读者服务管理研究的内容主要有以下几方面:(1)读者服务方法体系研究;(2)读者服务质量的管理与评估研究;(3)读者服务机构的管理研究;(4)读者服务人员管理研究;(5)读者服务效果管理研究等。对读者服务工作的组织管理进行研究,要从图书馆活动的整体性出发,尤其是从图书馆服务工作的整体性出发,研究读者服务工作自身的运行规律和实际问题,从而提高读者服务的整体效应。

二、读者服务理论研究的基本原则

对图书馆读者服务工作的分析研究,必须是在辩证唯物主义的认识论和方法论的基础上进行客观的、实事求是的研究。一切科学都必须按照事物的本来面目来反映事物的本质规律,这是认识事物的客观要求。读者服务活动是人类的一项社会活动,是人类自身活动的具体表现,人类要开展各种各样的社会活动,就必然会产生对各种社会知识和信息的需求,反映到图书馆活动中,就是读者的文献需求,有了读者的文献需求,也就必然会产生满足读者需求的服务工作。这是图书馆活动的自然生长链,是客观事实。因此,我们对图书馆读者服务活动的研究,就应该站在辩证唯物主义的立场上,认识读者服务工作的客观规律。这是读者服务研究的总方针和总的指导思想。具体来说,读者服务研究应遵循以下几种基本原则:

1. **科学性原则**

读者服务研究中的科学性原则就是指研究工作必须遵循事物发展的客观规律,采用科学的研究方法,以保证研究结果的准确性。读者服务工作是一项十分复杂的工作,它必须根据读者不同的文献需求和心理需求,采取不同的文献服务方式,在工作中存在着明显的随机性。因而我们在研究工作中,就必须采用严格的科学方法,从纷乱复杂和纵横交错的现象中进行科学的分析和论证,寻求读者需求和服务的本质特征,从而避免读者服务工作中的主观性和片面性,提高读者服务方法的可靠性和准确性,使读者服务工作更具科学性。

2. **联系性原则**

这是辩证唯物主义的重要原则之一。所谓联系性原则,就是指读者服务研究应该注重客观事物运动与发展的内在联系,即注重读者与读者、读者与图书馆、读者与社会、图书馆与社会之间的联系,将读者服务工作置身于特定的社会环境中去考察和分析。尤其是在现实生活中,图书馆读者的每一种需求和心理活动都要受到极其复杂的自然环境和社会环境因素的影响。我们在研究读者的组织结构、心理活动、阅读规律等问题的时候,必须把读者置身于特定的社会环境中去考察,不仅要考虑引起读者需求变化的原因和条件,而且还要分析与之相联系的其他因素的影响,从而在联系和关系中探求读者需求发展的真正规律。

3. 发展性原则

辩证唯物主义认为,世界上的万事万物都是处在不断运动和不断变化之中,这是已经为各门学科的发展所证实了的真理。图书馆读者服务工作同样也是不断发展变化的客观事物,尤其是反映社会发展需要的读者需求,时刻随着社会的发展而变化。因此我们在研究读者服务工作的时候,不但要考虑读者服务活动的现实特点,还要将读者服务与社会发展联系起来,探讨读者服务未来的发展趋势,以及对社会发展所产生的作用。如随着全球先进的信息技术和通讯技术的广泛应用,图书馆读者结构将发生巨大的变化,读者的文献需求也将发生很大的变化,传统的读者服务方式已经不能满足社会的需要和读者的需求,届时读者服务工作将会出现一些新的特点。读者服务的工作重点将从以文献为主的服务转入以信息为主的服务,开展"参与式"服务;读者服务的工作手段将从手工操作转入自动化操作,加大电子出版物、光盘文献和多媒体服务的比重;由原来单一的集中的组织服务形态转入多元的分散的服务形态,等等。总之,遵循发展性原则,就要求我们用发展的眼光去思考、去设计、去研究,使读者服务工作取得更为理想的进展。

4. 求实性原则

读者服务研究的求实性原则就是指应从我国的国情出发,从读者服务工作的客观实际出发,广泛吸收国内外先进的经验,力求解决读者服务工作中的实际问题。读者服务工作是图书馆的具体工作,在研究工作中,其研究的理论和研究的成果,都应充分体现求实性原则,切实解决现实工作中的具体问题。

5. 整体性原则

读者服务工作是一个有机的整体,它的运行直接关系到图书馆的各个部门。尤其是在现代图书馆活动中,读者服务的难度增加,必须充分调动图书馆的各种因素,需要图书馆各个部门紧密配合,协同作战,共同完成服务工作。因此,读者服务的理论研究,应从整体利益出发,在理论上必须与图书馆学的其他分支学科保持一致,决不能脱离整个学科理论去进行单纯的理论研究。同时在指导读者服务工作的实践中也必须以整个图书馆活动为基础。脱离了图书馆活动,就不能深入进行读者服务的理论研究。

三、读者服务理论研究的基本要求

读者服务理论研究的基本要求是:

1. 从实际出发,尊重客观规律

对读者服务活动的研究,必须从研究读者文献利用的实际表现和图书馆服务的文献提供具体工作入手,以读者文献需求满足程度为研究的事实依据,进行全面系统的分析和判断。

2. 从全局出发,注重内在联系

读者服务工作是相当复杂的工作,因为读者的文献需求多种多样,变化莫测,它受着社会政治、经济、科学技术、文化教育等多种社会因素的影响,同时也受着读者自身的意识形态及各种条件的制约。面对复杂多变的文献需求,读者服务研究必须以全面的发展的观点,透过各种表面现象,掌握内在联系,揭示本质特征。力戒就事论事,防止用片面的、静止的、孤立的方法进行研究。

3. 从需要出发,讲究实用效果

读者服务研究的根本目的,是要运用科学的理论指导读者服务工作实践,从而最大限度地满足读者需求,提高读者服务工作的质量。因此,在研究过程中,要从读者服务工作的实际问题出发,选择具有实际意义的研究对象和研究范围,运用针对性的研究方法,力求研究的实际效果。切忌在研究中脱离实际,搞花架子,理论上"纸上谈兵",不能解决读者服务中的切实问题。

第三节　读者服务研究方法

一、对科学研究方法的一般认识

任何科学研究都是有目的的思维活动。这个目的就是要揭开事物运动的规律性,以便建立起一种科学的理论,用以指导人们的实践活动。而这种理论的建立,必须借助于一定的方法和手段。因此,人们认为,科学研究方法是指为正确进行科学研究活动而采用的理论、原则和手段。它是任何一个科学领域中的行为方式,是用来达到科学研究目的的手段之总和。正如毛泽东同志所说的,不解决船和桥的问题,过河就是一句空话。所以,每一门科学都有与它相适应的科学方法。方法得当,可以事半功倍;方法不对头,就会贻误大事,延缓学科的发展进步。同样,我们研究读者的阅读倾向,研究读者的心理现象,揭示读者心理活动的实质,掌握读者服务活动的发展规律,也必须借助于科学的研究方法。因为读者的阅读活动是读者社会活动和心理活动的具体表现,它既具有一定的隐蔽性,又具有一定的外向性。其隐蔽性表现为:读者的心理活动是内在的意识作用,看不见,摸不着,只能透过表面现象去分析和猜测。其外向性表现为:读者的阅读活动受读者社会任务的制约,根据其社会环境的变化而不断更替,这种更替是可以感受和认识的。基于读者阅读活动的复杂性,我们必须运用科学的研究方法来研究读者在特定的社会环境条件下的各种阅读心理特点,系统分析读者心理变化的各种因素及发展趋势。

一般说来,在现代科学研究过程中,通常采用多种方法来进行综合研究。尤其是在对图书馆读者的研究过程中,必须结合社会学、心理学、图书馆学的研究方法进行综合分析。按照科学方法的概括程度和适用范围,大体可分为三个不同的层次:

1. 哲学方法层次

这是适合于一切科学研究的最普遍的方法论原则。马克思主义哲学是适合于自然科学、社会科学的唯一正确的哲学方法,是指导人们进行科学研究和社会实践活动的唯一正确的思想。它既是一种世界观,也是科学研究的方法论,为一切科学方法规定了必须遵循的原则。

读者服务研究所运用的哲学方法是马克思关于人的辩证唯物主义和历史唯物主义理论以及毛泽东关于实践第一的观点。马克思主义关于人的学说思想包括了人的需要论、人的特性论、人的主体作用论和人的发展解放论。认为人的需要是一个复杂的、多层次的结构,它与其他生物的需要有着本质的区别。人不仅有物质需要(如衣、食、住、行等),而且有创造和享受精神文化生活的需要;不仅有进行消费活动的需要,而且有进行生产活动的需要,创造性的生产活动的需要是人的重要属性。按照马克思主义关于人的基本立场与基本方法来研究和探讨读者行为的产生与发展,就是用人的本性解释人的需要,用人的需要解释人的动机,用人的动机解释人的行为,用人的行为解释人的关系,用人的关系解释人的本质,用人的本质解释社会的本质,用社会的本质解释人的发展和解放。按照以需要为基础的逻辑链条来研究读者与图书馆及社会的关系,是读者服务研究的基本思路,是最科学的思维方法和研究方法。同时,坚持毛泽东同志实践第一的观点,将读者服务理论植根于长期的社会实践活动之中,是读者服务理论研究的根本指导思想。理论源于实践,反过来又为实践服务,并指导实践活动。读者服务理论研究只有与读者的需求相结合,与图书馆服务活动相结合,与社会的发展相结合,才能形成有血有肉的理论体系,否则必然脱离实际,成为"纸上谈兵"。

2.一般科学方法层次

主要是指普遍运用于自然科学、社会科学或思维科学研究的方法,即适用于多门学科的研究方法。它们的概括程度高,适用范围广,是从各门学科中抽取出来的研究方法。如自然科学研究中的观察法、实验法、统计法等;社会科学研究中的历史法、调查法等;应用科学和技术科学研究中的系统论方法、控制论方法、信息论方法等。这些方法既是某些学科研究的特定方法,又是各门学科研究中的一般方法。

3.专门科学研究方法层次

即各门学科研究中所运用的具体方法和技术。它适用于特定的对象和研究领域,具有较强的专指性。如图书馆读者研究中的阅读登记法、借阅统计法、检索分析法等。

在科学的研究方法中,一般方法和专门方法只有相对的区别。我们在对图书馆读者服务的研究过程中,往往需要采取灵活多样的方法,交替使用,综合使用,从而才能够从整体意义上对读者进行全面的分析和研究。

二、读者服务研究的具体方法

1.观察法

观察法是各门学科研究通用的一般方法,也是读者服务研究中采用的经验方法之一。观察作为一种方法,是建立在一定的知识基础上,按照一定的指导思想,有目的有意识地进行。

观察法是指在自然条件下,观察者对观察对象进行有目的观察,以感觉和知觉的形式来认识观察对象的各种特征。其目的在于认识客观对象,记录事实,获取科学资料。读者服务采用观察法进行研究,就是要在图书馆服务的范围内对读者的心理特征、行为特征以及读者服务过程中的效果特征进行观察和分析,掌握读者需求规律和服务规律。事实上观察法是研究读者行为与心理活动的最常用和最适用的方法。

观察法可以分为计划观察和随机观察两种形式。

计划观察,是指事先选择好观察的对象,确定观察的内容和范围,明确观察的目的和要求所进行的观察。它是达到预期研究目的和效果的主要方法。随机观察,是指在图书馆服务过程中,随时随地留心读者行为表现,观察读者阅读心理的变化趋势。随机观察作为计划观察的辅助和补充,能为读者服务研究提供大量的事实,积累丰富的直观材料。

在观察过程中,观察者首先应该坚持客观性原则,保证观察结果的可靠性,尽可能反映被观察对象的本来面貌。其次是观察者应当选择具有代表性的事物作为被观察对象,这样才能使观察的资料具有普遍意义。再次是应当坚持全面观察的原则,对被观察对象进行多方面的、系统的、动态的观察,以获得完整的、科学的观察资料。

2. 社会调查法

社会调查法是适用于社会科学各门学科的一般研究方法。所谓社会调查法就是指根据研究工作的需要,以口头或书面的形式直接向社会(组织、群体、个人)获取第一手资料的方法。以口头形式进行调查的方法,称之为口头询问法或访谈法;以书面提问的方式进行调查,称之为问卷调查法或调查表法。

口头询问法是一种通过个别交谈取得资料的方法。或访问某一特定的读者,或召开读者座谈会等。口头询问一般都选取具有典型意义的事件或人物作为调查对象。

问卷调查法就是以书面提问回答的方式调查读者的一种方法。即将事先设计好的调查表格,请被调查者填写,然后将调查表收回,进行统计、分析和研究,引出结论。采用问卷调查法进行研究,应当注意三个方面的问题:第一,应当注意被调查对象的选择。

一般来说,被调查对象应依据研究的内容进行科学的选择,使其具有充分性、可靠性、代表性和适应性。第二,应当注意调查表的设计。在依据读者服务研究的内容与任务来设计调查表的同时,其表格要尽量做到全面系统、简单明确,使读者易于填写。第三,应当注意调查表的分析。回收的调查表是开展分析研究的原始素材和依据,在定量统计的基础上,要对调查的结果进行定性分析,作出客观的评价,以取得科学的认识成果。如1981年吉林省图书馆曾对经常利用图书馆的8538名读者进行了一次普遍性的调查,并对调查结果进行了综合统计和分析研究,编写了一份长达10万字的调查报告,对读者服务中的若干问题(如读者阅读情况分析、读者利用图书馆的情况、读者利用家庭藏书情况、读者对图书馆的希望和要求)写成结论性意见,对发展图书馆事业,促进图书馆工作,促进图书馆学研究,具有重大的实践意义和理论意义。调查提供了大量具体而生动的材料,全面地、真实地分析了各阶层读者利用图书馆的情况及其意见要求,为研究读者、研究读者服务提供了宝贵的有价值的参考数据,为读者服务调查研究工作做出了重要的贡献。

3. 实验法

这是有目的地严格控制或创设一定的条件来引起读者某种心理现象以进行研究的方法。它是自然科学和心理学研究中的普遍方法。通常采用实验室实验法和自然实验法两种。

实验室实验法:是在人为的组织下,严格控制外界环境条件进行的实验研究。这种实验法不仅可以观察到被试者的外部行动和谈话,而且可以借助仪器精确记录被试者的内部生理反映。由于它是由研究者控制各种刺激条件,具有较大的主动性。研究者可以通过改变某些条件来揭露被试者的心理现象的原因;也可以通过控制条件来使被试者的某些心理现象重复出现,以判断被试者的心理现象的典型性和偶然性。由于它是在人为设计的条件下,被试者按照规定的要求进行活动,被试者对接受试验有着强烈的意识,其实验效果的真实性不如自然实验为佳。

自然实验法:在日常生活情况下,适当控制条件,结合业务工作而进行的实验研究方法。它具有观察法的自然性和实验法的主动性特点,有利于被试者心理活动的自然流露,其实验效果比较真实、准确、可靠,研究者容易掌握被试者的心理活动实质。但实验周期较长,容易受到外部环境条件的干扰。

实验测试法:综合运用实验室实验法和自然实验法两种方法来研究读者心理。是通过被试者回答试题或完成某些"作业",来揭示被试者的某些心理特征的方法。其测试材料必须是经过选择,加以组织,并足以反映一定心理特点。这种方法能使研究者从大量的测试材料中综合分析读者的心理特征、阅读需要与阅读效果,全面了解读者心理与社会环境、阅读条件的相互关系。

4. 控制论、信息论、系统论方法

在现代的科学中,出现了一些富有生命力的崭新学科,如信息论、控制论、系统论等。这些学科的研究对象不是自然界某种物质结构和运动形式,而是自然界和人类社会所有事物的共同属性和某些特定的共同现象。因此,它具有一般方法论的功能,也是促进图书馆读者研究深入发展的重要工具。

最初,有些心理学家只是运用信息论来研究人们的记忆,以后逐渐发展到把人和动物的行为统统看做是寻找信息→接受信息→整理信息→贮存信息→利用信息的过程。这样就可以把心理学的各个部分统一起来,从心理过程的全貌来把握它的活动规律和特点。我们从事图书馆读者的研究,借鉴心理学的这种研究方法是很有好处的。

利用控制论的方法,通过研究读者与阅读环境之间的输入和输出关系控制信息量,以描绘读者的阅读心理过程对环境影响的反应方式。

系统论要求在分析和研究心理现象和阅读过程时,把读者看成是一个有机的整体,运用联系变化的观点,整体与部分统一的观点,充分考虑读者心理活动的全部变量和它们之间的相互关系,以揭示阅读心理过程的本质和规律。

5. 阅读登记分析法

主要是通过对读者借阅记录档案的统计和分析,掌握读者阅读倾向,了解读者阅读活动的规律。

读者借阅记录档案包括读者户口卡、借阅登记卡、分类统计卡和索书单等,它记载了读者本身的情况及对图书资料的利用情况,是分析读者阅读行为,掌握阅读倾向,了解阅读心理的依据。对阅读记录档案进行分析和研究,有利于掌握第一手原始资料,了解特定读者的阅读倾向及其发展过程。

6. 参考咨询分析法

主要是通过参考书目、咨询档案、科研产品的分析研究,揭示图书馆的服务效果,了解科研读者的检索心理特征。应用参考咨询分析法来研究图书馆读者的阅读情况,必须建立完备的咨询档案,并注重收集读者的科研成果。

7. 读者统计法

以计量为基础的读者统计法,是数学方法在图书馆读者研究中的应用。它通过对读者的借阅情况和大量的数据、图表的分析研究,准确地反映出各类型读者的阅读倾向、检索技能及文献利用情况,并反映其心理过程的必然性和偶然性。因此,我们可以通过读者成分的分类统计、读者到馆率、读者借阅率、各类读者与文献的拒绝率、文献检全率等数据资料的统计分析,找出读者心理变化的共同性和特殊性,从而得出最佳的阅读方案。

三、读者服务研究人员的自我修养

科学研究活动是一种创造性的劳动,要想获得成功,关键在于研究者本身的学术水平和修养程度。尤其对于研究人的研究人员,更须注意自身知识、能力、思想的培养。研究者的自我修养是多方面的:

1. 加强思想修养,明确研究目的,培养致力于图书馆学研究的忘我精神

我国的图书馆事业与发达国家比起来还很落后,图书馆学的学科体系还不够成熟和完善。为改变这种落后的状况,发展我国的图书馆事业和图书馆学研究,就要求我们每一个图书馆学研究者树立为国家为人民服务的思想。同时,每一个图书馆学研究者都要注意培养自己勇于探索、不辞艰辛的忘我精神。W. I. 贝弗里奇在《科学研究的艺术》里说:"年轻的科学家应尽早懂得科学研究的成果来之不易。他如想获得成功,必须具有耐力和勇气。"①

2. 加强知识修养,培养有利于读者服务研究的智能结构

图书馆学的发展是异常迅猛的,要求人们:(1)不断地学习新知识。不仅是本学科的,还应包括相邻学科的知识,根据新的需要不断调整自己的知识结构。据研究资料表明,人们在大学所学的知识只占整个知识结构的 10%,大量的知识是在社会实践中不断学习得来的。因此,根据科学的发展,不断调整自己的知识结构是非常重要的。(2)加强自己的观察能力、想象能力、思维能力和实际操作能力的培养和训练,这是作为一个研究者必须具备的智力结构的基本要素。二者的结合,构成了智能结构。合理的智能结构,才能有利于图书馆学研究和对读者的分析。

3. 不断实践,培养适应图书馆学研究、读者研究和读者服务研究的心理气质

由于图书馆学本身的内容所致,许多刚刚涉足图书馆学领域的青年研究者往往感到枯燥乏味。因而从心理上培养对图书馆

---

① 《科学研究的艺术》中文 1 版,148~149 页,科学出版社,1979。

学、读者研究的兴趣,是有效组织图书馆学研究的重要一环。兴趣从何而来? 坚持经常地参加图书馆学研究的实践就是获得兴趣的一个有效途径。只有产生了浓厚的兴趣,发挥自己的气质所长,才能获得成功。

思考题:

1. 试述建设图书馆读者服务理论体系的必要性。
2. 读者服务理论研究的社会基础是什么?
3. 试述读者服务理论研究的学科基础。
4. 读者服务理论研究的内容是什么?
5. 读者服务研究中应遵循哪些基本原则?
6. 读者服务研究的基本要求是什么?
7. 读者服务研究有哪些具体的研究方法?
8. 马克思主义的哲学方法对读者服务研究有哪些指导意义?

第三章　读者队伍的组织与发展

作为整体意义的读者队伍,是由各个不同类型的读者群所组成的。这些不同类型的读者群具有共同的文化背景和相对固定的社会环境,从事着相同类型、相同方向的社会活动和同一主题的研究任务;在图书馆活动中体现出共同的文献需求、阅读倾向和选择利用的方式。这些共同性为我们研究读者、掌握读者需求规律,更好地服务读者,提供了客观依据。学习本章的目的,就在于从整体上认识和了解读者队伍的组成系统,分析各类型读者群的个性特点和共性特点,从而更加合理地组织与发展图书馆读者队伍。

第一节　读者结构

一、读者与图书馆读者

1. 读者概念与实质

读者作为社会历史的产物,是随着社会经济的进步和人类文明的发展而形成的。读者作为一种社会性的概念,主要是指具有文献需求和阅读能力,从事阅读活动的社会成员。在阅读活动中,读者是具有积极因素的主体,同时也是文献作用的客体与对象。读者不能构成特定的职业和社会阶层,它分散存在于一切社会行业和社会阶层之中。任何社会成员都可以根据自己的需要开展阅读活动,都可以成为读者。

从人类社会文明发展的过程来看,读者的形成,需要一定的客观条件(即社会条件)和主观条件。形成读者的社会条件主要是:(1)社会物质生产水平的不断提高,是社会成员开展阅读活动的根本条件。众所周知,阅读活动之所以开展,是因为人们有了一定的文献需要,而文献需要又是人的各种需要的一种,它来自人的社会实践的发展,来自社会物质生产之中。正因为文献需要形成于社会,所以它的发展也直接源于社会的发展。社会是人们以物质生产活动为基础的相互关系的总和,物质生产活动是社会的基础,社会的发展本质上是物质生产的发展,即生产力的发展。随着社会物质生产的发展,人们生存的社会范围不断扩大,人的社会实践活动不断丰富,人的精神活动空间不断扩展,一方面激发了人们众多的文献需要,另一方面,文献需求的对象即文献产品丰富了,从而使形成于社会实践中的文献需要不断发展,最终导致了文献阅读活动的不断展开。(2)文献生产方式的社会化,是开展阅读活动的直接条件。文献生产是精神生产和物质生产的结合。在长期的社会实践活动中,人们积累了知识,并通过文献进行精神上的交流。因为文献记录了人类的社会知识,是以知识和思想为内核的载体。通过文献的社会化生产和传播,可以进行社会意识的交流,从而满足人们精神需要。在没有文献的生产之前,人们交流思想、感情、对客观世界的认识,以及关于物质生产的知识,都只能依靠口头语言来进行,人们被封闭在很小的空间和时间范围内,过着与外界隔绝的刻板、单调的生活。但自从有了文献的生产,在继天然材料载体的手工文献之后,又出现了造纸和印刷技术,人类的生活开始了惊人的变化,人们的精神交流打破了时间和空间的界限,人类文化和知识的传播更多地借助于文献,通过个人的阅读活动来进行。特别是随着社会科学技术的发展,文献生产方式发生了重大的变化,文献内容所容纳的知识含量越来越大,涉及的范围越来越广,其流通传播的领域日益广泛,使人们得到的知识信息成倍增加,新的观念和想象在传播渠道中广为流通,人们借助文献获取知识和文化,交流学术与思想,了解社会与自身,促进工作,满足娱乐,改善生活,使社会的物质文明和精神文明得到极大的丰富。由此可见,文献生产的社会化,使人类社会精神交流的规模急剧扩大,效率急剧增强,因而是开展社会性阅读活动的直接条件。(3)科学文化知识的传播提高了人们的文化知识和自身素质,是使广大社会成员开展阅读活动的重要条件。文献是文化、科学知识的载体,它记录了千百年来人类丰硕的知识成果。人们通过阅读活动,继承前人遗留下来的文化成果,掌握社会生活所必需的知识、技能、行为方式、生活习惯,以及社会的各种思想观念,进行自身的社会化改造,以适应社会发展的需要。尤其是现代社会里,复杂的生产劳动,高、精、尖的技术设备,对劳动者素质和职业技能提出了越来越高的要求。因此,人们在社会化进程中,必须经常地、普遍地开展阅读活动,接受社会教育,学习社会知识,以提高自身的科学文化知识修养和思想修养。人们自身素质的提高,又促进了阅读活动的开展。

  然而,一个人成为读者,还必须具有一定的主观条件。一般来说,一个人由一般的社会个体获得读者身份,应当具有以下几方面的条件:(1)强烈的文献需求。读者阅读行为的开展是读者内部意识与外部现象相互作用的结果。在读者内部意识中,文献需求是最本质的、起主导作用的因素,它制约和影响着读者其他内部意识活动,如认知、情感、意志、动机、兴趣、态度等心理过程的发生和进行,是决定读者行为的根本动力。只有具备了强烈的阅读愿望,才能够使读者主动去寻求满足需求的文献和信息,开展阅读行为。因此,它是社会成员成为读者的首要条件。(2)一定的阅读能力。它是每个读者所具备的必要条件,也是任何一个社会成员成为读者的前提条件。由于文献是科学、文化、知识的载体,读者对文献的利用是一种精神交流的具体表现。对于任何一个能够阅读的社会成员来讲,都必须具有一种接受科学文化知识,理解科学文化知识,吸收科学文化知识的共同能力,才能保证交流的顺利进行。这种能力就是阅读能力,它决定了读者阅读内容的选择,以及读者阅读层次的高低,因而是作为读者的根本属性,对读者行为具有本质性的意义。(3)从事现实的阅读活动。社会成员成为读者的一个显著特征,就是他必须对某种文献实施了一定的阅读行为。因此,阅读是具有读者身份的社会成员与不具有读者身份的社会成员之间的根本区别标志。当社会成员与文献没有发生任何联系时,即便具有阅读能力的人,也只能是社会芸芸众生中的一员,不具有读者身份。一旦他与文献发生了某种联系,或借阅、或购买、或阅读时,他便具有了读者的身份而有别于其他社会成员。所以,现实的读者总是具有一定阅读活动的人。阅读活动使人从一般社会个体成为读者,是读者的象征。总之,文献需求、阅读能力和阅读活动构成了"读者"这一特定概念的本质特征和特定内涵。

综上所述,我们认为,读者的实质是利用文献的主体,文献必须通过读者的阅读活动,才能体现其价值与使用价值;读者通过阅读活动获得知识、信息,从而实现人类文化的交流、继承与创新;读者在阅读活动中有自己特定的阅读心理活动,它既取决于读者的修养水平以及阅读动机、目的和条件,也受着各种社会环境条件的制约和束缚。

2. 图书馆读者

图书馆读者是一个特指的概念,通常是指具有文献需求和阅读能力,并充分利用图书馆资源的个体和社会团体。它是一个特定范围的读者,是社会读者中最为活跃的一部分。图书馆读者是图书馆服务的对象,图书馆的一切业务活动,都是以组织和指导读者的阅读活动为目的的。作为一种社会的宣传教育机构,图书馆的各项社会功能都体现在读者阅读活动的效益上。所以读者是接受图书馆作用的对象,读者的阅读活动时刻都在接受图书馆工作的影响。同时,读者对图书馆资源的利用,一般都具有强烈的自主性。读者是图书馆真正的主人,图书馆的各种资源以及全部的业务活动都是以读者为核心的,其内容与规模是以读者的需求为根据,在充分尊重读者自主性的基础上,为读者提供全面的文献服务,从而满足读者文献需求。图书馆读者数量庞大,成分复杂,类型多样,涉及到极其广泛的社会成员。通常图书馆读者可以分为现实读者和潜在读者两大类型。现实读者是指在图书馆活动中有阅读行为的社会成员,包括了图书馆的正式读者和临时读者。潜在读者是指具有阅读能力但暂时还没有利用图书馆资源的社会成员。它是图书馆现实读者的后备力量。对图书馆来说,把潜在读者转化为现实读者,重视读者对图书资源的利用,是充分发挥图书馆的知识交流功能的一项十分重要的任务,如果图书馆不能为社会的大多数人提供服务,那么,图书馆事业的基础将是十分脆弱的。同样,加强图书馆的文献传递职能,重视新知识信息的交流,为国民经济建设和科学技术发展服务,扩大图书馆现实读者的比重,则是图书馆充满活力的体现,它不仅标志着图书馆工作向更高层次的发展,也适应了信息时代社会发展的需要。

我们应当看到,图书馆虽然是当代社会知识交流的一个实体,但是,它的交流功能至今尚没有得到充分的发挥,即使在图书馆事业较发达的国家里,也程度不等地存在着这种现象。其根本原因在于图书馆如何变被动的服务方式为主动的、有针对性的服务方式,如何有效地积极参与社会知识交流和文献信息的传递过程,以吸引那些潜在的读者充分利用图书馆资源,使图书馆真正成为人类文化知识的"喷泉"。

二、读者结构

所谓"结构",就是组成一个整体的各个因素之间稳定的联系。按照辩证唯物主义的观点,任何事物都不是毫无次序的罗列和堆积,而是按照一定的形式有序地组合而成。虽然图书馆读者是一个松散的群体,彼此之间没有固定的联系和组织形式。但是,由于读者之间所处的共同社会环境、文化教育和社会任务,使这些读者很容易产生共同的情绪、需求、观点和态度等。因此,在阅读活动中必然产生各种各样的联系。如:相同的阅读需求、相同的阅读兴趣等。同时,又由于读者本身的年龄、性别的差异,使读者在文献的需求和选择利用上表现出各自不同的特点。所以,我们认为:图书馆读者也是有层次的,它是由不同层次的读者群组成的有机系统,是由不同成分、不同类型、不同范围、不同数量的读者群所构成的整体。因此,我们所说的读者结构,从宏观上来说,是指构成图书馆读者队伍内在联系的各种因素(包括构成读者队伍的社会因素和自然因素)。构成读者队伍内在联系的各种社会因素主要有:读者的职业结构、知识结构、民族结构等;构成读者队伍内在联系的各种自然因素主要有:读者自身的年龄结构、性别结构、生理结构、地域结构等。宏观读者结构是从整个社会着眼,对读者的整体结构进行总体分析。微观读者结构是指某一具体图书馆的读者构成,它是由不同类型、不同职业、不同文化素养的读者所构成的组织体系。研究读者结构有利于我们掌握读者队伍的现状及其发展变化趋势,为做好读者服务工作提供可靠的依据。一般来说,读者结构在不同程度上影响着读者群的排列组合,影响着读者对文献需求的程度和文献利用的深度、广度。同时,不同的读者结构还影响和制约着图书馆的藏书结构,使二者之间相互适应、相互调整,共同完成图书馆系统的正常运行。随着读者结构的发展变化,藏书结构要作相应的调整;而当一定的藏书结构建立之后,对图书馆的读者结构也需作出相应的调整。否则会降低藏书的流通率，形成滞书、死书。总之，读者结构反映了图书馆的基本读者队伍，表明了图书馆的主要服务对象。它是读者服务工作研究的主要内容之一。

读者结构是客观存在的，同时也是无形的。任何一个图书馆都有其与工作性质和任务相适应的读者结构。无论什么样的读者结构都具有如下特点：

1. 读者结构是一个具有内在联系的组织系统

读者结构不是松散的、零乱的、毫无联系的读者个体的集合，而是由一个个不同成分、不同类型、不同范围、不同数量、不同层次的读者群所构成的综合体。在这个综合体中，一定数量的读者个体构成了不同成分的读者群，并体现出具有共性特点的文献需求。而不同类型的读者群又构成了整个读者结构的各个组成部分，并相互联系形成一个有机的整体。

2. 读者结构是一个不断发展变化的系统

读者结构是一个相对稳定的组织系统，这种稳定性只能在特定的时间范围和特定的空间范围之内体现出来。但是，随着社会的发展和变化，读者需求也将发生变化，读者需求的变化，带来了读者行为上的变化，而读者行为的变化最终将导致图书馆读者结构发生很大的变化。因此，读者结构又是一个动态结构，随着社会的变化，以及读者结构各组成要素或组成部分的变化，整个读者结构也会发生相应的变化。

3. 读者结构从整体上反映图书馆读者队伍的状况

读者结构反映了图书馆读者队伍的构成状况，各类型读者群的比例及文献利用特点。任何一个图书馆的读者队伍，都是由特定范围、特定数量、特定类型、特定成分的读者群所构成，各级各类图书馆，有不同的读者群，因而就有着不同特点的读者结构。相对而言，公共图书馆读者类型复杂，成分多样，数量众多，其读者队伍的构成状况比较复杂；专门图书馆的读者结构比较单纯，通常由对口专业的读者群所组成，体现出专业化的文献需求特点。高等学校图书馆的读者队伍结构具有层次性和系统性特点，介乎于中间状态。通过图书馆读者队伍的结构状态，就可以大体了解读者需求的整体特色。

读者结构最基本的构成要素是读者个体，它直接决定读者结构的状况。可以说，读者个体的数量决定了读者结构的大小，读者个体成分的复杂性决定了读者结构的复杂性。当一定数量的读者个体按其内在联系进行排列组合，就形成了具有某种共性特点的读者群。读者群是读者结构的基本组成单位，它反映了读者结构中各类读者的比重与特点，是读者结构构成状况的具体体现，是对松散、无序的读者个体进行分门别类地划分和组合的结果。它使各种各样的读者个体形成一个个具有共性的群体，从而形成具有某种内在联系的组织系统。由此看来，读者结构实际上是把一定范围内一定数量的读者个体分门别类地划分和组合成若干个读者群之后，再把各读者群有机地结合在一起。因此，它是一个人为的组织系统。

三、各种读者结构的作用与影响

1. 职业结构

所谓职业，是社会进行分工，要求人们所从事的某种具体工作。它既是社会分工的需要，也是人们赖以谋生的手段。我们所说的职业结构，是指读者在文献阅读过程中所体现出的各种职业需求的比例。它主要表现在阅读中的职业需要、职业兴趣、职业爱好等特征上。这种职业结构的作用主要表现在它能反映出读者稳定而持久的阅读倾向。

人们通常所说的职业结构往往是指就业后的读者队伍的一种组合形式，实际上，在一些还没有就业的读者中就已经存在着一定的职业特征。尤其是对从事专业学习的学生（大中专生）来说，这种职业的特征表现得更为明显。他们在入校之前就进行了职业的选择和定向，在思想上为今后的职业工作进行了充分的准备。心理学上称之为"定势"，这种职业的定势，对读者的阅读范围有着决定性的作用。这个时期的读者，已具有初步的职业意识，主要表现在主动掌握有关职业的基本业务技能，培养职业素质和职业兴趣上。所以，读者的职业结构是广泛的，它不但可以构成各种社会职业的读者群，而且还对社会职业的后备军的阅读倾向有着重要的影响。可以这样说，不同的职业结构，可以构成不同类型的读者群；稳定的职业结构，对读者的阅读活动有着决定性的作用，它将在较长的时间内限制和影响着读者的阅读方向和阅读内容。

2. 知识结构

所谓知识，是人们对客观事物、现象和过程的反映，是人们运用自己的智力和能力认识客观世界的结果。这种认识客观世界的智力和能力来源于人们的文化程度和学科范围。因此，知识结构是指读者在文献阅读过程中表现出的文化程度和学科范围的需求比例。它主要表现在读者的文化特征上，即：具有一定教育程度和文化水平的读者对文献需求上所表现出的内容深度、阅读方式、阅读目的的层次级别。知识结构的作用主要是能够反映读者文献信息的接受能力和利用方式。一般说来，具有不同知识水平的读者，在文献的阅读范围、内容深度上有着很大的差别，对图书馆的利用方式及需求价值上也有着明显的不同。如：具有较高知识水平的读者（科研读者、教师读者等）对文献的需求上主要表现为二次文献和三次文献的需求，更多的利用图书馆的外文资料和特殊资料，以参考咨询和文献检索为主要利用方式。而一般读者多需用中文普通文献。有人曾经做过一个调查，了解青年学生（大、中学生）对古、今、中、外文艺作品的需求情况。其结果表明：在当代青年学生读者中，大学生读者对古代文学作品和外国文学作品的需求明显高于中学生读者;中学生读者对现代文学作品的需求略高于大学生;对外国文学的翻译作品的需求,大学生读者和中学生读者大体相当。这个调查结果证明了不同文化程度和知识结构的读者,在文献需求上是有很大差别的。所以,读者的知识结构直接影响着读者接受文献的信息量,同时也影响着读者阅读文献内容的深度与广度。在图书馆这个文献交流系统中,它又直接影响着图书馆藏书体系的构成比例。

3. 年龄结构

年龄结构是整个社会读者智力构成的一个重要的亚结构。它是指图书馆读者队伍中各个年龄组的构成比例。其作用在于反映不同年龄阶段的读者在接受文献和理解文献过程中的心理素质及智力状态,是读者智力构成的一个十分重要的方面。

年龄是人类的自然属性,大至一个社会、一个单位,小至一个家庭,都是由不同年龄的人所组成。不同年龄的人有着不同的智力和社会任务,因而对文献的需求层次也表现出明显的差别,体现出不同的阅读兴趣、阅读目的和阅读方式。如少儿读者主要以阅读童话和故事书籍为主;青年读者以阅读社会流行作品和科普著作为主;老年读者以阅读传记、回忆录为主。因此,图书馆对读者的服务必须针对其每个年龄组的读者表现出来的各种特点来进行。目前,随着科学技术的迅猛发展,知识陈旧周期的不断加速,新的知识以排山倒海之势不断涌到人们的面前。尽管年龄的增长仍伴随着知识的积累,但是,人们的知识水平与年龄之间已没有什么必然的因果关系了。从大量的科学发明史中可以看出,科研成果的绝大部分出自于青年与中年之手。尤其是青年读者,由于求知欲强,阅读兴趣广泛,通过阅读,对他们的智力开发,世界观的形成,起着很重要的影响作用。所以,图书馆要特别注意加强对青年读者的研究和指导,帮助他们学会利用图书馆和参考工具书。所以,读者的年龄结构,可以直接影响读者利用图书馆的方式,影响读者接受文献内容的层次和水平。

4. 性别结构

性别也是人的自然属性。由于性别的差异,读者在阅读过程中表现出来的心理活动具有较大的差异。大量的调查研究表明,男性大都具有较强的竞争意识和攻击性,富于理性和自信心,他们理想远大,自我控制能力较强,善于进行抽象思维。女性大都富于感情和依赖性,善于形象思维,进取心弱于男性,更愿意寻求他人的帮助。这些心理活动特征深刻地影响着读者的图书馆活动,影响着读者对图书馆资源的利用。如辽宁省图书馆在对读者结构进行调查中发现,图书馆读者队伍中,男性读者占75.93%,女性读者占24.07%,男女读者比例为3.15:1。造成女性读者偏低的原因主要有两个方面:一是由于历史原因,我国女性文化素质偏低。全国第三次人口普查统计表明:女性30~34岁、35~40岁年龄段中,文盲、半文盲的比例分别为40.31%和43.40%。二是家务劳动繁重。据有关资料统计,已婚女职工平均每天家务劳动时间为3.97小时,比已婚男职工高1.25小时。除此之外,性别结构在阅读兴趣、阅读能力和阅读方式上都表现出较大的差别。在阅读兴趣上,男女读者对文献内容的选择具有不同的指向;在阅读能力上,男女读者表现出不同的技能优势;在阅读方式上,则表现出不同的性格素质。

5. 民族结构

读者队伍的民族结构是一种社会因素。由于我国是一个统一的多民族国家,各民族的政治、经济、文化、教育的发展以及语言文字的应用各不相同,且具有不同的民族特点。因而,不同民族的读者在阅读行为上存在很大的差别。特别是在多民族地区,这些差别表现得尤为突出。

6. 特殊生理结构

对于丧失部分生理机能的读者群,我们称之为特殊生理结构。

这些读者尽管生理上有缺陷,但大脑健全,与正常人一样,具有特定的文献需求和阅读能力。他们在阅读文献类型、阅读手段和服务方式上,受生理方面的影响,有着特殊的要求。如盲人读者通过触摸阅读盲文读物,聋哑读者通过手语进行阅读。因此,图书馆应为这些特殊生理结构的读者配备听觉资料、视觉资料和播放、录制设备,并送书上门,以多种服务方式给予热情、周到的服务。

第二节　读者类型

读者类型是图书馆读者结构中的基本构成因素。图书馆有多种多样的读者群,形成了各种不同类型的读者,并且各具特征。这些特征形成了读者的社会经历与社会生活地位,体现了读者特定的文献需求和阅读行为。为了更深入地研究读者,掌握读者阅读需求规律,更好地满足各类型读者需求,就要将结构复杂的读者队伍,按照某种标准进行区分和组织。由于读者阅读需求和阅读能力千差万别,其社会职业、文化程度各不相同,因此应采用不同的划分标准来区分读者类型。

一、划分读者类型的主要依据

读者类型是图书馆读者队伍的基本构成因素。我们在确定划分读者类型的标准时,必须遵循这么几个原则:

首先,要选取对读者及其心理的变化最为密切的因素作为划分的依据。如:在同一所大学里划分读者类型,则应按照读者进校的年限来区分,因为不同年级的读者在阅读兴趣和阅读范围上有着很大的差别,所表现出来的心理承受力也不一样。

其次,划分读者类型的标准不宜过繁。因为读者是处在特定社会环境中的人,具有一定的复杂性,如果我们采用过多的标准来区分读者,必然会给自身的工作带来许多不利。因此,我们在确定划分依据时,要力求突出重点,足以说明问题。

再次,划分读者的依据要便于判断。否则将影响读者分析的准确性,并降低区分读者类型的作用。

一般来说,划分与组合读者类型的主要依据之一是读者的各种结构特征。许多读者类型就是根据读者自身的职业结构、年龄结构与文化知识结构划分组合而来的。如根据读者的职业结构,可以把读者划分为:工人读者、农民读者、教师读者、军人读者等;根据读者的知识结构,可以把读者划分为:一般读者、科研读者、专家读者等;按照读者的年龄结构,可以分为儿童读者、少年读者、青年读者、中年读者、老年读者等;根据读者的性别结构,可以分为男性读者和女性读者;根据读者的民族结构可以分为汉族读者、少数民族读者等。总之,读者自身的结构特征反映了不同类型读者群的共性特点。

划分与组合读者类型,不仅是根据读者的各种结构特征,还要根据读者在图书馆的活动方式进行区分。读者在图书馆的活动方式主要是指读者在图书馆的借阅权限和组织形式,它也是划分与组合读者类型的主要依据之一。按照读者在图书馆的借阅权限,可以划分为正式读者和临时读者。正式读者是指在图书馆建立了借阅关系并领取借阅证件的读者。他们享有经常固定地使用某一特定图书馆资源的权限。临时读者是指在图书馆没有办理借阅证件或建立借阅关系,偶尔利用图书馆资源的读者。正式读者和临时读者对图书馆资源享有不同的使用权限。按照读者在图书馆的组织形式,可以分为个人读者、集体读者、单位读者三种类型。其中,个人读者是图书馆的主要读者群,包括不同成分的个人读者类型;集体读者是以小组为单位利用图书馆资源的读者类型,小组内的读者个体具有共同的阅读需要和阅读方式;单位读者是以固定机构为单位利用图书馆资源的读者,包括建立了馆际互借关系的

76

图书馆和图书馆的分支机构。

总之,划分读者类型主要有两种依据,即根据读者自身的结构特征和读者在图书馆的活动方式进行区分。通常是先将读者按其在图书馆的活动方式进行区分,然后再按照读者的结构特征进行深入的区分,组合成若干具体的读者类型,各类型读者在利用图书馆资源上体现出了各自的基本特点。

二、各类型读者的基本特征

1. 个人读者类型

个人读者是图书馆读者队伍的主要读者类型,是以个人为单位独立利用图书馆资源的社会成员,通常又可以根据读者的结构特征划分为多种不同特点的个人读者。

(1)少年儿童读者

少年儿童读者也称中小学生读者,指 6 岁至 15 岁年龄段的少年儿童。由于他们处在半独立、半依赖、半成熟、半幼稚时期,受外界影响较大,行为上具有较强的可塑性。因此,帮助少年儿童养成良好的学习习惯,启发他们获取广泛的知识,打好基础,增强智力,使其朝着有理想、有道德、有文化、守纪律的方向健康成长,是国家和社会关注的重大问题。1980 年中共中央书记处第 23 次会议讨论通过的《图书馆工作汇报提纲》中明确指出:"中等以上的城市和大城市的区,都要设立少年儿童图书馆,县、区、市图书馆要设立少年儿童阅览室。"图书馆作为社会的宣传教育机构,在配合学校教育,开展课外阅读活动,用社会主义、共产主义思想占领阅读阵地,丰富和扩大少年儿童的科学文化知识方面,责任重大。这一时期的少年儿童,在阅读活动中表现出一些共同的特点,如爱读书又爱活动;求知欲强而学习有效时间短;阅读内容广泛而又通俗浅显;有初步理解能力而以形象思维为主;随着年龄的增长,在阅读中的自觉性、选择性和理解能力逐渐增强。对于少年儿童读者,图书馆应根据他们的各种特点提供思想性、趣味性、知识性、通俗性较强的文献信息和丰富多彩的文献服务,以启迪少年儿童读者的智力和想象力,树立起正确的人生观和奋斗目标,培养读者爱科学、学科学的优良品质。

(2)大学生读者

大学生读者既是青年读者的一部分,又是学生读者的一部分,具有双重特征。作为青年读者,大学生在生理机制、心理机制上已经完善成熟,世界观已经形成。在大学学习过程中,他们智力发展优良,生活独立性增强,思想活跃,抽象思维能力和观察认识能力显著提高,具有强烈的自我意识。作为学生读者,他们在学习内容、学习方法和学习能力等方面与中学生有很大的区别。由于大学生接触的知识领域广泛而深入,并与即将从事的职业工作相联系,因此大学生读者的阅读活动通常要受到所学专业和未来职业工作的需要制约。为了成为合格的专门人才,成为德、智、体全面发展的大学毕业生,他们在大学生活阶段,系统学习政治理论、专业理论,以及综合性的科学文化知识,使自己具有较高的文化素质,合理的知识结构,由知识型向智能型、创造型、通用型方面发展。作为图书馆读者队伍主要力量的大学生读者,在阅读活动中有着明显的特点。首先,图书馆作为第二课堂,对大学生读者具有重要的地位和作用。他们除了在教室接受系统的知识之外,将更多的时间运用到利用图书馆丰富的资源之中,他们在书海中吸取知识的养料,在网络上驰骋信息的疆场。随着学习阶段深入,其阅读的自觉性、选择性和专指性日益增强,阅读方法技能日益提高,对文献的利用程度也逐渐加深。其次,大学生读者阅读范围广泛。大学生读者除了结合教学内容和专业性质进行系统阅读之外,还根据个人兴趣的发展,广泛涉猎大量的课外书籍,以提高自身的文化素养和工作能力、研究能力。因此,他们除了阅读专业文献外,还大量阅读各学科门类的文献,尤其是文学、哲学、历史、经济、艺术、法律、文化生活等方面的文献。第三,大学生读者对文献内容有着明确的要求,阅读层次和水平较高。大学生读者通常对文献的内容质量、内容范围以及文献的外观设计等方面都有着较高的要求,对那些内容有深度、有特色,反映最新学术成就和思潮,有独到见解的文献,大学生读者情有独钟,爱不释手;对于反映新学科、边缘学科、交叉学科和科学方法论的文献,表现出浓厚的阅读兴趣;对于反映现实矛盾、现实生活的文献,深受大学生读者的欢迎。第四,注重外来文化的吸收。大学生读者普遍注重外语学习,对外国学术著作、文学作品、国际知识,以及国外文化方面的文献备感兴趣,是外语读物的积极阅读者。图书馆要针对大学生读者的各种表现和特点,提供必要的教学参考文献和大量精良的课外读物,为大学生读者创造良好的阅读环境和条件,吸引读者利用图书馆,并通过各种宣传、辅导、教育方式提高读者的阅读兴趣和阅读技能,使图书馆真正成为对大学生进行智力开发和人才培养的第二课堂。

(3)科技读者

科技读者通常是指各行业、各阶层、各学科的科学技术工作者(包括科学研究人员、工程技术人员、医生、作家、文艺工作者等)。按专业技术职称,可以分为高级科技人员、中级科技人员和初级科技人员。科技读者是图书馆读者队伍中的主要读者类型和重点服务对象。由于科技读者是一个特殊的脑力劳动者阶层,他们分布广泛,分散在国民经济各部门,科学文化战线各系统,社会科学、自然科学、技术科学各个领域,从事着多种多样的工作。因此,不同系统、不同领域的科技读者文献需求各不相同,分别需要特定的文献类型和内容范围,来解决具体的研究课题和任务。在阅读活动中,科技读者对文献内容和图书馆服务具有较高的要求,对文献内容的广度、深度和难度都远远超过了一般读者的水平,而且对文献的时效性也要求较高,通常需要最新的文献内容。在图书馆资源的利用上,不仅需要原始文献的利用,更注重对二次文献和三次文献的查找与利用,更多地需要综合性的文献服务。因此,图书馆为科技读者服务,不能停留在以提供整本书刊为主的一次文献服务水平上,应加强二次文献、三次文献的揭示与报道,开展咨询参考、文献检索等多种形式的主动服务,将图书馆的服务活动直接与科技读者的科研课题和任务结合起来,开展文献调研与服务,提倡参与式服务。为科技读者服务,其实质就是为科学研究服务,为生产技术服务,为经济建设服务。科技读者的文献需要,直接反映了社会主义现代化建设的当务之急和发展方向。因此,各类型图书馆,都要把科技读者作为重点服务对象,为科技读者提供各种利用图书馆资源的方便条件。

(4)教师读者

教师读者是指在各级各类学校从事教学工作的社会成员(包括普通高等院校、各类成人高等教育院校、中等专科学校、中小学教师等)。教师读者是各级各类学校图书馆的重点服务对象,也是各级公共图书馆的服务对象之一。教师是人类灵魂的工程师,肩负着在教育战线上培养人才的重任,他们不但教育学生掌握科学知识,而且自身也要不断学习、不断充实和更新知识。因此,教师在个人广泛搜集必备的教学用书的基础上,也要充分利用图书馆丰富的文献资源,是图书馆的积极利用者。由于各级各类学校的教学目的和教学任务不同,因而教师读者在利用图书馆资源的方式上存在着很大的差别。如中小学教师从事基础教育,为中等专业技术学校和高等学院输送人才,为社会各种职业工作培养后备力量。由于担负着繁重的教学任务,因此,在利用图书馆的方式上表现为以借阅有关教学参考资料、基础理论读物和思想文化修养方面的文献为主。而大学教师担负着教学与科研双重任务,对图书馆的利用比中小学教师读者要广泛、深入和经常。在阅读过程中,有着明确的阅读目的和集中的阅读范围,通常以专业文献和有关的二次文献为主。但是,不同专业、不同年龄层次和承担不同教学、科研任务的教师读者,在文献需求的内容与范围上各不相同,文献利用的深度与广度各不相同,图书馆资源的利用方式也各不相同。图书馆应深入调查和掌握教师读者的阅读需求特点,积极主动地、有针对性地为满足教师读者的需求,提供不同层次的文献服务。

(5)干部读者

干部读者是指从事管理和决策工作的各级各类、各行各业党政领导干部、组织管理干部以及广大的国家机关工作人员。由于各级党政干部从事各种领导工作、组织管理工作和实际业务工作,需要考虑各种现实的或潜在的因素,作为制订政策,作出规划或实施管理时的参考。因此,干部读者对文献的需求除了自身的科学文化学习提高以外,更需要战略决策性的综合动态信息,以及专业领域内的事实性资料。在图书馆服务上,应针对干部读者的文献需求特点,开展针对性较强的服务工作,以提供全面系统的、综合性的、既聚焦十分强烈又具有全局观点的文献信息,满足干部读者的特殊需要。

(6)工人读者

工人读者是图书馆读者队伍中的主要读者类型,他们人数众多,成分复杂,层次多样,广泛分布在厂矿企业、商业财贸、交通运输、建筑、邮电、服务行业及其他第三产业部门,是各级公共图书馆和工会图书馆的主要服务对象。在工人读者队伍中,青年工人读者群是图书馆的积极利用者,是图书馆一般读者队伍的重点研究对象。由于青年工人广泛接触社会,思想活跃,容易受到各种社会思潮的影响,因此在阅读活动中,对文献的需求上表现出追求社会时尚的倾向,对于反映社会某一现状、问题或某一热点的文献形成流行性的阅读现象。工人读者一般具有初中或高中文化水平,由于文化水平不高,故而在对文献内容的选择上多为文艺作品和普及性读物。同时他们还结合各自的工作和各人兴趣,选择阅读一些业务技术书刊和思想修养文献,以提高自己的技能和修养。在图书馆利用方式上,工人读者由于受工作时间的限制,只能在业余时间利用图书馆资源。文化考核、专业技术职称的评定,社会对劳动者的智能和知识的要求越来越高,使工人读者越来越注重阅读文化补习和业务技术方面的文献,自学成才已成为工人读者群的努力方向和奋斗目标。因此,图书馆在为工人读者提供服务的过程中,应充分重视工人读者的各种文献需求和服务需求,加强阅读指导工作,向工人读者宣传好书,推荐好书,真正成为工人读者的良师益友。

(7)农民读者

农民占中国人口的绝大多数,是图书馆最多的潜在读者。在我国新一代的农民中,大多受过初、高中教育,随着改革开放的不断深入,农村商品经济的发展,农民的职业成分发生了很大的变化,文化事业的发展,使农民读者的信息意识普遍增强,学科学、讲科学、用科学的社会风气日益高涨,人们的精神需求日益强烈。因而在文献需求上,表现出娱乐性、通俗性、知识性、普及性的特点。他们需要广泛阅读通俗易懂的农业科学技术文献,来寻求发家致富之路;同时阅读民族风格强的文艺作品,来丰富农村文化生活。图书馆要根据农民读者的需求特点,做好相应的读者服务工作。如举办农业技术培训班,送书下乡,送技术下乡,使更多的农民读者意识到科技文献的重要性,尽快转化为图书馆的现实读者。

(8)军人读者

现役军人,是连队图书馆的主要服务对象,也是各级公共图书馆的大众读者类型之一。军人读者在文献需求上通常是以政治理论、军事技术、科学文化知识为主要内容。在图书馆的利用方式是以外借、阅览形式为主。随着军地两用人才的培训,军人读者的阅读需要将向着广阔的科学技术领域方向发展,体现出理论性、技术性、可操作性、实用性特点。

（9）居民读者

居民读者是街道图书室和各基层公共图书馆的服务对象,其中包括从事个体、集体劳动的就业职工,退休、离休的老年居民,以及各种闲散人员。随着我国经济体制的深入改革,为数众多的下岗职工将补充进入居民读者群中,成为基层图书馆的主要读者类型。由于广大的下岗职工在离岗之前具有一定的文化知识和岗位技能,因此在文献需求上,除了阅读文学作品以丰富精神文化生活之外,更需要阅读各种反映科学技术和科学文化知识的文献,以提高和改变自己的知识结构,寻求再就业的发展道路。对于下岗职工的文献需求,图书馆应给予充分的重视和关注,力图通过多种方式来最大限度地满足这一部分读者的文献需求。

（10）残疾读者

残疾读者是个人读者类型中的特殊读者群。他们虽然在生理上有一定缺陷,失去部分生理功能,难以从事正常的阅读活动。但是在智力上,残疾读者(脑残除外)并无缺陷,具有与健康人同样的阅读需要和阅读能力。如我国当代保尔张海迪身残志不残,以顽强的毅力学习科学文化知识,学习外语,并翻译了大量外国文学作品,成为生活的强者。残疾读者在现实生活中,特别需要社会的帮助,需要图书馆的服务。各级公共图书馆应主动为残疾读者送书上门,普及与提高他们的科学文化知识,使他们能为社会作出贡献。

个人读者类型的不同读者群,是从图书馆整体队伍而言。各类型图书馆的个人读者类型,则应根据图书馆的具体情况而定。

2.集体读者类型

集体读者是指以一定的组织形式(如读书小组、写作小组等)利用图书馆资源的读者。集体读者最突出的一个特点,就是具有共同的阅读需要和阅读方式。他们或同在一个具体单位,或从事同一种职业,或为同一工种、同一年级,或进行同一个项目的研究,在一定期限内,集体借阅一定范围的文献。各类型图书馆都有不同形式的集体读者,如公共图书馆的读者小组、借书小组、自学小组等;高等学校图书馆的学生小组、教材编写小组等;科研图书馆的科学研究小组等。

3.单位读者类型

单位读者是指以固定机构为单位利用图书馆资源的读者。单位读者通常包括三种类型:(1)图书馆固定的服务单位。如由各类型图书馆直接提供文献服务的生产单位、科研单位、教学单位及其他组织机构。(2)图书馆的分支机构。如公共图书馆的馆外流通站、图书馆的连锁分馆、高等学校的院系资料室、科研机构图书馆的分支部门,等等。(3)建立了馆际互借关系的兄弟图书馆。单位读者作为图书馆的团体用户,其最大的特点,就是单位读者实际上是一个文献信息传递的中转机构。它的基本职能就是充当文献传递的"二传手"。一方面根据本单位读者的需求,向图书馆直接借阅或调阅文献;另一方面又直接传递给读者使用。它是以单位的名义借阅图书的组织。

4.临时读者类型

临时读者是指偶尔到图书馆进行借阅活动的编外读者。凡无本馆借阅证件,或无正式关系而临时利用图书馆资源的读者,都属临时读者,包括任何个人读者、集体读者或单位读者在内。一般来说,任何社会成员都可以利用图书馆资源,都可以成为任何图书馆的临时读者。一个读者只能是一个图书馆的正式读者,却可以成为许多图书馆的临时读者。各类型图书馆都要尽可能向社会开放,吸引更多的社会成员充分利用图书馆资源。

第三节　读者队伍的组织

一、图书馆读者队伍组织的意义

图书馆读者队伍是图书馆服务的对象,通常是由特定范围、特定类型、特定成分的读者类型所构成。在整个国家和地区的图书馆事业中,读者队伍的数量、读者成分、读者类型的广泛程度直接说明了图书馆事业的发展程度,说明了图书馆资源的开发利用程度,同时也说明了图书馆的社会地位与社会作用的发挥程度。因此,图书馆只有做好读者组织工作,才能开展有针对性的服务工作,提高服务的效率,从而加快图书馆事业发展的步伐。

图书馆读者队伍的组织,有两层含义。一种是从图书馆事业的宏观角度出发,认为图书馆读者队伍的组织是指按照各图书馆的性质和任务,将不同类型的读者群组合,排列成具有一定内在联系的图书馆读者队伍。这种广义的图书馆读者队伍组织,包括了读者队伍的调整工作,确定图书馆各类型读者的比例和数量,以及读者登记与借书证的发放等工作。其意义在于通过对读者的科学组织,掌握各种不同类型读者群的需求规律和心理特征,在提供区分性服务的基础上,进行重点服务,从而最大限度地满足读者需求。另一种图书馆读者组织的含义,是指从图书馆具体工作的角度出发,成立和组建各种由不同类型的读者个体参加的读者活动组织。如"图书馆之友"、"读书沙龙"、"读者协会"等。这种读者活动的组织是为了创造良好的阅读条件和环境,提高读者的阅读能力和阅读水平,培养读者图书馆意识所开展的一系列组织活动。它是随着现代社会中,图书馆读者主体意识的崛起,图书馆在不断提高服务质量的过程中所开拓的读者服务新领域和新途径。其意义在于图书馆读者也是一种资源,为了更好地面向社会、服务社会,图书馆不仅要充分发掘和利用各种图书馆资源进行社会性服务,同时还要充分发挥图书馆读者的智力,组织读者参与图书馆事业的管理和活动,从而提高图书馆在社会中的地位,实现图书馆的各项社会职能。

二、图书馆读者队伍的调整

在图书馆读者队伍中,客观地存在着重点读者与一般读者的区别。重点读者是图书馆的重点服务对象和研究对象。确定重点读者,要把图书馆和读者两方面的情况结合起来考虑。一方面要考虑图书馆的主要性质、任务与藏书结构;另一方面要考虑读者利用图书馆资源的目的以及对图书馆的依赖程度。读者是担负科学研究任务的、系统自学的,还是一般性阅读的;是经常利用图书馆的,还是偶然利用图书馆的;是经常反映阅读需要和阅读效果的,还是不常与图书馆取得联系的。总之,应当根据图书馆的实际情况,确定不同类型、不同成分的重点读者;同时也应根据读者的实际需求情况,确定重点读者的组织条件。一般来说,图书馆的重点读者应包括利用图书馆资源进行系统学习和从事科学研究的读者。这些读者类型对图书馆资源的依赖程度比较高,并能经常利用图书馆资源,与图书馆保持密切联系,积极反映阅读需要和阅读效果,是图书馆服务的重点读者对象,应给予各种优惠服务。如杭州图书馆从 1986 年至 1995 年间,重点读者由 30 余人扩大到 80 多人,包括科技人员、医生、教育工作者、法律工作者及解放军战士。杭州图书馆为这些重点读者提供了各种方便,使他们多出成果,快出成果,在充分利用图书馆资源的基础上,这些重点读者发表论文几百篇,出版专著、科普读物及教学参考书上百种,1993 年获国家专利及省、市科技进步奖共 24 项,有的读者的作品获"五个一工程"奖。重点读者们深有感触地说:"杭州图书馆已成为我们进行攻关的有力后盾,是工作人员的热忱服务发挥了图书资料的最大价值。"

图书馆读者队伍的组织,除了确定重点读者之外,还应根据社会经济建设的发展,以及社会和读者对图书馆资源的利用状况,及时地对图书馆读者队伍进行调整。在通常情况下,调整读者队伍,应考虑三个方面的变化因素:第一,国家和地区经济建设和科学文化教育事业发展的变化情况。图书馆只有以国家和社会的利益作为主要服务目标,才能生机勃勃、日益发展,否则便会失去原动力,失去存在的价值。而社会环境又是造就一支广泛的、活跃的读者队伍的重要因素,是决定图书馆知识交流和信息传递的规模、范围、开发程度、吸收能力的基础。一般来说,国家经济体制改革的势头,企业和机构的调整,社会经济成分的变动,工程技术与科学研究项目的发展等都会直接或间接地影响着读者对图书馆资源的需求,影响着图书馆读者队伍的变化。因此,在对图书馆读者队伍调整过程中,首先就必须根据社会的需要来进行,这是保证图书馆文献服务充满活力的根本条件。第二,图书馆读者队伍的实际变化。由于读者工作的调动、职业的变化、单位撤销以及读者居住搬迁等原因,读者的借阅证长期得不到充分利用,形成空证。而许多需要利用图书馆的读者又因为领不到借阅证而无法利用图书馆资源。因此,必须对持有空证的读者进行调整。第三,图书馆藏书结构失调状况。在正常情况下,图书馆读者结构应和藏书结构保持大体平衡,才能最充分地利用图书馆藏书。否则,便会产生利用率低下的现象。为了充分开发和利用图书馆资源,就应该定期开展验证核实工作,调整撤销不适宜的读者部分,发展新读者,增减各类型读者成分数量比例,使读者队伍的构成与社会实际需要相适应,与馆藏结构相适应,与图书馆的任务和能力相适应。经过调整,不断提高图书馆读者队伍的质量,使图书馆资源得到充分开发和利用,使应该利用图书馆的社会成员成为图书馆的正式读者。

三、图书馆读者活动组织的基本模式

目前,图书馆读者活动的组织存在着三大模式。即:侧重于提高读者阅读能力的"读书交流"模式;侧重于培养读者参与意识的"管理"模式;侧重于发挥读者专长的"智力开发"模式。研究和掌握这三种不同模式的特点与规律,有助于进一步搞好图书馆读者活动组织的建设和管理。

1. "读书交流"模式

这是一种针对读者的阅读需要而建立的读者活动组织。建立这类读者组织的目的是为读者创造良好的阅读环境和阅读条件,通过一系列有针对性的读书活动,提高读者的阅读能力和阅读水平,并为读者之间的交流提供条件和机会。这种读者活动组织的基本特点是:(1)以提高读者自身修养为主要目的。读者是以一个学习者、受教育者的身份来参加活动的,图书馆作为读者活动组织的指导者,要对读者进行正确引导,帮助他们不断提高自身的文化修养。(2)以组织读书活动为基本手段。读者参加读书活动是为了博览群书,完善自我。因此,图书馆读者服务部门要通过组织形式多样、生动活泼的读书活动来达到教育读者、充实读者的目的。(3)以图书馆流通阅览部门为基本阵地。图书馆不但要在组织上加以领导,在阅读上加以引导,而且要在藏书上加以保证,并以流通阅览部门为重要阵地开展活动,让图书馆真正成为读者终身教育的主课堂,成为读者成才的重要基地。

"读书交流"模式的活动内容有:(1)结合读者的特点和一定时期的社会需求,组织读者有针对性地阅读。主要是通过新书介绍、新书推荐和系统的导读书目等,选择和确定阅读的重点。(2)组织读者进行心得体会的交流。可以采用书评形式,也可以采用报告会形式,还可以采用座谈会和研究会等形式,让读者有感而发,畅所欲言,在原有基础上得到提高。(3)掌握读者阅读倾向,

开展阅读辅导工作。可以采用讲座、研究讨论、社会调查等形式来开展阅读辅导工作。如同济大学图书馆采取导读形式，配备一名专职导读教师，定期或不定期地与读者聚会漫读，使读者在宽松的气氛中接受引导。

采取"读书交流"模式组织读者，首先应注意开展读书活动的方式方法。读者虽然是以学习者和受教育者的身份参加读者组织的，但这完全是一种自觉自愿的行为，图书馆在推荐优秀图书、传授阅读技能时要多多研究读者的阅读心理，采用启发式方法，以利于提高读者的阅读积极性，使读者在潜移默化中提高。其次是要正确处理好图书馆员与读者之间的关系。图书馆虽然对读者组织负有指导监督之责，但图书馆员与读者之间的关系却是平等的，应该互相尊重。双方应互相配合，取长补短，共同提高。再次是应该为读者提供良好的阅读条件。图书馆要尽量为读者的阅读活动创造良好的阅读环境和阅读条件，适当开放藏书范围，延长借阅期限，以各种途径来满足读者需求，提高其阅读能力。

2."参与管理"模式

这是一种以培养读者的图书馆意识和依靠读者的经验和能力来推动图书馆服务工作为目的的读者活动组织。它是一种新兴的图书馆读者组织模式。它通常以"图书馆管理委员会"、"图书馆之友"等形式组成。其特点主要表现在：(1)围绕着图书馆的业务工作开展活动。读者参加组织是为了锻炼和展示自己的社会实践能力和管理能力。因此，图书馆将组织读者参与管理的重点放在了图书馆的各项业务工作和相关领域内，以借助读者的经验和能力提高图书馆管理的水平。(2)读者以主人翁姿态参与图书馆工作。长期以来，图书馆与读者之间隔着一条鸿沟，读者无法了解图书馆的工作，图书馆也无法了解读者的现实需求，造成了读者需要的文献，图书馆没有收藏；而图书馆收藏的文献又不能满足读者需要的局面，致使图书馆藏书资源利用率低下。组织读者参与图书馆管理,从图书馆工作的机制上来说,加强了图书馆与读者之间的联系,从而真正体现了读者的主人翁地位。(3)读者有较多的实践机会。读者参与管理工作,并不仅仅局限于提意见和建议,而是对图书馆工作进行"参政"和"议政",亲身投入到图书馆事业的发展过程之中,培养了读者的图书馆意识,使读者用自己的双手去改变图书馆工作的面貌。

组织读者参加图书馆管理活动的主要内容是:(1)对图书馆工作意见和建议进行信息反馈。如华东师大"学生图书馆管理委员会"曾发起一个"读者权益保护咨询投诉活动周",搜集广大读者对图书馆工作的意见,进行信息反馈。(2)参加图书馆业务工作。图书馆吸收读者参加具体的图书馆工作,不仅仅局限于图书馆内部的整架、修补图书工作,也可以承担更为重要的职责。如复旦大学"图书馆之友"曾经成功地组织过"毁窃书刊展览",对读者进行教育。(3)通过广泛调查研究,为图书馆的管理决策服务。读者是图书馆工作的出发点,对图书馆工作最有发言权。如复旦大学"图书馆之友"开展了"开架书库乱架原因"的专题调查,分析读者在开架书库中查找和选择文献的行为,基本搞清了乱架的主要原因,为图书馆开架服务的组织与管理提供了参考意见。

组织读者参与到图书馆管理过程中,首先应注意的一个问题是要让读者了解和熟悉图书馆的业务工作,这是读者参与管理的基础条件。其次是要充分信任读者,尊重读者,认真听取读者的意见和建议。第三是要充分发挥读者活动组织的作用,使读者在实践中不断增长自己的聪明才干。

3."智力开发"模式

这是一种以开发读者智力资源为主要目的的,让读者为读者服务进而为社会服务的读者活动组织,其重点是发挥读者的专业特长。其基本特点表现为:(1)以开发读者的智力资源为出发点。图书馆读者来自社会的各个阶层,拥有不同的职业背景和专业背景。图书馆根据读者需求和自身工作的需要,挑选一批重点服务对象,并将他们的智慧集中起来,重新组合和开发利用,为社会的经济建设和精神文明建设作出贡献。(2)读者具有较高的文化水平和专业技能。参加组织的读者都经过严格的遴选,具有较高文化水平和专业能力,并且热心为社会服务。如我国首家成立的南京金陵图书馆的"读者协会",其会员来自党政机关、企事业单位、科研院所和高等学校,分别设有管理学研究组、科学方法研究组、英语咨询研究组、评论组、工程师服务中心等。(3)直接服务于社会。读者以图书馆资源为依托,利用自己的专业知识和技能,直接为社会的政治、经济、文化和科技进步提供服务。如杭州图书馆请重点读者为市民进行咨询服务,深受广大市民的欢迎。以读者的专业知识提供智力服务,这种活动的组织内容侧重于信息开发工作和技术开发服务。使读者依靠图书馆丰富的文献资源,根据自己的所学专长,深入开发信息资源,为特定用户提供专门的信息服务;同时,读者根据自己所掌握的专业技能,进行科研成果的推广工作,进行技术咨询和转让,为社会创造更多的财富。

采取此种方式组织读者,应该注意两方面的问题。第一,由于读者组织代表着图书馆的整体形象,应特别重视读者自身的综合素质;第二,组织活动要讲求实效,不做表面文章,让蕴藏在读者头脑中的智力资源及时、有效地转化为生产力,为社会各界服务。为此,图书馆应在组织落实的基础上,给予一定的经费支持,而且在图书馆资源的利用上实行倾斜政策,以保证活动的顺利进行。

第四节　读者队伍的发展与转化

对于图书馆来说,把潜在的读者转化为现实的读者,重视对广大社会成员的图书馆意识的教育和信息利用能力的教育,是充分发挥图书馆知识交流功能的一项十分重要的任务。加强图书馆的文献传递职能,扩大读者范围,增加信息用户的比重,促进知识信息的交流,为科学技术和国民经济建设提供全方位的服务,是图书馆生命活力的体现,它标志着图书馆工作发展的更高层次。

一、图书馆发展读者应考虑的因素

一般来讲,读者的形成和发展与人们生活的社会环境有着密切的联系,因为社会环境既是促进人们求知欲望和滋长信息意识的土壤,又是决定人们对知识和文献需求程度的量尺。社会政治、经济发展的趋向,市场调节和竞争的手段,企业经营的方式,科学研究的规模和能力,决策系统的建立和决策过程的科学化程度等,都是人们进行社会信息传递的根本条件;而社会科学技术的发展水平,社会教育的普及与提高程度,社会的文化和心理特征,等等,又是激发人们文献需求、产生阅读行为的重要因素。在现代社会里,科技知识在更广泛的程度上转化为直接的生产力,构成社会生产、技术进步、生活改善中不可缺少的决定因素,知识的社会价值得以充分实现,尊重知识、尊重人才真正成为社会的普遍风尚,人们的信息意识普遍增强。而全民族文化水平的提高,高学历人员比例的增加,科学研究不断深入地发展,国内外学术交流日益频繁,以及社会对精神文明建设的重视,是进行社会信息传播与交流的有力保证。只有在这样的社会环境条件下,才能出现一支庞大的读者队伍和多样化的文献需求,才能促进图书馆的文献交流功能的发挥。所以说,社会环境是造就一支广泛的、活跃的读者队伍的重要因素,是决定社会文献传播和信息交流的规模、范围、开发程度、吸收能力的基础。因此,图书馆读者队伍的发展,必须从社会发展的整体意义出发,分析图书馆与社会之间的关系,在促进社会各方面发展的同时,求得自身的发展。

人们通常认为,图书馆读者队伍的发展,应该考虑三个方面的问题。

第一,各类型图书馆的主要服务任务及其提供服务的可能条件。由于各种类型的图书馆具有不同的工作性质和服务任务,在发展读者,充分利用图书馆资源的过程中,就应该根据本身的工作性质和任务来确定发展的对象。如公共图书馆是面向公众开放的图书馆,担负着为科学研究服务和为大众服务的双重任务。在促进国家政治、经济、科技、文化、教育事业的发展,提高全民族科学文化水平方面起着重要的作用。因此,公共图书馆读者队伍的发展,应充分体现其公共所有的特点,向整个社会提供服务,使每一个社会成员都能充分利用图书馆资源。同时,公共图书馆还应改善文献传播与交流的方法与技术,变被动形式的服务为主动的、针对性强的服务,以积极有效的方式更多地参与读者的社会实践活动之中,吸引广大的潜在读者利用图书馆资源。除此之外,发展读者还应考虑图书馆的各种可能条件,具体来说,包括了图书馆的馆藏条件——图书馆藏书的规模、藏书结构及其比重等;馆员条件——图书馆读者服务工作人员的数量、知识结构及其服务能力;馆舍条件——图书馆的空间容量与设备条件等,这些是满足读者需求,壮大读者队伍不可缺少的重要因素。

第二,各地区、各系统政治、经济、科技、文化、教育发展的实际需要。社会的文献需求是推动图书馆事业发展的强大动力,为社会的国民经济建设和科学技术服务,是图书馆现代生命力的具体表现。因此,发展读者必须根据社会发展的实际需要,包括地区或系统的经济运行特点,科学文化教育事业的发展状况,厂矿企业体制改革的重点问题,科学研究的攻关项目,机关学校的现实工作,以及各行各业、各阶层具有文献需求的社会成员,都可以作为图书馆服务和读者发展的对象。只有这样,才能最大限度地发挥图书馆资源的社会作用。

第三,地区或系统图书馆事业发展状况及其图书馆的馆际分工与协调。图书馆事业的发展直接影响到读者服务的范围和规模。由于图书馆事业是一个整体性的社会事业，在满足整个社会文献需要的过程中，各类型图书馆都客观存在着一个相互联系和相互制约的内在机制。因此，图书馆读者队伍的发展，也应本着全面规划、统筹安排、分工协作、紧密联系的原则，在分工协作的基础上，最大限度地满足社会文献需求。一般来说，各系统图书馆主要是将本系统的社会成员发展成为正式读者，公共图书馆主要把各阶层的社会成员发展成为公共图书馆的正式读者。个人读者按照就近利用图书馆的原则，成为最近的图书馆各项资源的利用者。具有特殊需要的读者可以通过单位和组织，与图书馆建立起邮寄借书关系，或通过馆际互借方式加以解决。

二、潜在读者转化成图书馆的现实读者

潜在读者是相对于现实读者而言，指那些具有阅读能力但暂时还没有利用图书馆资源的社会成员。图书馆发展读者的主要任务，就是将这些潜在读者转化成图书馆的现实读者。实现潜在读者向图书馆现实读者的转化，一个非常关键的因素，就是将读者潜在的需求转化为现实的需求。从理论上分析，读者需求是使读者产生阅读行为最基本的动力，是一种心理状态，通常以个人愿望、意念的形式表现出来。它并不由个人意志所决定，而是由人与人、人与自然的关系以及联结所形成的社会环境所决定。社会不但生产着人类需求的对象，也生产着需求本身。由于读者自身的发展与社会环境的变化，因而导致了读者需求的不断发展变化。读者需求广泛地存在于读者的社会活动之中，有的可以被读者主体所感受和表达出来，这种被读者主体感受和表达出来的需求，在日常的读者服务工作中称之为现实需求，它直接导致了读者查找文献、阅读文献、利用文献的行为，通过一系列行为活动来满足这些现实需求。而另一部分没有被读者主体所感受的需要或者感受到但没

有表达出来的需要,就是读者的潜在需求,它是客观存在的需求,只是由于各种社会环境因素和自身主观因素的影响而没有表现出来。图书馆要将潜在的需求转化为现实的需求,把潜在读者发展成为现实读者,就要积极地创造条件,诱导和促进读者需求的转化。

首先,图书馆应开展积极的阅读指导活动,端正读者的人生态度和个人价值取向。要做到这一点,图书馆就应重视创造良好的阅读环境,给读者以健康文明的影响和熏陶,以正确的世界观和方法论给读者进行正面的教育和引导。尤其是在市场经济条件下,面对各种经济浪潮的冲击,人们的价值观念发生了很大的变化。如何树立高尚的精神境界,正确处理好"社会与个人"的关系,不仅是社会精神文明建设的主要内容,而且也是图书馆读者服务和读者教育的重要任务。因此,图书馆在进行政治思想导向教育的同时,还要加强人生观的价值导向,为读者推荐好书,宣传好书,让读者在阅读中潜移默化地接受正确的人生观念,引导读者树立健康向上的积极进取的人生态度和价值观。

其次,应增强读者的图书馆意识。读者的图书馆意识直接影响着对图书馆资源的利用程度,而社会的图书馆意识又是决定图书馆生存和发展的重要因素。长期以来,造成我国图书馆资源利用率不高的一个主要原因,就是社会的图书馆意识低下,广大公众对图书馆工作及其任务缺乏了解和利用能力。为此,图书馆要树立主动服务的思想,把提高读者的图书馆意识作为一项经常性的工作来抓,并贯穿于图书馆工作的各个方面和各个环节,充分发挥图书馆的社会作用,使图书馆影响渗透于社会的各个层次,并引起全社会的重视和支持。同时,图书馆也要重视自身的宣传,要让广大的社会成员充分了解利用图书馆在其工作、学习和生活各方面的重要意义,借以激发读者阅读和利用图书馆的愿望,从而积极和自觉地利用图书馆资源。

第三,提高读者对图书馆资源的利用能力。图书馆利用能力是一种综合能力,是成为图书馆读者的根本条件和保证,通常包括了读者的阅读能力、查找文献的能力及利用文献的能力。其中,阅读能力是读者的基本能力。一般说来,潜在读者包括两类社会成员:一类是有阅读能力,但没有利用图书馆的条件;另一类则是有特定的文献需求,但没有利用图书馆的能力。对于这两类社会成员,图书馆应该通过各种途径将他们组织起来,授以利用图书馆的知识。如开办图书馆知识讲座,介绍图书馆的馆藏情况、业务部门的设置、服务范围和服务内容,以及利用图书馆的方法,帮助读者获取阅读能力,巩固和提高图书馆资源的利用能力,为激发和满足读者潜在需求创造良好条件。

第四,扩大读者服务范围,改进读者服务工作的组织,提高服务质量,以良好的图书馆形象吸引和影响读者利用图书馆。图书馆资源的利用与否,在很大程度上还取决于图书馆读者服务工作开展的好坏和图书馆作用发挥的大小。图书馆工作开展得好,图书馆作用发挥得充分,就可以取信于社会,吸引社会对图书馆的利用,扩大社会公众对图书馆的依赖程度,促进潜在读者向现实读者的转化。反之,则会制约图书馆资源的利用,甚至危及图书馆的生存和发展。因此,搞好图书馆工作,充分发挥图书馆的社会作用,是形成和提高社会图书馆意识的关键,也是发展读者,壮大图书馆读者队伍的重要因素。

三、图书馆现实读者转化为积极读者

潜在读者转化为现实读者之后,仍然存在着继续发展的过程。图书馆如果不能把握这个过程,现实读者还会逆转。因此,加强读者培训,不断提高读者获取知识、信息和文献的能力,掌握利用图书馆的方法,开展丰富多彩的读者活动吸引读者,是巩固读者队伍的有效措施。

发展和巩固读者队伍的最高境界,是培养一大批读者积极分子。积极读者名称盛行于五六十年代,是指以读者身份直接参加图书馆服务和管理工作的社会成员。积极读者把被服务者与服务者统一在一起,把权力和义务统一在一起,从深层次上揭示了读者与图书馆系统的关系,以及读者与社会的关系,体现了以读者为主体的现代图书馆学思想。

　　实现现实读者向积极读者的转化,首先是要对读者进行文献知识的教育,使读者了解和掌握图书馆文献资源的类型与特点,以及使用方法和条件上的特殊要求,为读者充分利用不同载体形式的文献打下牢固的基础。其次是要对读者进行文献线索的教育,提高读者的文献检索能力,使读者能够通过各种检索工具,查找和选择所需要的文献。尤其是在现代图书馆中,大量的文献信息都记录和贮存在图书馆数据库中,如何通过计算机检索系统选择和确定文献,是图书馆资源利用的关键问题。因而辅导读者正确使用各种检索工具和检索系统,是巩固读者需求和利用图书馆的最基本的措施。第三,帮助读者熟悉图书馆的业务工作和各项服务,使读者掌握图书馆学知识和方法,是提高读者利用图书馆的自觉性和积极性的有效途径。尤其是在自动化和网络化的条件下,掌握有序化文献信息的知识和方法是非常重要的,它能使读者更加快捷、更加广泛、更加准确地选择文献,满足其需求。同时也为读者参与服务、参与管理打下了基础,为现实读者转化成积极读者创造了条件。

　　总之,发展读者,培养一支积极读者队伍是依靠读者力量办馆的具体体现,其实质是促进图书馆事业的蓬勃发展。特别是在市场经济条件下,读者发展工作更应该得到加强,它不但是发展社会主义经济的需要,更是加强社会主义精神文明建设,提高国民综合素质的迫切需要。

思考题：

1. 什么是读者？试分析读者概念的特定内涵。
2. 什么是读者结构？读者结构的特点有哪些？
3. 试分析各种读者结构对读者行为的影响与作用。
4. 划分与组合读者类型的依据是什么？各类型读者有哪些基本特征？
5. 如何理解图书馆读者队伍的组织？其意义是什么？
6. 图书馆确定重点读者的依据是什么？
7. 调整图书馆读者应着重考虑哪些因素？
8. 图书馆发展读者应考虑的因素是什么？
9. 如何实现图书馆读者的转化？

第四章 读者心理研究

　　读者心理研究是应用心理学的一般原理、知识和方法,对图书馆读者的心理活动(包括读者的心理现象、心理过程和心理机制)进行分析和研究,从而掌握读者心理活动的产生与发展规律,为掌握读者需求动向,最大限度地满足读者的文献需求提供理论依据。学习本章的目的,在于了解读者心理的活动过程,领会读者的阅读需要、阅读动机、阅读兴趣、阅读能力等心理因素对读者阅读活动的影响。

第一节 读者心理研究的内容与意义

一、读者心理的含义

　　心理现象通常也被称为心理活动,是除了客观物质现象外,存在于主体(人)自身的主观精神现象,如人的感觉、思维、情绪、意志等,简称心理。人的心理,是世界上最复杂、最微妙的现象。恩格斯称之为"地球上的最美的花朵。"[①]雨果曾说:世界上最浩瀚的是海洋,比海洋更浩瀚的是天空,比天空还要浩瀚的是人的心灵。

---

　　① 《马克思恩格斯选集》第 3 卷,462 页,人民出版社,1972。

心理现象不同于物理现象,本身没有形状、大小、气味、重量等可直接感知的具体形态,因而不容易为人们所了解。但是它又并非神秘莫测,虚无缥缈,不可捉摸。因为人的各种心理活动是在特定的社会环境条件下人们的客观实践活动中产生出来的,同时又给实践活动以反作用。所以,我们通过人们的社会实践活动又可以分析人的各种心理现象,掌握心理活动的发展规律。

什么是读者心理? 读者心理的内涵十分复杂,它包含了读者在图书馆活动中的阅读心理和检索心理。读者的阅读心理是指读者在阅读活动过程中表现出来的心理现象,它包括了阅读的认识活动和阅读的意向活动。阅读的认识活动是读者对文献载体上的文字、信息或符号感知的过程,包括:感觉、知觉、表象、思维等一系列生理和心理的活动过程。读者经过这些过程吸收并理解文献中所包含的知识和信息。阅读的意向活动带有较多的个人心理色彩,它是受读者的先天特性和社会条件的影响而形成的读者个人的阅读需要、阅读动机、阅读兴趣、阅读能力等。阅读的意向活动是推动读者阅读的一种内部动力,它直接影响着读者的阅读倾向和阅读效果。读者的检索心理是指读者在文献检索过程中表现出来的心理现象和心理特征。它包括了读者的研究内容及水平深度,读者文献检索的共同心理特征,如求新、求准、求全、求快心理,以及特殊心理特征;读者的检索能力及对图书馆工作评价的心理表现。读者心理的形成和发展是读者内部意识和外部环境现象相互作用的结果,是读者主观因素和各种客观因素相互作用的综合反映。掌握了读者心理的形成和发展,认识和观察读者行为就具有了充分的理论依据,了解读者心理的种种表现,就能使我们及时地把握和预测读者需求及行为的动向,从而提供针对性的服务。

读者心理,就其主体而论,可以分为社会读者心理、图书馆读者心理。社会读者心理的研究范围包括了书业界的读者、宣传教育界的读者、科学技术界的读者,以及其他知识界的读者等。社会上各种知识的交流和传递,都必须在全面了解读者心理,掌握读者心理特征的基础上进行。图书馆读者虽然与社会读者在对象上有交叉,但因环境不同,活动方式不同,所以读者的心理活动有着明显的差异。因此,我们所说的读者心理,是指读者在图书馆的特定环境条件下,通过对图书馆资源的利用活动而表现出来的各种心理现象、心理特征及其心理发展规律。

二、读者心理研究的内容

读者心理研究是心理学与图书馆读者服务工作相互交叉渗透、结合而成的一个相对独立的领域。它以心理学的原理与方法为基础,以图书馆资源的利用活动为范畴,以图书馆读者队伍的整体心理状态和各类型读者的特殊心理为特定的研究对象,以阅读心理和检索心理产生和发展的一般规律为主要研究内容,并将读者心理活动与读者服务工作及整个图书馆工作结合起来,形成了一个比较系统的体系。

一般来说,读者心理研究的主要对象是在图书馆资源利用活动中的各类型、各种成分读者群的心理现象,包括整体读者和个体读者群,研究他们在利用图书馆这个特定环境中所表现的心理现象和心理特征,揭示读者行为的内在原因及其规律。

特定的研究对象,决定了读者心理研究的内容。第一,研究读者在图书馆活动中的认知心理现象。认知心理是读者对文献的载体形式、文字符号及信息内容的感觉、知觉、记忆、思维等一系列心理活动过程。它是读者接受信息,理解并吸取文献内容的重要心理基础。对读者文献认知心理的研究,旨在揭示读者获取文献、使用文献的内部心理机制。第二,研究读者阅读中的心理意向活动。读者的心理意向活动主要指受读者的先天特性和社会条件的影响而形成的带有鲜明的个性倾向性的阅读需要、阅读动机、阅读兴趣、阅读能力等。读者的心理意向活动对阅读的认知过程起着调节和支配的作用。如果说读者的认知心理可以使读者接受信息，学习知识，掌握客观事物发展和变化的规律性的话，那么，读者的心理意向活动则对读者的阅读起着直接或间接的推动和调节作用，它能够使读者的阅读活动更具有目的性、方向性和主观能动性。它是读者实现阅读认知过程的必要心理条件。对读者阅读的心理意向活动进行研究，旨在掌握读者阅读活动中的各种心理特征。第三，研究读者心理与读者服务工作之间的关系。读者心理现象不是孤立的社会现象，它必然要受到社会发展规律的制约。读者心理与读者服务工作之间，客观地存在着相互影响、相互作用、相互制约的辩证关系。读者服务工作只有在掌握了读者心理特征，适应了读者心理需要的基础上，才能体现其工作的针对性与有效性，否则就可能出现盲目性，造成工作中的失误。因此，读者心理的研究应通过对读者在图书馆活动中的心理现象、心理过程和个性心理特征的研究，揭示读者服务工作与利用图书馆资源之间的相互影响、相互作用的辩证关系，从而积极引导读者心理和服务工作沿着社会主义物质文明与精神文明建设的方向，协调一致地向前发展。任何读者心理的研究，都应以特定的时间、空间和社会历史背景为条件，脱离了特定环境条件的读者心理研究，毫无现实意义。

三、读者心理研究的意义

读者心理研究的意义在于：它有助于揭示在图书馆这一特定环境条件下读者心理的形成和发展规律，以及读者从事阅读活动的心理机制。研究读者心理的最终目的，就是充分掌握读者在图书馆活动中的心理变化规律，从而采取有效措施最大限度地满足读者需求，提高优质服务的速度和效率，使图书馆读者服务系统达到最佳的运行状态。具体来说，读者心理研究的意义体现在以下几个方面：

1. 研究读者心理,有助于指导读者服务工作的实践,发展和完善读者服务理论体系

读者服务工作是一项学术性很强的智力服务活动,对读者心理的分析以及对各类读者需求的调查研究,都是科学性活动,需要坚实的科学基础知识作为研究活动的支持。而对读者心理的研究成果不但直接满足了读者的心理需求,还极大地丰富了读者服务的理论体系,促进了读者服务工作向深层次发展。这种由实践到理论、再由理论指导实践的良性循环,正是充分体现图书馆社会教育职能和信息传递职能的有力保证。它能够引导读者发展健康的心理状态,控制和改变不良的心理状态,从而达到正确有效的宣传教育目的,提高读者服务的质量与管理水平,促使图书馆工作在国民经济的腾飞和现代化建设的进程中,发挥更大的作用。

2. 研究读者心理,有助于建立科学的读者服务体系,变被动服务为主动服务

读者心理与读者服务之间存在着相互影响、相互作用的辩证关系,读者与图书馆员之间互为主客体,图书馆员在掌握和了解读者阅读心理活动规律的前提下,才能进行充分的、科学的、有效的服务,从而积极地引导读者心理的健康发展。而从读者这方面来看,他们不是消极地、被动地接受图书馆员的信息传递与指导,他们也是具有主观能动性的主体。读者的阅读活动受读者自身的主观状态的制约,为他们的阅读需要和阅读动机所驱使。因此,研究读者在阅读活动过程中的心理现象和心理特征,以及读者心理的形成和发展规律,对于提高读者服务工作质量是十分重要的。尤其是在当前社会条件下,图书馆要扩大服务范围,加强信息服务的功能,就更需要从心理学的角度来认识读者,了解读者,研究读者,掌握读者心理需求的特点及阅读活动的规律,从而建立起适应读者需求的科学化的读者服务方法体系,主动地为读者提供信息,更好地为读者服务,克服读者服务工作中的盲目性和被动性。

3.研究读者心理,有助于加强图书馆员自身的建设,改善和密切读者与图书馆员的关系

读者对图书馆资源的利用实际上是一个科学交流的过程,表现为读者与文献作者在思想和感情上的交流,读者与图书馆员在接受信息、选择信息上的交流,其实质体现了人与人之间的相互关系。在读者与图书馆员的交往活动中,图书馆员占有主导地位。在图书馆活动中,图书馆员应随时注意接受来自读者的借阅信息和反馈信息,了解和分析读者的阅读需要,解答读者提出的各种咨询,帮助读者检索文献,校正读者的阅读倾向,最大限度地满足读者的阅读需要。图书馆员对于形成读者的阅读需要,强化读者的阅读动机,是一个重要的影响源,对于形成读者的优良品质,维护读者的阅读心理和检索心理的卫生,指导读者的阅读活动和检索活动起着十分重要的作用。这一切都对图书馆员的综合素质提出了更高的要求,使图书馆员更加注重自身素质训练,不但要掌握过硬的技术和本领,掌握牢固的专业基础知识和广博的学科知识,而且还要热爱自己的本职工作,热爱读者,全心全意为读者服务。通过对读者心理的分析和研究,急读者之所急,想读者之所想,帮读者之所需,改善和密切与读者的关系,为读者阅读活动和检索活动创造条件,激发读者潜在需求的转化,调动阅读积极性,间接地增强读者的开拓精神,充分发挥图书馆资源的作用,为读者提供全面优质的服务。

因此,全面系统地研究读者心理,深入具体地掌握读者阅读与检索心理特征,是现代图书馆读者服务工作实践和读者研究必不可少的重要内容。

第二节　读者阅读心理活动过程

读者的阅读活动,是以千姿百态的心理活动为基础的。与读者的阅读活动的发生与发展相适应,读者的心理活动也经历着不同的心理过程。根据心理学的观点,人的心理活动过程包括了认识过程、情感过程和意志过程。这些心理过程,彼此有着一定的区别,同时又相互依赖和相互促进。

一、读者心理的认识过程

阅读是人类获得知识的一种重要活动和手段。读者阅读心理活动首先是从对文献的认识过程开始的。这一过程是读者对文献的个别属性加以联系和综合反映的过程。从现代认知心理学的观点来分析,阅读的认识过程就是信息的加工过程,是对所接受的文献信息进行输入、检测、存贮、加工、输出和反馈的过程。在这个过程中,它要求调整人的阅读感知、注意、记忆、思维(抽象思维与形象思维)等心理活动因素,使之处于高度的、积极的紧张状态,来完成对文献信息的认识过程。

1. 读者的感觉

感觉是人的大脑对客观事物的个别属性所作出的直接反映。它是认识世界的感性阶段,是我们关于世界一切知识的最初源泉,也是一切心理活动的基础,是人的意识形成和发展的基本条件。

感觉的生理基础是客观事物直接刺激于人的感觉器官的神经末梢,引起传导神经的冲动,并将感觉器官接受的信息传递给大脑皮层的中枢神经,便产生感觉。感觉分为外部感觉(视觉、听觉、嗅觉、味觉、触觉)和内部感觉(平衡觉、运动觉、机体觉)。每种感觉器官都分工执行不同的反映职能。

人作为主体产生感觉,必须具备两个条件:一是要有一定的客观事物进行足够强度的刺激;二是主体的觉察和接受外界刺激的能力。在心理学研究中,前者称为阈限(threshold),后者称为感受性。二者之间存在着反比关系。如果阈限小,其感受性大;反之,阈限大,则感受性小。读者对文献信息的感觉,同样也应具备上述两个条件,但由于各种原因,读者之间对文献信息的感受性差别很大,同样的文献,不同的读者可能会产生不同的反映,这是因为读者特定的文献需求、特定的心理素质,以及读者特定的环境和特定的职业因素所导致的结果。所以,读者的感觉是主客观因素相互作用的结果。一般来说,读者对自己喜欢的、符合需要的文献往往容易感觉。读者的感觉是阅读活动的开端。没有感觉,读者就不可能知道文献的形式和内容,就无法进行认识活动。因此,读者的感觉对心理活动的认识过程有着极其重要的意义。

2. 读者的知觉

知觉是人脑对于直接作用于感觉器官的客观事物作出的整体反映。如果说感觉是对客观事物进行具体的、特殊的直观反映的话,那么,知觉则是将各种具体的、特殊的感觉材料进行理解综合,并加以解释,从而组成具有一定意义的对象。因此,知觉是在感觉的基础上形成的,是多种感觉相互联系和综合活动的结果。感觉是知觉的基础,知觉是感觉的继续。

读者对文献信息的知觉,通常要受到主观条件和客观因素的影响和制约。读者的知识和经验直接影响着知觉过程。如当读者接触到某一专业领域的文献时,便会很自然地将自己固有的知识和已往习惯的感知方式联系起来,将所感觉的信息归于某一类知识体系中去进行理解。所以现代认知心理学认为,知觉是现实刺激和已贮存的知识经验的相互作用的结果,是确定人们接受刺激的意义的过程。

在知觉过程中,读者的知觉通常体现出以下特点:

（1）知觉的选择性。具体表现在读者以对自身有意义文献作为知觉的对象。其原因主要有两个方面:其一,读者不可能同时把外部环境中所有的信息都进行输入,所以在输入刺激的信息时不得不进行选择。其二,读者知觉的根本所在是因为有特定的需要、兴趣和爱好。人们总是选择对自己有意义和有价值的客观事物进行整体认识,因此,读者的知觉过程具有明显的选择性。

（2）知觉的理解性。是指读者凭借以往的知识和经验去认识文献,从而进行内容上的选择。因为理解就是意识到事物的意义,是知觉的前提。它通过人在知觉过程中的积极思维活动来实现。所以任何知觉过程都是在以往的知识和经验的基础上达到理解,使它们更为精确,在理解的基础上实现知觉。尤其是文献记录了千百年来的人类知识,是人类知识的结晶,因此,对文献的知觉,更需要借助于已有的知识和经验来确认文献的范围与用途,理解文献的内容与意义。

（3）知觉的整体性。是指读者把具体的文献作为一个统一的整体来进行知觉。知觉的对象是一个复合刺激物,由多种部分组成,各个部分又具有不同的特征。但读者在对文献进行知觉时,并不是把这些部分割裂开来,孤立地认识,而是将其作为一个整体来知觉。如文献具有本质属性和非本质属性,读者对文献的非本质属性容易发生反映,如对文献的作者、书名、载体形式等外部特征迅速地感知,从而进一步判断是一种什么样的文献。因为文献中的各种属性对形成读者知觉的整体性有着极其重要的作用。尤其是文献中各种属性之间的相互关系,在一定程度上决定了知觉整体性的效果。如文献的内容提要是文献内容的缩写,读者通过内容提要便能形成对文献的整体印象,掌握其内容特征。当然,读者对文献的整体印象必须是在理解的基础上建立的,知觉的理解性往往决定知觉的整体性。

（4）知觉的恒常性。指知觉的条件在一定范围内发生改变时,读者的知觉仍然保持相对不变。读者知觉的恒常性具体表现在当文献的载体形式、形状及外部条件发生变化时,读者仍然从文献的内容上去掌握其本质特征。因此,知觉恒常性的意义就在于它可以使读者适应外部环境的变化,从实际需要出发,充分吸收和合理利用文献的内容。

读者的知觉是在阅读活动的实践中产生、完善和精确的心理活动,是认识活动的进一步深化。它是感觉和思维之间的一个重要环节,对感觉材料进行加工,为思维活动提供准备条件。

3. 读者的注意

注意是指心理活动对一定对象的指向和集中。它不是一种独立的心理过程,而是各种心理过程共有的特性。注意贯穿在整个心理活动过程之中。读者的注意对于文献信息的选择与吸收有着重要意义。如读者对专业文献的"注意",就能够使读者排除各种干扰,有选择地、集中地利用文献内容。所以注意是将所接受的初级信息向高级信息转化的重要条件。正是由于注意的作用,读者才能使感觉登记向知觉分析转化,进而使知觉分析向信息加工和贮存转化,并在此基础上进行高层次的思维活动。

注意可分为无意注意和有意注意两类。无意注意是指一种没有自觉目的的,不需要任何努力的注意。引起这种注意的原因有两个:一是客观刺激物的特点,如刺激的强弱程度、刺激的对比关系以及活动性和新异性等;二是人的主观状态,如人的需要、兴趣、态度和精神状态等。

有意注意是指自觉的、有预定目的的,需要一定意志作出努力的注意。它是一种受意识自觉控制的主动注意,服从于一定的工作和学习任务。引起和保持有意注意的条件有两个方面:其一是明确活动的目的,加深对工作和学习任务的理解;其二是排除众多干扰,全神贯注于注意的对象。

注意是一种有选择性的行为,表现出读者心理活动的倾向性。

通常有以下几种情况容易引起读者的注意:(1)能够满足读者某种需要的文献;(2)和读者某种特殊感情有关的文献;(3)符合读者阅读兴趣的文献;(4)与读者的知识经验有联系的文献;(5)读者处于良好精神状态。由此可见,能够真正引起读者注意的事物大都与读者的主观状态有着某种密切联系。因此,注意是决定读者整个认识过程的关键因素。为了有助于读者认识活动的发生与进行,图书馆应当采取各种方式和手段,引起读者的注意,增强注意的效果。

4. 读者的思维

思维是人脑对客观事物间接的和概括的反映。它是在社会实践的基础上进行的。思维的工具是语言,人们借助于语言把丰富的感性材料加以分析和综合,由此及彼,由表及里,去粗取精,去伪存真,从而揭露不能直接感知到的事物的本质和规律。

读者的思维是指读者对文献内容特征进行概括的和间接的反映。它是读者对文献的高级而复杂的心理认知过程。通过思维,读者发现和掌握文献内容的共同特征、本质属性以及文献内容所揭示的事物之间的内在联系和发展规律,从而更深刻地认识客观世界、改造客观世界。思维活动的基本特点就在于它是通过读者已有的知识经验或其他事物为媒介,来概括地反映文献内容本质的内部联系及其规律,以及间接地理解和把握那些没有感知过的或不可能感知的事物。其意义在于通过思维活动来认识客观事物或现象,获得精神上的体验和满足,并学习和积累知识经验,充分解决现实问题。

读者对文献内容的思维过程是一种复杂的心理过程,是对文献进行分析与综合的过程。它将文献中记录的知识或现象分解为简单要素,并对各个部分或各个阶段加以研究,在此基础上,又把各要素、各部分的特征、规律综合起来,了解并掌握它们之间的内在联系和规律。由此可见,读者的思维活动就是把握事物的特性及其整体规律的过程。其目的和结果,是在阅读中进行精神上的积极体验和享受,在联想中获得精神上的满足。

二、读者心理的情感过程

阅读情感是读者对阅读的文献是否符合自己的需要而产生的心理体验。当阅读的文献符合读者现实需要时,读者就会采取积极的肯定的态度,产生热爱、满意、愉快等内心体验。它是读者心理活动的一种特殊反映形式,贯穿于阅读心理活动之中,对读者阅读行为的开展有着积极的意义。它能激发读者阅读的热情,对阅读活动具有巨大的鼓舞力量。历史上有许多著名的学者都不约而同地把阅读情感比作圣洁而炽热的爱情。唐代文学家皮日休曾说:"惟书有色,艳于西子",指好书比西施更美。清代袁枚说:"见书如见色,未近心已动。"意思是看见了好书就好像看见美丽的恋人,还未接近就已经心花怒放了。可见阅读情感对阅读活动的作用之巨大。

读者心理的情感过程是通过认知活动的"折射"而产生的心理过程。通常受以下因素的影响和制约:

1. 读者生理素质和心理素质的影响

读者的阅读情感受读者自身的生理和心理素质等主观因素的影响而表现出更加稳定、更加深刻、更加强烈的倾向性心理特征。如不同生理特点、不同心理倾向的读者,其心理状态就不同,因而导致了各自不同的情感状态。有的保持着喜悦、愉快、积极的情绪色彩,而有的则忧愁、悲观和消极。因此,建立健康而热烈的阅读情感是读者进行阅读心理修养的重要条件和要求。

2. 文献外部特征与内容特征的影响

情绪和情感是人们认识客观事物所产生的一种态度的体验。它总是伴随着认识过程的发生和发展而在心理活动的深度与广度上发展与变化。因此,读者对文献的认识程度,必然会引起读者情感上的变化。当读者认识图书,认为符合自己需要时,就会产生积极的情绪,体现积极而热烈的阅读情感;反之则会产生消极、悲观的阅读情感。

3. 社会环境的影响

读者的心理状态发展与变化,在很大程度上取决于读者所处的社会环境。不同的社会条件、社会历史环境以及读者的工作环境,都决定了读者对文献的需求状态,从客观上影响和制约着读者阅读情感的发生与发展。

总之,阅读情感反映着读者的社会关系和社会生活状况,调节着读者行为,对读者阅读活动的发展有重要的心理作用。

三、读者心理的意志过程

意志是自觉地确定目的,组织自己的行动,克服困难以实现预定目的的心理过程。是人类改造客观世界和主观世界,发展自身能力中不可缺少的心理因素。

读者的心理意志过程是指读者在图书馆活动中表现出来的有目的地、自觉地支配和调节自己的行动,努力克服各种困难,从而实现利用文献目的的心理活动过程。一般来说,读者的意志过程有两个基本特征:

(1)行动目的的自觉性特征。读者对文献的意志过程,是在有目的的行为中表现出来的,它是经过读者深思熟虑后产生的有目的的自觉行为。如科研读者对于专业文献的利用就是在意志制约下产生的具有明确目的和较强自觉性的行为。这种意志与目的的结合,体现了读者心理活动的自觉能动性。

(2)克服困难的品质特征。意志的品质包括了意志的自觉性、意志的坚毅性、意志的果断性和意志的自制力。没有困难阻碍的行为,谈不上意志的努力。所以,意志活动往往与克服困难紧密相联。人们在完成意志活动中所遇到的困难包括了由客观环境阻力造成的外部困难和由人的思想矛盾和情绪干扰等主观因素造成的内部困难。能否发挥主观意识的积极作用，克服各种困难是意志行动与非意志行动的根本区别。在读者的活动中，读者的心理意志是克服各种障碍，充分而有效地利用文献内容的关键所在。

意志过程与读者的认知过程、情感过程存在着本质的联系。首先，读者的意志活动是建立在对文献信息的感知、注意、记忆、想象、思维等心理过程的基础之上。只有当读者充分认识文献内容的价值和变化规律时，读者才有可能选择各种方式方法和途径，充分利用文献内容，实现意志所指向的阅读目的。同时读者的意志又反过来促进认知活动的深入和拓展，促进阅读活动更加具有目的性和意向性。其次，读者的阅读情感影响着读者的意志过程。在意志活动中，既包括了人与自然的关系，也包括了人与社会的关系。其中必然发生情感的变化和内心的体验，这些心理体验影响和激发着读者的意志，使读者有意识地去寻求目标，有计划地开展各种行动来实现自己的目的。另一方面，意志过程又对读者的心理状态和外部动作产生调节作用。

总之，读者心理活动的认识过程、情感过程和意志过程是读者阅读心理过程的统一的、密切联系着的三个方面。一方面，意志过程依赖于认识过程，但又促进认识过程的发展和变化；另一方面，情感过程影响着意志过程，而意志过程又能调节情感过程的发展和变化。三者相互渗透和联系，共同作用于读者的阅读活动之中。

第三节　读者的阅读需求

在读者的阅读心理中，阅读需求是最本质、起着主导作用的心理因素，它影响和制约着读者各种心理活动现象，是决定读者阅读行为最根本的动力。要了解和掌握读者心理及行为产生与发展的规律,必须从读者的阅读需求出发,对读者心理特征进行研究和探讨。

一、阅读需求的概念与性质

1. 什么是需要

需要是有机体对延续和发展生命所需的客体条件的需求和反映。对人来说,需要是个体缺乏某种东西而力求获得满足时所产生的一种主观状态。它通常以愿望、意向的形式被人所体验和表现。人的需要是在社会实践中产生和发展的,它具有明显的社会性,其发展变化要受到社会生产发展和分配性质的制约。

需要对于人的行为是极其重要的。它是激励人们积极行动的原因和源泉。人的各种行为都是基于某种需要而产生的,离开了需要,就没有人的活动可言。而人的一生就是在不断产生需要,不断满足需要,继而再产生和满足新的需要的循环过程中成长的。同时,需要还激发人们的思维和意志等心理活动,以一定的方式影响人们的心理体验,是人的思想活动的基本动力。按照美国心理学家 A. 马斯洛 1943 年提出的"需要层次论"观点,人的需要大体可以分为生理需要、安全需要、社交需要、尊重需要和自我实现需要等五种类型的层次级别。其中,生理需要、安全需要属于物质需要,而社交需要、尊重需要和自我实现需要属于精神需要。马斯洛的"需要层次论"对我们研究和探讨读者的阅读需求具有一定的启发和借鉴作用。

2. 阅读需求的概念

阅读需求是读者力求阅读文献的心理倾向和心理趋势,是读者在一定的客观环境下,对文献的内容、数量、质量和形式的需要和具体要求。阅读需求的实质,就是通过阅读活动从文献中获取知识和信息,从而产生对文献的探索和利用。阅读需求是人们各种需要在阅读现象中的表现,是人们通过阅读活动来满足各种需要的愿望和意向,如科研读者对专业文献的需求,是为了满足其自我实现的需要。因此,读者的阅读需求,总是以自身的某一种具体需要为出发点而体现在阅读内容、阅读行为和阅读效果之中。表现为阅读内容按照需要进行选择,阅读行为按照需要加以控制和调节,阅读效果针对需要作出评价,阅读活动满足需要继而深入发展。阅读需求既是一种个人需求,也是一种社会需求,它始终处于不断发展变化之中,呈现出复杂多样的状态。

3. 阅读需求的性质

阅读需求的性质体现在以下几个方面:

(1)阅读需求是一种社会需求

读者阅读需求的社会性是指阅读需求的产生与发展过程是人的社会化进程的具体反映过程。人的社会化是人对社会的适应、改造和再适应、再改造的复杂过程。社会化使人从"自然的人"发展成为"社会的人",以社会的行为模式和行为规范自觉约束的人;而阅读需求正是人在社会化进程中各种需要的具体表现,它是在一定的社会条件下,人与人之间交往的结果,人们的社会化程度越高,阅读需求发展的水平就越高。阅读需求的社会性主要表现在:①图书馆读者之间以及读者与图书馆工作人员之间的关系是一种社会关系。读者既是阅读活动的主体,又是图书馆读者服务工作作用的客体,其相互交往的实质是通过文献交流活动来实现人与人、人与社会的沟通和联系。②读者的阅读行为和发展过程是整个社会活动的组成部分,其阅读需求的产生和发展受社会环境条件的影响和制约。③读者对文献内容的选择与评价,往往取决于自身的社会实践活动的内容,取决于社会的政治、经济、科学、文化等多种社会因素的发展,取决于社会对人们在认识和行为上的影响。④社会政治、经济、科学、文化的发展与变化必然导致读者对文献需求发生变化。由此可见,阅读需求是社会发展的综合反映。要历史地、具体地研究读者的阅读需求,就要把读者置身于特定的时代和社会环境中去进行考察,才能把握住阅读需求的实质。

(2)阅读需求是一种精神需求

从阅读需求反映的过程来看,它是读者个人的精神需求,通过对文献的阅读活动来实现精神上的交流。所以,它既是一种社会需要的表现,又是一种心理需要;是为了社会的进步和经济的繁荣,也是为了自身的发展和工作任务的完成。它是人们为了满足各种需要而在阅读活动中表现出来的愿望和意向。

(3)阅读需求是一种个人需求

读者的阅读需求内容是读者个人在社会实践活动中的具体内容,它既体现出社会特点,同时也具有鲜明的个性特点,反映出读者个人的阅读态度与阅读愿望,与读者个人的意识活动以及个人的社会实践活动有着直接的联系。它是在个人的心理素质和具体的社会实践活动的基础上产生和发展起来的心理倾向。不同的心理素质及不同的社会实践活动反映出读者不同的阅读倾向和需求水平,所以,读者的阅读需求因人而异。由于读者具有不同的年龄和性别、不同的职业、不同的文化水平,其表现出来的阅读需求就具有很大的差异。这种差异既体现为读者对文献的需求指向不同,也体现为读者需求水平上的差别。

(4)阅读需求是不断发展变化的需求

人的需要是在社会生产、生活条件的发展过程中,在人与人相互交往相互影响的过程中不断发展的。人们的需要促进了社会生产的发展,社会生产条件又制约着人的需要。阅读需求也随着社会生产的发展和生活条件的变化而不断得到满足与变化,从而实现由低层次阅读需求向高层次阅读需求的发展。阅读需求的发展与变化表现在两个方面:其一,随着社会经济的不断发展,人们的文化水平日益提高,精神生活的不断丰富,使读者的阅读欲望日益增强,因此,读者的阅读需求也不断发展和变化;其二,读者的阅读需求不是固定的、静止的,而是变化发展的,读者原始的阅读需求得到满足后,又会产生新的更高层次的需求,产生新的阅读行为,满足新的阅读需求。阅读需求的发展就是这种螺旋式的循环发展过程。

二、阅读需求的类型

读者在阅读活动中所表现出来的阅读需要多种多样,这些多种多样的阅读需要大体上可以归纳为四种基本类型,即:社会型阅读需要、专业型阅读需要、研究型阅读需要、业余型阅读需要等。每种阅读需要各自具有某种主要的特征。

1. 社会型阅读需求

社会型阅读需求是指在各个不同的历史阶段中表现出的许多读者共同具有的社会性特点的阅读需求。它反映了强烈的时代特征和社会发展潮流的需要。如在某一个特定的历史时期,许多不同职业、不同文化程度、不同兴趣爱好的读者群,受国内外经济、政治、科学文化或社会生活形势发展的影响,为适应社会潮流发展的需要,比较集中地共同阅读有关的文献,使某些文献一度成为社会上的畅销书和阅读热点。这种社会现象的根本原因就在于任何一个读者都是生活在一定社会环境里的人,尽管阅读需求反映了个人的阅读态度、阅读愿望和阅读要求,但它并不是纯粹的个人需要。在很大程度上,读者的阅读需求是社会政治、经济和文化状况的综合反映,必然具有某一社会环境发展的特点,必然与社会生活的各方面发生紧密的联系。社会政治的、经济的、文化的诸因素将不断给读者阅读需求施加巨大的影响,从而不仅决定了读者阅读需求的内容、特色,也决定了读者阅读需求的强弱程度以及发展趋势。这种社会型的阅读需求表现出的基本特点,就是读者文献需求的数量较大,阅读时间集中,阶段性强,使某些文献一时间供不应求,成了众多读者的阅读中心。随着社会潮流的发展和更替,读者社会型阅读需求则开始发生变化,有的向纵向深入发展,由短暂的阅读需求转化为持久的阅读需求。有的则横向转移,从而形成新的阅读需求。这种社会型阅读需求,不是个别的现象和主观因素所造成的,而是一种普遍的社会现象和客观发展的趋势。它不仅产生于社会的政治运动的浪潮之中,而且出现于经济建设的高潮之中,存在于科学教育文化建设的浪潮之中。面对读者群的社会型阅读需求,图书馆工作者要有敏锐的头脑和科学的态度,要善于关心国家大事和社会发展的形势,同时要分析这种阅读需求的性质、规模、强度以及时间的长久,掌握读者阅读的发展脉搏,把读者的长远需要与现实需求有机地结合起来,并在此基础上,做好图书馆藏书的选配工作,加强图书的宣传与辅导,促进图书的流通,满足大量的阅读需求。

2. 专业型阅读需求

专业型阅读需求是指从事学习、工作、研究等专业活动的读者所提出的文献需求。这种阅读需求往往同读者所从事的专门业务工作、专业学习和研究实践活动紧密相连。实践活动决定专业需求的内容、范围和重点;而专业阅读需求的满足、专业知识技能的提高、具体问题的解决,又进一步推动了专业实践活动的深入发展。由于专业阅读需求与实践活动在内容、目的、时间、范围上的高度一致,因而体现出鲜明的职业特征,使阅读活动和社会实践活动稳定、持久地向着同一方向发展。

具有专业型的阅读需求的读者,其阅读目的比较明确,通过阅读专业文献,获得较好的专业知识和较高的专业技能,以良好的素质承担社会角色所赋予的任务。因此,在阅读活动中,读者阅读需求的强弱程度不仅取决于读者所从事的职业工作的复杂程度,而且还取决于读者所从事的职业工作的要求和特点。一般来说,各种行业、各种职业、各种工种的读者,按照自身的业务活动范畴,其阅读需求和阅读倾向都长期固定地指向图书馆文献资源中某一学科范围和专业领域的文献,对文献内容的要求具有针对性。同一行业、同一职业和同一工种的读者,其专业阅读需求有共同的指向,但由于年龄、文化、知识结构和自身素质的不同,因此在文献需求的侧重点和文献利用的深度与广度上存在很大的差异。研究读者专业型阅读需要的共性与个性特点,有利于读者服务工作更具有针对性。

3. 研究型阅读需求

研究型阅读需求是指为了解决某一研究课题,完成所担负的具体研究任务而产生的阅读需求。具有研究型阅读需求的读者往往是围绕着研究内容组织和开展阅读活动,其阅读目的是通过阅读来了解课题的研究动向,掌握课题的研究水平。因此,这种阅读需求所涉及的阅读范围具有长期的指向性和专业性,体现出较强的任务规定性特征。读者在研究活动的各阶段中,根据不同的研究进展,提出对文献的具体内容范围和要求。任何承担了科研任务的读者,受研究任务的制约,都会表现出强烈的研究型阅读需求。如在科研项目选题阶段,读者通过查阅文献,了解某一领域内哪些研究课题具有现实意义而尚待深入;在调研阶段,通过普查文献,了解本课题的研究成果及动向,从中筛选可供参考的资料、数据、事例和方法,以启迪思路,扩大眼界,形成新的认识系统;在总结阶段,留心查阅新思维的文献,进行合理的吸取;在评审阶段,利用有关原始引证文献,鉴定和审查研究成果,分析、对比和评价其学术水平、成熟程度和现实价值。

研究型阅读需求还具有较强的自发性特点。这种特点主要体现在业余研究者的阅读需求上,由于对某一问题有着浓厚兴趣,他们也会自发地表现出研究型阅读需求。总之,研究型阅读需求是将阅读活动与创造性活动紧密结合的阅读需求,是一种高层次的阅读需求,是具有进取心的读者普遍具有的阅读需求。在有着较高文化素质和研究能力的知识分子中,这种阅读需求比较普遍。

118

研究型阅读需求对文献的内容有着特定的要求,具有全面系统、专深具体、新颖及时和针对性强的特点。但由于读者在外语水平、专业素质和利用文献的能力上的差异,导致读者在文献利用的文种、类型、范围、时限以及途径上有所不同。因此,对于读者研究型阅读需求,图书馆工作人员要采取不同的方式,广、快、精、准地搜集、加工、整理和提供有关文献,为读者提供重点服务,最大限度地满足读者的研究需要。

4. 业余型阅读需求

业余型阅读需求是指读者在工作、学习之余,从个人的兴趣和爱好出发而产生的一种需求。这种需求与读者的工作和学习一般没有直接联系,通常受读者个性心理因素的影响,表现出个人的兴趣倾向和心理素质特征。在各种类型的阅读需求中,业余型阅读需求是最为普遍的一种阅读需求,几乎所有读者都具有这方面的需求。对于不同类型的读者来讲,尽管业余型阅读需求是个人兴趣的表现,但因读者文化素质及思想品质的差别,以及来自社会、家庭、职业等多方面因素的影响,读者的业余型阅读需求表现出很大的差别,其中比较稳定的阅读需求成为读者个人发展的重要组成部分。

业余型阅读需求不同于其他类型的阅读需求。在阅读活动中,业余型阅读需求通常可以反映出读者的是非观念和思想品质。因此,对于业余型的阅读需求,图书馆要善于发现和诱导读者健康的心理需求,培养读者对科学技术、文学艺术的浓厚兴趣,使读者的阅读活动得以健康、顺利地进行。

在读者各种类型的阅读需求中,社会型阅读需求和业余型阅读需求,具有广泛的社会性和读者服务的共性特征。而专业型阅读需求和研究型阅读需求,是读者阅读需求的个性问题,也是读者服务中的重点服务方面。实践证明,对于重点单位、重点课题、重点项目的专业型和研究型读者的阅读需求的满足程度、服务速度以及服务效果的优劣,是衡量图书馆藏书质量、工作人员自身素质水平、工作效率和服务能力的标志。我们掌握读者阅读需要的主要特征,也是进行充分服务和区分服务的根本目的所在。所以,对读者阅读需求类型的分析研究,是读者服务工作的基本内容之一。

三、满足阅读需求的过程

读者阅读需求的过程,是了解文献、检索文献和取得文献的过程,也是图书馆满足读者文献需求的过程。这一过程属于读者阅读行为的前期活动,也属于图书馆"为人找书"和"为书找人"的服务活动。具体可分为三个层次:

1. 确定文献范围

读者按照阅读对象的具体目标,了解文献概况,确定文献范围,规划阅读方案。不是所有读者都能正确地表达自己的阅读需要,从而建立阅读需求与文献范围之间的有机联系。许多读者不善于表达自己应有的需要,不了解图书馆有哪些适合自己需要的文献,不会规划阅读方案,图书馆要发挥阅读活动的指导者的作用,熟悉读者的情况,启发和指引读者明确自己的阅读需求目标,介绍馆藏情况,使读者建立明确的阅读需求,帮助读者建立阅读需求与文献范围的有机联系,形成正确的阅读方案。

2. 调查文献线索

在确定的文献范围内,通过馆藏目录或书目索引等检索工具,进一步查找所需要的文献资料。有的读者会查找,有的读者不会查找,据统计,全面系统地掌握书目检索工具的读者,占读者总数的10%左右,绝大部分读者只会用简单的书目工具,图书馆有责任帮助读者查找各种馆藏目录,熟悉检索工具的检索途径和方法,使读者能较快、较顺利地检索文献。

3. 选择具体文献

读者通过检索与馆员提供有关原始文献,精选出适合自己需要的具体文献,并以取得适用文献为归宿,完成查阅选择文献过程,为进入实质性阅读过程做好了文献准备工作。

阅读需求与满足阅读需求的过程,是图书馆员与读者双方共同配合的过程。

第四节　读者的阅读动机

在阅读活动中,阅读需求是产生阅读行为的前提条件,但真正推动阅读行为产生和发展的内部动力是读者的阅读动机。因此,对读者阅读动机的分析和研究,也是我们认识和把握读者行为规律的基本内容之一。

一、阅读动机的概念与作用

1. 什么是动机

动机是个体发动和维持行动的一种心理状态,是激励人们去行动的主观原因。动机通常以愿望、兴趣、理想等形式表现出来。作为人们行动的内部机制,动机具有三个方面的功能:其一,引起和发动个体的活动;其二,指引活动向某一目标进行;其三,维持、减弱或增加活动的力量。

在人的行为中,动机和目的总是联系在一起的,如果说动机是激励人们去行动的原因,是人的内部愿望的表现,那么,目的则是人们在行动中要争取达到的目标,是人们行动的预期结果,是人对客观事物的超前反映,二者存在着内在联系。每一种行动都有最终的目的。在许多场合里,尤其是简单的行动中,动机和目的往往会达成一致。但是在复杂的活动中,一个动机可以导致多种目的的产生,也可以表现为多种动机形成一个行为目的。人的动机是在需要的基础上激发和转化的。在需要转化成动机的过程中,有两种因素起着决定的作用,即一定强度的需要和一定的外在诱因条件。当需要的程度达到一定水平,并以意向、愿望等形式发现和指向一定的目标,展示出达到目标的可能性和前提时,需要才能引起和推动个体的行为,成为人们行动的强大动力。

2. **读者阅读动机的概念**

阅读动机是推动读者进行阅读活动的心理动因。具体地是指反映读者阅读需求,引起读者阅读行为,满足读者阅读愿望的内部动力。它反映了读者阅读的内在原因以及阅读选择的主观因素,是激励和维持读者阅读活动的一种心理状态。阅读动机的产生受多种因素的影响和制约,这些复杂的因素主要有:

(1)来自读者自身的内部动力。读者的阅读动机是在阅读需求的基础上产生和发展起来的,强烈的阅读需求必将形成推动读者查找文献、利用文献的强大动力。

(2)来自外部环境的社会压力。读者是社会群体的组成部分,他们与社会群体和组织保持着密切的联系,任何来自社会的因素,如社会职业的要求、社会群体的意志,以及社会舆论的宣传等,都会对读者的行为动机产生重大影响,使他们力图与群体保持一致。

(3)来自文献载体形式与内容的目标引力。文献载体形式与内容特征,是诱发读者产生阅读动机的重要条件,在阅读需求向阅读动机转化的过程中起着催化剂的作用。

这三种因素对阅读动机的形成与发展有着重大的影响,其中,读者自身的内部动力是阅读动机形成与发展的决定因素,而外界环境的社会压力起着鞭策作用,文献载体与内容上的目标引力起着激励作用。这三个方面的因素相互联系,密不可分。

3. **阅读动机的作用**

阅读动机对读者行为的产生和发展起着至关重要的作用。具体表现在:

（1）阅读动机具有唤起读者行为的作用。由于阅读动机是引起、维持和推动读者阅读活动以达到一定目标的内部动力。所以读者的阅读行动及阅读活动方向都是由一定的阅读动机所驱使，它是社会需要和读者行为之间的心理媒介。换言之，阅读动机是阅读行为的原型，阅读行为又是阅读动机的外显表现。它激发和引起读者个体的阅读活动，对阅读行为具有推动作用。

（2）阅读动机具有强化阅读过程的作用。阅读动机是推动读者产生阅读行为的直接原因。在读者具有的各种阅读动机中，优势动机和主导动机能够使读者产生自觉的文献选择行为，即使遇到障碍，读者也会在强烈的动机驱使下避开障碍，尝试用各种不同的方式和通过各种途径，如改变实现阅读目的的手段和方法，来最终达到目的，实现对文献的利用。所以，阅读动机能够强化读者行为，进一步激发读者阅读活动的积极性。

（3）阅读动机具有提高阅读效率的作用。阅读动机一经产生，便会引导并维持读者去争取某种目标对象，以实现其志向和愿望。只要读者的阅读动机没有满足、转移或消亡，读者的这种努力就不会停止。因而阅读动机在阅读行为中能够引导读者活动朝着一定的目标进行，对阅读行为具有定向作用，使读者通过各种途径关注阅读信息，提高阅读的效率。

二、阅读动机的类型

阅读动机是由阅读需求产生的。由于阅读需求的多样性，因而阅读动机也是多种多样、丰富多彩的。各种阅读动机组成了一个相互联系、相互依存的系统。

阅读动机的种类，按阅读动机具有的社会意义，可以区分为正确的、高境界的阅读动机和错误的、低境界的阅读动机。按阅读动机所持续的时间，可以区分为近景阅读动机和远景阅读动机。按照阅读动机产生的条件，可以分为外在阅读动机和内在阅读动机。

按照阅读动机所追求的目标,可以区分为学习动机、解疑动机、娱乐动机等。在通常情况下,读者众多的阅读动机相互交织,在不同的阶段中起不同的主导与支配作用。

在现实工作中经常遇到的阅读动机是为了实现阅读目的而表现出来的学习动机、解疑动机和娱乐动机。

1. 学习型阅读动机

这是读者阅读动机中最具有普遍性和最重要的阅读动机,是直接推动读者进行阅读的心理力量和意向。它产生于读者学习型的阅读需求,表现出学习的意向、愿望和兴趣等形式,对读者阅读行为起着巨大的促动作用。

学习型阅读动机,按其来源可分为直接的或主动的学习动机和间接的或被动的学习动机。直接主动的学习动机是由学习需求和学习过程的发展导致的积极的具有主动性特点的阅读动机,它表现出读者强烈的求知欲望和积极性。间接被动的学习动机是由学习的结果所导致的阅读动机,这种阅读动机被动性较强。如学生为了应付考试而不得不大量阅读文献。学习动机所导致的阅读行为是多方面的。如为了升学考试、文化考核、业务技术职称的晋升等而系统学习基础知识和专业理论;为了扩大知识面,而广泛浏览阅读各类文献;为了提高业务水平而深入学习专业知识等。这类阅读动机对图书内容的选择明确而具体,表现出读者的各种学习需要,具有阶段性。对此类动机图书馆应给予尊重、理解和支持。

2. 解疑型阅读动机

指读者在科学研究、生产实践、工作学习及社会生活中,遇到了各种疑难问题,需要从文献中寻求具体的知识、信息和技术、方法,以解决实际问题而产生出来的阅读动机。这类阅读动机表现形式多样,对文献内容的专指性强,注重阅读的直接、实用效果。图书馆应对这种动机提供及时的、针对性强的服务。

3. 娱乐型阅读动机

娱乐动机是和业余型阅读需求密切联系的一种阅读动机,也是十分广泛和普遍的阅读动机。这种阅读动机对文献内容的需求具有知识性、趣味性和广泛性特点。

就人们的娱乐活动而言,可谓内容广泛,形式多样,如阅读、歌舞、运动、社交、旅游等。由于阅读书籍、报刊既是高尚的文化娱乐活动,又是提神解乏的积极休息,并能受到教育和启示,故受到人们的普遍重视和欢迎。但应注意部分读者不健康的娱乐动机,他们为寻求感官刺激、填补精神空虚而选择渲染色情、凶杀、恐怖、犯罪等低级下流书刊,从中汲取丑恶的精神毒液。这种现象在青少年读者中表现得尤为有害,他们年幼无知,识别及防御能力差,图书馆应加强引导、教育工作,积极主动地为读者提供健康、有吸引力的书籍,帮助读者逐步实现阅读动机的转移,进而开展健康的阅读活动。

三、阅读动机的培养与激发

阅读动机的形成与发展是有一定外部因素和内部因素的。高层次的阅读动机需要靠培养和激发来获得。对阅读动机的培养和激发,从读者自身的内部因素来说,应树立正确的阅读观,把社会的需要转化为自己的行为动力,积极主动地开展阅读活动;从社会环境外部因素来说,应积极创造文明、健康的社会环境,使读者内在的需求能够得以生成、稳定和发展,从而激发读者阅读的热情,调动读者的积极性。具体来说,主要有:

1. 用阅读目的去激发读者的阅读动机

阅读目的是指通过阅读活动所要达到的结果。在阅读活动中起着指引方向和激发阅读行为的作用。图书馆作为社会大学以及学生的第二课堂,应积极开展读者导读工作,充分利用图书馆丰富的馆藏资源,向读者推荐,让读者在阅读活动中潜移默化地接受正确的人生观,树立健康向上的、积极进取的人生态度。为此,图书馆工作人员要善于诱发读者健康的阅读需求,帮助读者明确正确的阅读目的。因为一定的阅读目的,必然会使读者选择相应的文献内容,并决定阅读的方式、方法,直接影响着读者的阅读效果。因此,用阅读目的激发读者的阅读动机,是净化读者心灵的有效措施之一。

2. 创造良好的阅读环境,强化阅读动机

图书馆是文献信息存贮与传递的中心,是人类知识的喷泉。图书馆以其丰富的文献资源为读者提供精神食粮,以多种多样的服务开发读者的智力资源,使读者在图书馆这座知识的殿堂里遨游,完善自己的知识结构,从文献中汲取知识和力量,从而激发创造性思维和创造性动机,开展持久、稳定的阅读活动。所以,图书馆资源是培养和激发读者阅读动机的外部条件之一。

第五节　读者的阅读兴趣

在阅读心理中,有一个最现实、最活跃的心理倾向,那就是读者的阅读心理。它是读者对文献的选择性态度,也是读者心理活动的情绪表现,给读者行为以深刻的影响。

一、阅读兴趣的概念与作用

1. 什么是兴趣

兴趣是指人积极探究客观事物或进行某种活动的倾向。这种倾向是在社会实践中发生和发展起来的。其生理机制是人脑的定向探究反射功能。它与大脑皮层的优势兴奋中心相联系,引起优势兴奋中心兴奋的刺激物就是兴趣所指向的客观事物。

2. 阅读兴趣的含义

阅读兴趣,是指读者对文献信息的符号和内容所表现出来的积极探究的认识倾向,它是人们阅读意识活动的具体反映,也是一种具有稳定性和趋向性的心理表现。在读者的阅读过程中,它能反映读者积极的阅读倾向,引导读者对文献信息进行有目的的选择,同时它还能控制和发展阅读活动的深度和广度。因此,阅读兴趣是读者进行有效阅读的重要动力,也是读者阅读心理研究的主要内容之一。

阅读兴趣与阅读需求、阅读动机有着十分密切的关系。一般说来,阅读需求是阅读兴趣形成与发展的基础,而阅读兴趣又可以引发读者的阅读动机。在一定的阅读动机支配下所进行的阅读活动中,阅读兴趣又是影响读者阅读自觉性和积极性的直接因素。

3. 阅读兴趣的作用

阅读兴趣在阅读活动中的作用是多方面的,但归纳起来,有以下几个方面:

(1)阅读兴趣的选择作用。心理学的研究证明,当几种目标可以满足个体的某种需要时,个体的兴趣、爱好往往决定了个体的选择目标。在阅读活动中,读者阅读什么文献,不阅读什么文献,往往是由自己的阅读兴趣来定向。特别是与崇高理想和远大目标相联系的兴趣,更能决定一个人的进取方向。

(2)阅读兴趣的准备作用。阅读兴趣能够导致读者的职业定向和努力方向,使人能够确立自己的人生目标,并在未来活动的准备上,积极主动地收集积累相关信息,为今后的发展奠定基础。

(3)阅读兴趣的促进作用。阅读兴趣可以直接转化为阅读动机,成为激发人们开展阅读活动的推动力。如穷人的孩子查尔斯·A. 斯宾塞在一个极其偶然的机会里得到了一部破旧的百科全书,其中的光学部分引起了他的极大兴趣,不到 12 岁的他竟开始制作光学镜头,25 岁时,他制作了美国最初的一架显微镜,夺得了欧洲光学机械生产者的最高名誉。

(4)阅读兴趣的强化作用。读者持久的阅读兴趣可以形成特殊的爱好,刺激读者对某类文献产生重复性的、周期性的需要和利用,从而形成强烈的求知欲望和阅读倾向,推动读者孜孜不倦地、如饥似渴地去进行阅读、钻研,刻苦攻关,这是一种由兴趣形成的强大的阅读动力。

二、阅读兴趣的类型

读者的阅读兴趣是复杂的。用不同标准,可以划分成不同的阅读兴趣。

1.按照阅读兴趣的主体,可以区分为个人兴趣、群体兴趣和社会兴趣

个人兴趣反映了个人的阅读倾向和阅读态度,它的形成和发展受读者自身的经历、文化水平、职业特征以及个人爱好的影响,因而体现出鲜明的个性特点。

群体兴趣反映出读者群共同的阅读倾向,表现出群体的需求特点。它的形成与发展取决于读者之间的相互交往和相互影响的过程。

社会兴趣反映了社会对某类文献的阅读态度。其形成和发展受到社会潮流、社会舆论、社会评价和社会宣传的影响,体现出社会阅读的趋势。

个人兴趣、群体兴趣和社会兴趣有着内在的联系,其中社会兴趣通过群体兴趣在个人兴趣中表现出来。但是社会兴趣和群体兴趣并非个人兴趣的总和,而是各自有其形成和发展的规律。

2.按照阅读兴趣的性质,可以分为职业兴趣和业余兴趣

职业兴趣反映了读者在工作、学习、研究方面的专门业务需求,对本专业的文献和研究成果出于职业心理,以浓厚的兴趣给予高度的关注,并作出敏锐的反映。这种阅读兴趣具有专业性特点。

业余兴趣表现了读者千变万化的兴趣爱好,具有群众性和特殊性双重特点。

3.按照阅读兴趣的目的特征,可以分为直接兴趣和间接兴趣

直接兴趣是由文献的吸引力和感染力引起读者情绪上的共鸣而产生的阅读欲望。这种阅读兴趣具有随机性和自发性特点。

间接兴趣是读者按照一定目的和本职工作的需要而产生的阅读兴趣。这种阅读兴趣是在不断的阅读活动中培养起来的,比较注重从文献的社会效果出发,同本职工作的需要和长远发展的目标紧密联系在一起,具有自我强制性和自觉性特点。

4.按照阅读兴趣的范围特征,可以分为共同兴趣和特殊兴趣

共同兴趣是指大多数读者普遍具有的阅读兴趣。其形成和发展取决于读者共同的阅读需求,具有广泛性特点。

特殊兴趣是指部分读者特有的兴趣。这种阅读兴趣的产生常常是与读者的职业需求和个人爱好结合在一起的,具有较强的专指性特点。

5.按照阅读兴趣的活动意义,可以分为积极兴趣和消极兴趣

积极兴趣是指读者健康的、积极的、有益的阅读兴趣,表现出读者对内容健康、有益身心的文献的需求。

消极兴趣是指意义不大、低级的或不正当的阅读兴趣。如有的读者怀着不健康的心理,沉湎于打斗凶杀类的读物之中,甚至为寻求感官的刺激而阅读黄色书刊等。对这些消极的阅读兴趣,图书馆应予高度重视,切不可一味迎合,同时还应加强阅读辅导工作,鼓励读者的积极兴趣。

6.按阅读兴趣的时效,可以分为稳定兴趣和短暂兴趣

稳定兴趣是指显示读者基本需要,并成为个性心理特征的阅读兴趣。这种兴趣持久性长,表现了读者浓厚的情感和持久的毅力,不论在顺利的情况下,还是遇到困难和挫折的情况下,都毫不减退自己的热情,毫不改变既定的阅读方向。这种兴趣是建立在坚定的信念、理想和事业心的基础之上的。通过长期的阅读活动

而取得成就的读者,往往具有稳定的阅读兴趣。

短暂的阅读兴趣,是指读者在阅读过程中阶段性的兴趣。这种兴趣具有短时迷恋性质,表现出分散性和多变性特点。它形成得快,消失得也快,在阅读活动中没有明确的选择目标,对任何内容的文献都有可能引起阅读的兴趣。

在读者服务工作中,图书馆工作者要深入调查和分析读者阅读兴趣的各种心理特征,帮助读者认识兴趣指向性的意义,鼓励积极的、稳定的、健康的阅读兴趣,克服盲从的、短暂的和不健康的阅读兴趣,从而调动、培养和激发对其所从事的正当活动的兴趣。

三、阅读兴趣对读者行为的影响

由于读者的阅读兴趣不同,因而在读者的阅读行为上表现出很大的差别。阅读兴趣对阅读行为的影响主要表现在:

1. 在文献阅读的广度上

阅读兴趣的广度是指读者阅读范围的大小。有的读者具有广泛的阅读兴趣,有的则比较狭窄。广泛的阅读兴趣可以使读者获得广博的知识,以适应现代科学技术综合发展的需要。而狭窄的阅读兴趣,则能使读者集中于某一类型或某一学科的文献阅读,从而使某一方面的知识达到专深的地步。在阅读过程中,最佳状态是将广泛的阅读兴趣与专门的阅读兴趣结合起来,使读者的智力结构得到全面协调的发展。

2. 在文献的选择上

阅读兴趣的形成与发展是受读者中心兴趣支配的。在社会实践中,人们对客观事物的兴趣是广泛的,在众多的兴趣中必定有一个中心兴趣起着主导作用,使人们的社会活动更富有多样性和创造性。正是由于这种中心兴趣的存在和发展,促使了读者在文献阅读范围的选择上带有一定的倾向性,使读者按照自己的中心兴趣来选择和阅读文献,从而发展其特殊才能。因此,阅读兴趣可以被认为是读者中心兴趣的具体表现。

3. 在文献阅读持续的时间上

强烈的阅读兴趣必然导致文献阅读时间上的持久性与稳定性。在阅读过程中,有的读者虽具有广泛的阅读兴趣,但经常变动,不能持久地发展下去。这种短暂的阅读兴趣在阅读过程中表现为分散性和多变性的特点,而有些读者的阅读兴趣则表现了读者浓厚的情感和持久的毅力,在阅读过程中始终如一地朝着自己的目标前进。这种持久的阅读兴趣具有集中性和稳定性的特点,它是建立在读者坚定的信念、理想和事业心的基础之上,对读者事业上的成功有着极其重要的作用。

4. 在阅读文献的效果上

阅读兴趣在不同读者的阅读活动中有着不同的作用和效果。有的读者能将强烈的阅读兴趣化作成功的动力和源泉,吸取广博专深的科学知识。而有的读者却只能将阅读兴趣停留在对文献的期望和等待之中,缺乏推动力量,结果成为无效的阅读兴趣。

四、阅读兴趣的培养

阅读兴趣是在一定的社会环境和条件下形成和发展起来的,是随着社会的发展而变化的。因此,在社会发展的过程中,阅读兴趣是可以逐步培养和发展的。

1. 改善读者所处的社会环境和教育条件,是培养阅读兴趣的前提

马克思主义的反映论认为,外部环境是引起人们的相应行动和行为的原因,也就是说,人们一切行为的主要原因不在人本身,不在他的意识和意志中,而在人之外,在他的生活和活动的社会条件中。正是由于人们的社会生活条件和人们在社会生产关系中所处地位的不同,才导致了人们生活方式、实践活动的性质、范围的不同,导致了人们在社会实践活动中的精神与文化需要在内容、形

式上的不同,导致了人们对文化信息的阅读兴趣的不同。因此,一定的社会环境和教育条件,是培养和发展阅读兴趣的前提。良好的社会环境,能使读者具有高尚的精神境界,自觉投入阅读活动之中;完备的教育条件则能有目的、有计划地影响读者,陶冶读者的精神情操,从而引导阅读兴趣的正常发展。所以,加强社会文化设施的建设,改善读者的社会环境和教育条件,是使阅读兴趣不断发展的重要环节。

2.加强读者社会实践活动的广泛联系,是培养阅读兴趣的途径

社会实践活动是人们广泛接触客观事物,提高认识能力的必要条件,也是产生对客观事物认识需要的主要途径。人们的兴趣是在社会实践活动中形成和培养起来的。正是在实践活动中,人们能更加深入地了解客观事物的各种性质、特征、运动的规律及其社会意义,才能形成对该事物的特殊的认识倾向。因此,广泛的社会实践活动,是形成和培养相应兴趣的源泉。加强人们社会实践活动的联系,对培养长久、稳定的兴趣具有重要的意义。阅读兴趣是人们社会实践活动的具体表现,只有在不断的社会实践中积累知识,才能自觉地培养稳定的阅读兴趣。随着实践活动的变化,读者的阅读兴趣也在不断地发展、变化。所以注重读者社会实践活动的联系,是培养和发展阅读兴趣的主要途径。

3.掌握必要的知识和技能,是形成和培养阅读兴趣的条件

阅读兴趣是读者对文献信息的内容和符号所表现出来的积极探究的认识倾向,因此,对文献信息的正确认识,是产生和发展阅读兴趣的关键。对于阅读兴趣的培养来说有两个极其重要的因素:一是读者必须掌握相应的学科知识和一定的技能。实践证明,当人们不具备客观现实中某一方面的知识的时候,他不能产生这方面的兴趣;而对于他所从事的活动很难胜任,他也就不会对这方面的活动产生浓厚的兴趣。二是读者必须掌握有关文献的知识和

技能。在阅读活动中是否正确地选择文献对阅读兴趣的发展是十分重要的。

4. 注重培养读者的阅读意识,是形成和培养阅读兴趣的手段

阅读兴趣不是先天就存在的,而是通过外界环境和教育条件的作用,读者进行自我教育而产生的。它是读者积极的阅读意识的表现,也是读者自我教育的过程。在这个过程中,要让读者自觉地、积极主动地投入各项社会活动之中,树立自己的世界观、信念和理想,推动、支持和调节各种兴趣,并根据自己的兴趣进行丰富的阅读活动,进而培养浓厚的阅读兴趣。当然,阅读意识的培养,必须努力克服那些消极的因素,这样才能在精神上蓬勃向上,使阅读兴趣能够稳定发展下去。在培养阅读兴趣的过程中,最重要的是图书馆和有关部门的同志要深入调查和研究读者的各种阅读心理,帮助读者树立正确的理想和目标,培养读者自觉阅读、主动学习的能力,使读者能够对文献信息产生积极的认识倾向,从而发展广泛、稳定的阅读兴趣,使读者的阅读活动能够始终处于最佳状态,获取更大的阅读效果。

第六节　读者的阅读能力

一、阅读能力的概念

普通心理学指出,能力是指个体顺利完成某种活动所必须的、经常地、稳固地表现出来的心理特征。能力与个人的先天自然基础——素质有关,但决定能力发展的因素,是后天的实践、教育和训练。能力与知识、技能有密切关系。一定的能力是掌握知识、技能的前提,并制约掌握知识、技能的快慢、深浅、难易和巩固程度,而知识、技能的掌握又会导致能力的提高。但是知识、技能和能力

的发展并非完全一致。

阅读能力是指读者在阅读活动中驾驭文献的能力,包括选择文献,掌握阅读文献的技能,理解文献内容,消化和运用知识四种能力。这四种能力的综合,也是读者阅读修养的具体内容。

1. 选择文献的能力

读者阅读文献,首先要解决读什么、有哪些文献适合自己的需要、如何查找、如何鉴别和取舍等问题。对文献的选择能力,包括了解文献的整体与组成,了解自己所需的文献范围与重点,掌握文献检索的途径与方法,学会鉴别文献内容质量,然后筛选出适合自己水平程度所需的全部文献资料。

2. 掌握阅读方法的能力

掌握各种阅读法,准确灵活地运用有关阅读技能,是顺利进行阅读活动并取得成效的保证。在单位时间里,阅读速度的快慢,阅读技巧的娴熟程度,以及运用的准确程度,关系到驾驭文献的效率,获得知识的水平。衡量掌握阅读方法的能力有两个主要指标:一是阅读速度,即在单位时间内阅读文献字数多少。可以通过仪器测量,也可通过实际借还图书的周期作出判断。二是阅读效果,即对文献内容的掌握程度。这可通过有关成果鉴定进行间接评价。

3. 理解文献内容的能力

阅读文献的基本要求,就是要懂得文献,能完整准确地掌握文献的主要内容,深入具体地领会文献的精神实质。理解能力的基础是读者原有知识储备的广度和深度。基础越扎实,理解能力就越强,阅读效果就越好,反之则差。而理解能力的训练,理解能力的提高,有赖于反复的阅读实践活动。

4. 消化和运用知识的能力

阅读文献的理想要求是把文献知识学到手。这要求读者不但能读懂文献内容,而且要将学习的知识恰当地纳入自己固有的知识体系中,使它变为个人知识体系的有机组成部分,建立新知和旧知的牢固结合,并在需要时能够灵活地运用它们。只有具备这种能力,才会收到学以致用的效果,也才会不断扩大自己的知识领域。

这四种阅读能力构成了读者阅读修养的层次系统,它们相互区别又密切联系,统一在阅读活动的过程中。

二、阅读能力对读者行为的影响

阅读能力对读者的行为同样也具有十分重要的作用,主要表现在:

1. 对文献内容的评价上

不同阅读能力的读者,对文献内容的评价存在着很大的差别。如:同样内容的文献,有些读者评价甚高,而有的读者却毫无反应。这就说明读者在图书内容评价的能力上存在着个别差异。这种差异在阅读活动中就直接影响了读者对文献内容选择的范围和质量。

2. 对文献外观的鉴赏水平上

读者的能力不同,对文献外观设计的质量需求和鉴赏水平也不同。如少儿读者在阅读活动中,对文献的外观设计要求色彩鲜艳、醒目,封面设计能够反映文献的内容。而成年人读者对文献外观要求设计精美、高雅。尤其是文化水平较高的读者,对文献的外观要求更高。独特的封面、精美的插图以及华丽的装帧都成为读者文献选择的诱因。所以,阅读能力影响着读者对文献外观形态的鉴赏。

3. 对文献的选择行为上

读者阅读能力直接影响着文献的选择行为。一般说来,读者具不具备阅读活动所必需的各种能力,以及阅读能力的大小和强弱程度,都会使读者的阅读活动呈现出迅速或缓慢、独立或依赖、果断或犹豫、自信或疑虑等不同形式。这些表现直接反映在对文献的选择上,有的读者可以自己从电子信息网络上查找所需要的文献和信息;有的可以利用图书馆的各种目录选择和利用文献;有的则需要在工作人员的推荐和帮助下开展阅读。因此,对于不同阅读能力的读者,我们应掌握他们的阅读特点,采取有针对性的对策,提供适应性的服务。

思考题:

1. 读者阅读心理的研究内容包括哪些方面?

2. 研究读者心理的意义是什么?

3. 分析读者心理活动的过程。

4. 读者阅读需求的性质和类型是什么?图书馆如何满足读者的阅读需求?

5. 分析阅读需求的类型与特点。

6. 读者阅读动机的作用和类型有哪些?如何激发读者的阅读动机?

7. 阅读兴趣的作用和类型有哪些?如何培养读者的阅读兴趣?

8. 什么是读者的阅读能力?它对读者行为有哪些影响?

第五章　读者行为分析

　　阅读活动是人类社会中一种特殊的精神活动。通过阅读，人们不断得到知识的积累，增长才干，提高认识世界和改造世界的能力。它是阅读者（主体）对文献信息（客体）进行的生理和心理作用的脑力劳动，因此，它既是一个生理变化的过程，也是一个心理变化的过程，是普遍存在于社会各个阶层的社会性活动。在这个生理和心理变化的过程中，阅读行为是读者的主要特征，它是反映读者生理和心理变化的表现形式，是实现阅读活动的内容、目的、效果的手段。学习本章的目的，主要是了解阅读活动的形成过程及作用，掌握社会环境对阅读活动的影响以及读者对文献信息的选择特征，从而进一步探讨阅读活动这一特定的社会现象。

第一节　读者行为的产生与发展

一、人类行为的基本模式与特点

　　行为是个体面对环境所作的反应，它是人的主观因素和客观因素相互作用的结果。心理学、社会学大量的研究结果表明，人之所以产生某种行为，是因为存在一定的客观需要。需要是行为产生的前提和基础。能否引起人的需要，取决于两个方面的条件。

其一,个体是否具有不足感,感到对某种客观事物认识的缺乏;其二,是否具有求足感,期望了解某种客观事物。可以说,需要是这两种状态下所形成的一种心理现象。在一般情况下,某种被体验的需要,使人产生了内在的心理紧张,促使个体与一定的目标对象发生联系,从而形成行为动机。在动机驱使下,个体积极行动,以求得满足需要的目标,并开始满足需要的活动。当某种目标被实现后,需要得到满足,紧张不安的心理状态就会消除。这时又会产生新的需要,形成新的动机,引起新的行为。人的行为就是这样一种从产生需要到满足需要,再产生新的需要的周而复始的循环过程。其行为模式如图所示:

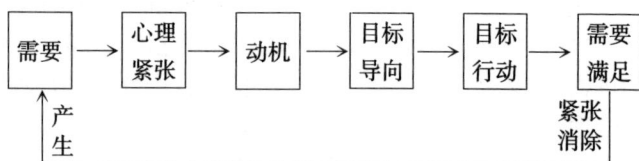

```
┌──────┐    ┌──────┐    ┌──────┐    ┌──────┐    ┌──────┐    ┌──────┐
│ 需要 │──→ │ 心理 │──→ │ 动机 │──→ │ 目标 │──→ │ 目标 │──→ │ 需要 │
│      │    │ 紧张 │    │      │    │ 导向 │    │ 行动 │    │ 满足 │
└──────┘    └──────┘    └──────┘    └──────┘    └──────┘    └──────┘
   ↑产                                                         紧张
   生                                                          消除
   └──────────────────────────────────────────────────────────┘
```

从人的行为过程中我们可以看出,个体内在的心理活动和外界的目标对象是决定行为的关键因素。只有当人的内在心理活动与外界目标发生联系并取得一致时,人的行为才有可能发生和进行。如果人的需要没有被满足的对象或外界对象不适合人的需要,则人的行为不可能产生。任何一种行为的主要目的都是为了力图解除或者使个体处于最低的心理紧张状态,保持个体的心理平衡。

通常,人的行为具有以下几种共同特征:

1. 自发性

人类行为是自发的行为,它是主体在特定需求的基础上,由行为动机的直接推动所产生和发展的。就其行为主体而言,主要是依靠主体的主观能动性的调节,而非外界环境的促动。当然,来自

138

外部环境的力量虽然可以影响人类的行为,但却无法变为人们行为的内在动力,无法发动和引起人类的行为产生。因为行为是人类所处的客观环境与人本身的主观需求相互作用的结果,它既是由行为主体内在需求决定的自觉活动,又是主体受外界刺激而作出的各种反应。

2. 目的性

人类的行为是某种目的的实现过程,目的是行为的核心,活动是行为的表现。人的一切行为的实施,就是以获取能够满足需要的目标对象为目的的,只有当内在的心理活动与外界目标对象发生联系并取得一致时,人的行为才可能发生和进行。

3. 持久性

人类的行为总是指向一定的行为目标。在目标没有实现之前,行为就不会终止。在某些情况下,个体可能会改变行为的方式或方法,由外显的行为转入潜在的行为,但这种行为是不会停止的,它还是持续不断地朝着目标指引的方向运行。

4. 可变性

人类为了谋求目标的实现,不但要经常变换其手段,而且人类的行为是可以经过学习或训练而改变的。它与其他受本能支配的动物行为不同,人类的行为是在意志的作用下产生的,是有意识和有目的的行为。人们通过学习,掌握科学的知识和方法,充分认识客观事物的规律性,采用不同的方法和途径,从而实现改造社会、改造自然的目的。它具有可塑性。

认识人类行为的基本模式和特征,有助于我们具体地去揭示和把握读者的行为和心理活动的特殊规律,并针对读者行为的特点提供有效的服务。

二、读者行为的产生

读者行为是指读者在文献需求的支配下,查找、选择、阅读和利用文献的行为方式。读者行为是一个从需要到行动的过程。具体地是指读者的社会实践活动产生对文献信息的阅读需求,阅读需求决定了读者的阅读动机,在阅读动机的推动下引起阅读行为。所以,读者行为受外部环境和心理因素的影响,是读者对外部环境和心理环境的外显反应。

读者行为产生的因素,大体有四个方面:

1. 行为的主体因素

任何行为都有其不可分离的主体。读者行为主体主要是指与读者查找、选择、阅读和利用文献有关系的人。它包括了两个方面的社会成员:一方面是对文献信息有着现实需求的读者;另一方面是文献信息的提供者和服务者(包括文献的作者与图书馆工作人员)。这种文献需求者和文献提供者、服务者之间,存在着一种人与人的交流关系。这种交流关系首先表现为读者与文献作者在思想和感情上的交流。读者作为行为主体对文献的选择、理解和利用,实际上就是读者理解作者的思想与感情的过程。这种交流是一个不受时间和空间限制的交流。其次表现为图书馆服务工作人员组织读者对图书馆文献资源的利用,其实质就是在历史的纵向和地域空间的横向上进行着古今中外文献的无限循环与无限延续的科学交流。在浩如烟海的文献中,人们一代一代地继承着前人的知识财富,同时又在人类的社会实践活动中一代又一代地生产和创造着知识财富。读者既是文献信息的利用者,又是文献信息的生产者、创造者。只有在文献交流过程中,文献才会显示出自身的价值,体现出在人类文明史上的地位与作用。图书馆的各项职能也只有通过文献的交流才能真正实现。因此,读者与文献作者以及与图书馆工作人员之间是一种文献交流的关系,读者行为是一种文献交流行为。在这个交流过程中,读者作为交流的主导因素,决定着文献中知识的利用程度、利用时间、利用方式以及利用的效率,是文献交流中最活跃的主体。每个读者的个性特点、知识

140

涵养和文献选择行为,在很大程度上支配着对文献中知识的吸收、利用和同化。任何文献中的知识内容,也只有在适合于读者的知识水准和经验范围上,才能被充分选择和利用,并纳入到读者的知识体系中去。

社会心理学家认为,任何一个机构和个人所从事的行为,都不是孤立存在的,它们必然要与周围的公众、团体及个人进行沟通,产生相互间的影响和作用。那么,文献交流主体的另一方——图书馆,作为一种服务性机构及其所从事的读者服务活动,当然也不是孤立存在的,也必须与读者进行沟通。沟通的目的是为了交流,增进对读者文献需求的了解,对交流双方的知识概念达成共识,从而提供有效的文献服务,最大限度地满足读者及社会对文献的需求。图书馆员一方面要了解社会文献的状况,另一方面要研究读者的需要,充当社会文献生产和文献利用之间的桥梁和纽带。因此,图书馆工作者的行为可以影响读者行为,引导读者行为,使读者行为得到不断发展。所以,读者行为是交流双方共同作用的结果。

2. 行为的刺激因素

行为的刺激因素包括读者内在的文献需求以及读者外部环境因素。我们知道,读者行为产生的最根本条件,就是具有一定程度的文献需求,没有文献需求,就不会有对文献的查寻、选择、阅读和利用行为的产生。只有当读者有了文献需求,并且认识到了自己的文献需求,才有可能通过各种途径或手段去寻求阅读对象,从而产生阅读行为。所以,读者的文献需求作为内部的刺激因素,强有力地推动着读者行为的产生和发展。除此之外,读者行为的外部环境也是一个不可忽视的因素。读者行为的外部刺激因素主要是指文献内容及读者所处的社会环境对读者行为的刺激和影响。读者的文献需求是否能够转化为读者的具体行为,首先取决于文献内容的利用价值。在读者所需要的文献中,有些文献内容是解决人们现实生活中重要问题的,有些文献内容则是解决次要问题的。解决重要问题所需的文献比解决次要问题所需的文献在内容上的利用价值要大。即使是在解决同一问题所需要的不同文献中,有的文献内容起决定性的作用,则利用价值大;有的文献内容起辅助作用,则利用价值相对较小。因此,我们通常可以看到,读者对于一条至关重要的文献信息,总是会千方百计地寻求并获得,而对于可有可无的文献信息,读者就不会刻意去查寻。这些都表明了文献内容本身的价值对读者行为有着极强的刺激作用,能够吸引和影响读者行为的产生与发展。其次,读者行为的产生与读者所处的社会环境有着直接的联系。人的需要有时是以一种潜在的形式而存在着,要让潜在的需要转化为现实需要,并引发人们的行为,就要有一定的诱因条件来激发,这个诱因条件就是人们所处的环境,因为人的行为是个体对环境所作出的反应。从人的社会化角度上讲,人必须与社会环境相适应,掌握社会生活所必需的知识、技能、行为方式、生活习惯以及相关的各种思想观念,从而成为社会所需要的人。只有这样,才能保持人类的延续和社会的发展。读者行为受环境因素的影响,主要表现在当读者并没有明确意识到某种阅读需要(或这种阅读需要还处于潜在需求状态)时,由读者所处的外界环境刺激和诱发了潜在的阅读需求,从而引起了读者查寻、选择、阅读和利用文献的行为。如为了达到社会化目的,读者作为社会的个体,就必须学习前人遗留下来的文化成果,必须学会基本的生活知识和劳动技能,必须学习遵守各种社会规范和行为方式,还要明确生活目标,培养价值观念,履行社会角色职责,实现个人的自我目标。所有的这一切都必须通过接受教育和自我学习才能完成。因而不断地阅读,不断地学习,就成为众多的社会个体所采用的主要方式。可以说,阅读活动伴随着人的社会化整个过程,这也是社会环境的直接规定和要求。人们总是根据社会环境的内容和要求实施阅读行为,尤其是在信息社会中,随着社会对劳动者的文化素质和职业技能的要求不断提高,阅读已经成为一种经常的普遍的社会行为。所以,外部环境因素的刺激和影响,也是读者行为产生的条件。

3. 行为的目标因素

读者行为的目标是指读者查找、选择、阅读、利用文献的最终意图。目标是长远的、概括的,它可以分解成若干个短期的、具体的目的。目标的实现过程也是各级目的的实现过程。读者对文献的查找、选择、阅读和利用不是读者行为的最终目标,而是实现长远目标的阶段性目的。读者查找文献、选择文献、阅读文献、使用文献的目的,是要解决现实生活中的各种问题,满足读者的精神需要和物质需求。尤其是在科学技术高度发达、各种各样的文献和信息充斥着人们生存的空间、影响着人们各方面生活的今天,人们往往借助于文献来获取知识和文化,交流学术思想,了解社会与自身,促进工作,满足娱乐,改善生活,从而使所需的知识信息量成倍增长,以开阔视野,树立起新的观念,使自己在物质文明和精神文明方面得到极大的丰富。因此,读者行为的目标是满足需要,最终解决社会实践活动中的各种问题。当然,在不同的时期、不同的场合下,读者面临着不同的需要解决的问题。为此,读者的行为目标就会不断发生变化,读者也将不断地调节自己的行为,以实现行为的最终目的。从这个意义上讲,读者行为就是读者通过查找、选择、阅读、利用文献来解决社会实践中各种实际问题的过程。

4. 行为的心理因素

行为的心理因素主要是指读者的个性心理特征对读者行为的影响。读者的个性心理是指读者个人比较稳定的心理活动特点的总和,通常包括了个性的心理倾向和个性的心理特征两方面的内容。个性的心理倾向是指人对社会环境的态度和行为的积极性、选择性。它是个性中最积极、最活跃的因素,是人进行活动的基本动力。读者个性的心理倾向包括读者的阅读动机、阅读兴趣、信息意识以及读者个人的信念、理想及世界观等因素。读者个性的心理特征是指读者的心理活动特征的综合反映。具体包括了读者心理活动的动力特征——气质，读者对客观环境和完成活动的态度上的特征——性格以及读者完成活动的潜在可能性的特征——能力等因素。读者的个性心理对其行为有着极其重要的影响。人们的行为总是受动机、兴趣、理想、信念和世界观等因素的制约和支配，使人以不同的态度和不同程度的积极性，组织自己的行动，有目的有选择地对客观现实进行反应。由于读者个性不同，读者行为的具体表现也不相同。所以，读者的行为是以心理活动为中介，以行为表现为基本形式的过程。其心理活动特征是引起行为的重要条件之一。

通过对读者行为产生的主要因素进行分析，我们可以看出对读者行为的研究有着重要的实际意义。

第一，读者行为是满足文献需求的必然途径。为使文献需求得到最大限度的满足，读者必然要对文献的载体形式和内容特征进行查找、选择，通过阅读行为来利用文献，发挥文献的使用价值，最终满足人们在社会中的实际需要。因此，离开了读者行为，读者的文献需求也就无法满足。读者文献需求的满足程度取决于读者查找文献、选择文献、阅读文献、利用文献的深度和广度。

第二，读者行为是考察读者信息意识和信息能力的重要内容。读者行为是读者信息意识和信息能力的具体表现。读者的信息意识则是读者主动查找、选择、阅读、利用文献的决定因素，它是读者自觉开展阅读活动的心理反应，使读者能够从现实的文献中引出概念、思想和计划，用以指引自己的社会实践活动，使读者行为更具有目的性和方向性。而读者的信息能力是一种综合能力，是使读者阅读活动顺利发展的有力保证。能力的大小只能在活动中表现出来，能否顺利地完成某种活动，是衡量个体能力的重要依据。因此，我们对读者行为的分析和研究，可以考察读者信息意识和信息能力的水平。

第三,读者行为是社会阅读现象的重要表征,读者行为具有强烈的社会性。它以读者个人的文献查找、选择、阅读及利用活动为基础,形成了各个社会群体、集团和社会阶层的阅读活动,而各社会阶层、集团、群体的阅读活动的总和又构成了社会的、民族的和国家的社会阅读现象,从而在客观上体现出社会文化的发展水平以及社会的文明程度。因此,对读者行为的研究,可以窥见社会文明与发展之一斑。

三、阅读行为的发展过程

阅读行为是读者最基本的特征。它的产生与完成是靠感知(感觉和知觉的统称)、记忆、思维、想象等各种生理变化和心理活动来共同实现的。严格地说,阅读行为的产生与实现过程,是读者对文献载体的信息符号相互作用的过程。它是一种以利用文献为基本形式的有意识行为,其实质是获取文献内容信息,以满足读者精神需求。

阅读行为的发展和完成,大体可以分为以下步骤:

1. 感觉器官与文献信息符号的感知过程

阅读是从感知文献的字符开始的,它主要是依靠人们的视觉器官来进行的,有时也利用听觉、触觉对文献载体的信息符号进行感知,产生意识作用。其过程为:将视觉器官利用光为媒介所感知的文献符号,首先通过视觉细胞和视网膜神经网络进行能量转换,然后经过视传导神经传导到大脑皮层的中枢神经。所以说,阅读行为的产生首先体现为一种生理机制活动过程。

2. 对文献信息符号进行选择与判断的过程

当人们将文献中的信息符号传入到大脑中枢神经后,由中枢神经系统对信息符号所表达的知识内容进行适应性的选择。其选择的方法就是将所接收的文献信息进行分析和综合,并与读者的

145

原有知识进行比较判断,继而产生条件反射,产生特定的思维活动(心理活动),思维的发展决定着人们对文献知识内容的掌握。这种在大脑皮层中进行的条件反射,不断调节着有机体的整个活动,它决定读者是否继续阅读。因此,人们的思维活动是产生阅读行为的一个重要环节。

3. 对文献信息符号理解消化的过程

对文献内容的理解和消化,是人们思维活动的发展。通过阅读,人们将所感知所识别的信息符号转换成理解文献所包含的内容知识,并将从文献中获取的新知识纳入读者原来所掌握的固有的知识体系之中,成为进一步理解新知识的基础。这种对文献内容的理解和消化是实现阅读行为,取得阅读效果的关键。阅读效果的有无,取决于读者自身的文化程度;而阅读效果的大小,则取决于读者的接受能力和理解能力。

阅读行为的产生和完成是由对文献的感知过程、选择判断过程和理解消化过程所组成的,它是读者生理、心理活动的具体体现,是人们进行精神交流的主要手段。

四、阅读活动的作用

阅读的对象是文献,因此,阅读的基本作用来源于文献的特性。

文献作为一种特殊的社会产品,是由特定的知识内容、文献载体和记录手段组成的,它既是记录人类文明的精神产品,又是反映科技发展的物质产品。它作为精神产品,可以不受时间和空间的限制,把特定内容的知识传递给后代或遥远的任何地方的接收者。作为特定的物质产品,它能使人类知识得到不断的积累。从整体上来看,文献包含了人类在一切方面所积累的知识,而阅读则是利用文献的主要形式。人们通过阅读文献来了解前人与旁人的认识成果,又通过制造文献来传播自己的思想。因此,阅读活动的主要社会作用表现在：

1. 普及科学文化知识，提高人们的文化素质

在现代文明社会中，阅读行为贯穿着人们的一生。不论是对儿童、少年，还是青年、成人，都具有增加科学文化知识的效果。人们通过阅读来继承和发展丰富的文化遗产，从而提高整个民族的文化水平。尤其是我国还是一个文化教育比较落后的国家，教育水平还不高。要提高我国人口的文化素质，除了加强学校教育和社会教育外，还必须通过广泛的阅读活动来促进人们对人类科学文化知识的学习，以提高人们的文化素质。

2. 推广科技成果，促进社会生产水平的迅速发展

科技成果的推广应用是高速度发展生产力的必备条件，而这种推广活动则主要是靠对文献的利用来进行的。阅读文献是一切科研人员与生产人员创造性活动的重要组成部分，离开了这种以阅读为主的精神交流活动，科技成果的高效率传播是不可想象的。因此，阅读文献是掌握与传播先进科技成果，促进社会生产水平发展的基本手段。

3. 提高人们的精神境界，发展社会意识

阅读作为人们思想活动的一个过程，对提高精神境界、发展社会意识有着不可估量的作用。它能够开拓人们的思想境界，陶冶人们的精神情操，丰富人们的文化生活，从而对社会意识的形成起着潜移默化的影响作用。总之，阅读活动作为人们精神生活的基本内容和基本交流渠道，其促进社会迅速发展的作用是不可代替的。

同时，积极的阅读活动，对读者自身的具体作用也是十分明显的。第一，可以增加知识储备。阅读文献是获取间接知识的途径，与人们在生活实践中得到的直接知识相比，这种间接知识可以说是无限的。第二，能有效地提高思维能力。阅读作为一种积极的精神交流活动，能有效地提高人们的思维活动，并提高其从事创造

性活动的水平。第三,有助于提高道德修养。阅读文献有助于人们深刻了解人与人、人与社会的关系,正确对待生活,培养高尚的情操。第四,有利于建立科学的世界观。人们离开阅读就不可能对客观世界及其规律取得较为全面、系统的认识,也就无从建立科学的世界观。

五、读者行为发展的社会条件

图书馆事业的兴旺发达,依赖于一支广泛的读者队伍和读者强烈的文献需求。然而,图书馆读者的构成以及读者利用图书馆的方式和频率,与整个社会发展的总体条件是息息相关的。可以说,社会环境是促进人们的求知欲望和滋长情报意识的土壤,是决定人们对知识、文献需求程度的尺度。因此,我们对读者阅读行为的研究,必须将读者置于特定的社会环境中,从社会发展的总体背景中来考虑。

基于此点,对读者阅读行为有着重大影响的社会条件有:

1. 社会经济的发达、科学文化的普及是社会文献需求产生的根本条件

众所周知,社会经济开放发展的势头、市场调节和竞争因素、企业经营的方式方法、科学研究的规模与能力、决策系统的科学化程度,是激发人们获取知识的重要因素。而社会科学技术的发展、文化教育的普及与提高程度、人民群众的文化修养、学术水平和读书风气则是情报意识得以滋长的土壤。一旦科学知识在更广泛的程度上转化为直接的生产力,构成生产发展、技术进步、生活改善的决定因素,知识的社会价值充分显露,人们的求知欲望便会普遍地迸发出来,并经久不衰地持续下去。只有在这样一个大气候中,才能出现一支庞大的读者队伍和对文献多样化的需求。因此,社会经济的发达、科学文化的普及是产生阅读行为的重要因素。

2. 不同的文化传统、思维方式及教育程度是造成读者阅读行

148

为差异的决定条件

由于人们处在不同的社会环境中,受到不同社会传统的影响和制约,使人们在思维方式、行为规范上有着明显的差别,这种差别直接影响了社会文献的积累和利用,造成人们对文献的需求和运用上不同的观点和方式。同时,又由于读者教育程度的不同,使读者对文献内容和形式的选择具有趋向性和兼容性。因此,读者的教育程度及所受的不同文化传统的影响,是阅读行为发展的决定因素。

3. 良好的社会政治形势、道德风尚是阅读行为正常发展的有力保证

社会阅读活动的正常发展有赖于健康的政治生活,它能促使读者决定对文献内容的取舍。例如,我国在 50 年代初期,群众性的阅读活动曾取得了显著的大发展,至 50 年代后期,在党中央"向科学进军"的号令召唤下,群众性阅读活动的重点转移到了学术性的纵深方面;十年动乱使社会阅读活动发生了根本性的倒退;80 年代以来,由于党和国家的一系列决策,又使社会性的阅读活动逐步恢复,得到空前发展。在未来的社会中,随着传统图书馆向现代图书馆的转化,图书馆文献载体和内容将向多元化方向发展,信息网络向电子化、增值化方向发展,读者文献服务向信息服务的产业化和市场化方向发展,读者阅读行为也将发生很大变化。图书馆读者已不仅仅是局限于在外借处和阅览室等特定环境下活动的社会成员,图书馆"围墙"外的读者将大大增加。读者进行文献查找、选择的方式和手段将由手工操作转向计算机操作。读者可以不受时间和所处地理位置的限制,利用计算机网络方便地查询、检索和利用自己所需要的文献,而不必关注文献来自何方。因此,我们应密切注意读者行为的发展和变化,寻求适合于读者行为的服务方式,来最大限度地满足读者需求,提高读者服务工作的质量。

第二节　读者文献选择与利用

在阅读过程中,人们常常发现这样一个问题,即:同样的文献内容,当人们从不同的层次、不同的角度来加以理解和应用时,会产生不同的研究效果和结论。这是什么原因呢? 其根本原因就在于读者对文献的需求不同,导致了读者对文献的选择方式和利用方式的差异,产生了不同的阅读效果。读者对文献的选择是多方面的,它是受读者自身的各种因素以及读者所处的社会环境因素的影响而产生的一种特定行为,其文献选择的范围和质量直接影响着读者文献利用的效率。

一、读者文献选择的特点

在现实社会中,人们通过阅读掌握人类的知识、经验,发展逻辑思维,加深对客观世界的本质认识,这正是人们认识的主观能动性反映的表现。但是,个体能动地反映世界的能力和程度是有差异的。同样,图书馆的读者对文献的选择和利用方式也视个体的差异而变化。每个读者的文化、智力、专业、年龄以及心理的差异,体现为在利用图书馆资源过程中的不同需求和不同的文献选择、文献吸收结构。人们总是有选择的接受文献,有选择的阅读文献,有选择的理解和记忆文献内容。读者文献选择的特点表现为:

第一,读者文献选择行为受读者需求的支配。阅读需求是读者文献选择的前提与动力,它驱动着读者的选择行为和指向的目标。这种需求具有不同的层次:从个人本能的自然需要、物质需要到崇高的社会理想和远大目标的精神需要,人们总是以需要以及个人的兴趣、情感或者符合个人信念的价值观作为选择的尺度。随着社会的发展以及个人文化、智力、年龄、专业等因素的变化,个人需要,导致了不同的文献选择行为。

第二,读者对文献的选择受到文献内容的感染力和可读性的影响。读者对文献的选择过程是文献内容与读者心理相互作用的过程。在这个过程中,文献的品质是诱发读者产生阅读兴趣的重要因素。只有当文献的内容对读者具有感染力时,才能吸引读者注意,引起读者积极的选择行为。因此,文献的主题思想、内容特点、水平质量、写作风格、表现手法以及文献的外观设计都对读者心理予以较强的刺激。事实上,那些使读者产生了强烈阅读兴趣的文献,大都具有一个共同点,即在适应读者需要和阅读心理的基础上,对读者产生了不同程度的感染力。此外,文献内容的新颖性、时代性、可读性,也在一定程度上支配着读者的文献选择行为。

第三,读者文献选择行为受其自身环境和各种条件的制约。读者的知识水准、社会实践活动的范围和经验,读者的个人信念、理想、个人能力的发展等都会在不同程度上影响读者文献选择的范围、内容与层次。人们在社会实践中担负的社会责任不同,扮演的社会角色不同,其文献选择的行为方式就不同。如科研工作者首先注意的是理论的新颖性、数据的准确性和推理的逻辑性;而工程技术人员侧重于文献内容的合理性、适用性;企业家想到的是成本与效益。所以,读者对文献的选择取向总是集中在与自己所处的社会环境及各种条件相同的一面,而易于忽视其他方面。

总之,读者对文献的需求具有不同的层次,读者对文献的选择也就具有不同的层次性,其理解、吸收的文献内容也同样具有不同的层次性。我们应针对读者的文献选择特点提供不同的文献服务。

二、读者对文献的选择途径

读者对文献的选择途径表现为力图以最方便、最省时、省力,并且以最能适合本人的知识水平或者能够获得最大信息量保证的方式来进行。借用美国传播学家 W. 施拉姆(Schramm)和 W. 波特(Potter)所著的《传播学概论》中提出的一种粗略估计一个人选择某种信息的概率公式：

$$\frac{报偿的保证}{费力的程度} = 选择的概率$$

报偿的保证可理解为获得信息量的大小及信息内容满足读者需要的程度；

费力的程度是指利用图书馆和文献检索系统的难易程度。

读者的选择概率表明,他们总是希望以最省力为原则来获取最大的信息量。读者利用文献的费力程度、图书馆的环境条件、机构设施、人员的服务质量和服务态度以及职业道德,都对读者的选择行为产生至关重要的影响。

首先,读者对文献的选择是通过浏览的方式进行的。美国一些图书馆学家曾对读者的文献可获得性进行了研究。其结果表明图书馆的开架系统是读者获取文献的主要方式,而在开架系统中,绝大多数的读者是以浏览文献为选择方式的。

· 美国国会图书馆的研究表明:"到国会图书馆书库来的人,其中38%是来浏览的,而不是来查找某一特定图书的。"

· 芝加哥大学图书馆的研究表明:"在书架上离开其本身排架位置的历史与物理学方面的图书,56%通过浏览被发现了。"

· 约翰·霍普金斯大学的研究确认:"许多借书人所需要的资料是通过浏览而被第一次找到的。"

由此可知,对文献的浏览是一种最省时省力的选择途径。

其次,读者对文献的选择可以通过文献的主题途径获得。我们在图书馆常常可以看到读者向图书馆员提出关于某一主题文献的借阅需求。而这种需求在读者的提问中往往是表达的需求大于读者的实际需求。读者通过对特定主题文献的阅读,来选择和理解适合自己水平的内容。

再次,通过图书馆的目录索引来选取文献。图书馆的目录索引是指导读者利用图书馆的指南,也是治学的门径和钥匙。它能使读者准确获得阅读信息,筛选所需文献内容。由于图书馆目录索引的完备性,所以,以此作为选择文献的常规途径。

三、影响读者文献选择的各种因素

读者行为是个体对客观环境所作的反应。读者对文献的选择行为既受到读者个体因素的制约,又受到外界环境因素的影响。通常,影响读者文献选择的主要因素有:

1.个人因素

读者对文献的选择,首先要受到读者个人因素的影响。读者之所以有不同的行为表现,其根本原因就在于读者自身所具有的各种内部特征和外部特征存在着差异,这些差异导致了读者行为的差异。从内部特征上讲,读者的阅读需要、阅读动机、阅读兴趣、阅读能力等个性心理方面的差异,必将产生不同的文献查找和选择行为。从读者的外部特征上来看,读者在年龄、性别、职业、文化水平、民族、生理状况等方面的差异,也会使读者产生不同的文献需求和行为动机,产生不同的文献选择行为。因此,这些个人因素都是我们研究读者行为的重要内容。影响读者行为的个人因素,除了我们在有关章节已作过详细介绍的读者结构特征、读者的阅读需要、阅读动机以及读者个性心理特征之外,还包括读者的经验、态度等方面的个人因素。

(1)读者的经验。经验是指个体经历或体验某种事物或活动所获得的印象和认识。它是影响人们行为的一个重要因素。读者的经验主要来自于两个方面,一方面是来自于社会实践活动以及对文献外观进行选择过程中产生的直接经验;另一方面是来自于社会教育以及阅读文献内容所形成的间接经验。无论是直接经验还是间接经验,都对读者的文献选择活动起着提示和指南的作用。

读者经验对文献选择活动的影响是多方面的。首先,表现在读者对文献的感知过程中的影响。读者对文献的选择活动始于对文献的感觉和知觉过程,它是对文献各种属性的反应。在这个过程中,读者的经验作为一种过去的认识,常常起着暗示和提示的作用,使读者对与过去的认识有关的事物较为敏感和易于感知。如读者常常根据图书广告的内容,或者是推荐书目的内容进行文献选择,其原因就在于图书广告和推荐书目的内容已经作为对某一事物的认识经验贮存在大脑中,一旦读者发现与之相符合的文献,便优先进行反应,这就是经验在读者选择行为中的暗示和提示作用。其次,是对读者阅读态度的影响。经验作为一种过去的认识和见解,常常影响着人们的思想、观点和态度。如读者对文献内容的喜爱程度和厌恶程度,往往受读者经验的影响。有的读者偏爱某一出版社所出的文献,而有的读者则偏爱选择某一作家的著作。这些现象都与读者在过去的活动中所形成的印象和经验有着密切的联系。它能够使读者形成一种特殊的兴趣和爱好,从而导致行为上的选择倾向。

(2)读者的态度。态度是读者对文献所抱有的见解和倾向,是读者着手行动的准备状况。态度是个体对待人或事物的稳定的心理倾向,在很大程度上支配着读者的判断、思考和选择,决定着读者在行为中的具体表现。读者态度对其文献选择行为的影响主要有:第一,它制约着读者对文献所作出的各种反应。由于态度是人们对客观事物所抱有的一种意念和见解,它一旦形成,便会在人们的思想中产生一种对客观事物的倾向,这种倾向就制约着人们对客观事物的认识和反应。如读者对自己感兴趣的文献,便会采取积极主动的态度去进行选择和阅读,而对自己不感兴趣的文献则采取消极被动的态度,这足以说明态度对读者文献选择上的影响。第二,影响读者文献选择情绪。读者对文献所表现出来的态度,表明了读者的某种期望和目标,这种目标和期望可以使读者产生积极或消极的情绪,采取相应的行为来实现这种期望和目标。它驱使读者倾向或挑选某一特定内容的文献,体现出读者文献选择的倾向性。

(3)读者的信息意识。读者的信息意识是读者选择文献的自觉心理反应。如果读者的信息意识强,能够充分认识到文献对自己社会实践活动的重要性,读者就会尽快地将阅读需求转化为现实的文献选择行为,从而获取文献,并阅读和利用文献内容。如果读者的信息意识薄弱,则不可能主动地将文献需求转化为文献的选择行为。

2. 社会因素

影响读者文献选择的社会因素主要有:

(1)社会的政治因素。文献作为一种精神产品,不仅为人们提供了各种文化和科学知识,而且还对人们的意识形态产生极其重要的影响。同时,作为一种社会的阅读现象,读者的阅读需求以及文献选择必然要受到社会政治制度的影响制约。因此,各时代的政党、阶级及社会集团,都十分重视阅读活动的社会作用,力图通过各种途径和手段,对社会的阅读活动进行控制,以实现统治者的政治目的。这些政治因素对读者文献选择行为的影响体现在以下几个方面:第一,它限制和制约了读者文献选择的内容。在阶级社会里,读者的任何阅读自由都是相对的。特定的社会政治制度、特定的国家法律和道德规范、特定的社会环境都在客观上限制和规定了读者阅读的内容和形式。读者只能在社会法律和社会规范许可的条件下选择文献内容。第二,引导读者文献需求与文献选择的发展趋向。国家的政治制度决定了社会的意识形态,而具体的方针、政策、法律、法规又决定了社会信息需求的发展。在阅读活动中,读者总是围绕着社会政治的重点问题,以国家法律和社会规范为依据,来不断地调节自己的文献需求和选择范围。同时,社会也通过各种方式来干预和引导读者的阅读活动,帮助读者进行文献内容的选择。如开展社会性的"振兴中华"读书活动,等等。

(2)社会的经济因素。社会的经济因素主要指社会的经济体制、经济发展的程度,社会的经济实力,等等。读者的阅读活动是一种高尚的精神活动,但它必须依赖于一定的经济基础,依赖于社会经济的发展。一般来说,社会的文献选择与利用总是与社会的经济状况相对应的。社会经济状况不仅影响着社会文献需求的类型,而且还决定了社会文献需求的整体水平和满足程度。

(3)社会的文化因素。文化是人类生存的直接社会环境,每一个社会成员都不可避免地受到各种社会文化的影响和冲击。社会文化对读者选择行为的影响主要表现在:第一,为读者进行文献选择提供了基本的观点。文化作为一种社会意识形态,深深地融入在人们的主观意识之中,成为人们解决问题的基本观念和指南。可以这么说,一定的社会文化不仅赋予人们社会活动的思想和感情,而且还造就了人们对人生、对生活特有的价值观念和价值取向。这种价值观念和价值取向在阅读活动中就表现为读者的文献选择取向。读者总是按照自己的价值观念去选择符合自己需要的文献,去评价文献的内容价值。第二,影响读者的阅读兴趣。由于社会文化意识是以一种强有力的、渗透性的、不知不觉的方式影响着人们,所以,人们的行为往往带有某种文化的迹象和色彩。这种文化的倾向在读者行为中,通常是以读者的阅读兴趣和选择倾向表现出来的。如受本土文化的影响,读者对我国历史文献产生浓厚的阅读兴趣等。第三,对读者行为规范的影响和制约。社会文化的发展与革新,必将给人们带来新的观念、新的行为规范和新的文化产品,从而引起人类的思想和行为模式的变化。在阅读活动中,由于读者所处的文化环境发生了变化,导致读者的阅读观念及行为规范发生变化。如当代青年受西方文化的影响,强调自我意识和自我价值实现的观念,就是典型的例子。

(4)相关群体因素。在人类社会中,人与人的关系必然形成

156

各种各样的社会联系。根据一定的社会联系就可在客观上形成各种不同的相关群体。在实际生活中,每个人都隶属于某一相关群体,并受到相关群体和其他群体的影响。相关群体对读者行为的影响,主要是通过读者对相关群体行为的"模仿"体现出来的。具体表现为:第一,读者根据相关群体行为来调整自己的文献选择行为。相关群体对读者行为的影响方式十分巧妙,一个读者通常在不知不觉之中就与相关群体的行为协调起来,并且通过本群体内的社会交往活动发现自己的协调程度。因为现实中的每一个人都会自觉不自觉地接受和模仿相关群体的行为,下意识地和相关群体行为保持一致。第二,相关群体的意识渗透于读者行为之中。在读者对文献进行查找、选择的过程中,读者一般都有听从别人的意见而行动的特点。尤其是在没有明确目的的情况下,读者往往遵从相关群体的标准来对文献进行选择。当读者的选择受到群体的赞赏和肯定,读者的阅读活动继续发展。反之,则阻碍了读者行为的发展。所以,相关群体的意识可以促进或阻碍读者对文献的选择。第三,相关群体的作用形成一种团体心理压力,使读者文献选择行为一致化。相关群体共同的行为规范,对读者个体的心理造成一种压力,使读者自觉不自觉地接受群体的规范和模式,并采取与之相适应的行为来保持与团体行为的一致性。

总之,导致读者不同的文献选择行为的主要因素很多,但起着决定性作用的因素有以下几种:

1. 特定的文献需求

读者对特定文献的需求是支配读者的选择行为和指向目标的内驱力。读者对文献的需求是随着时代的发展、形势的变化、不同的社会条件而不断变化的,它由低层次的需求向高层次的需求发展,并随着个人文化水平、智力、专业、年龄、心理因素的变化而变化,产生出不同层次的文献需求,导致不同的文献选择行为。在阅读过程中,如果我们注意到读者的这种特定需求,并采取适当的方法去满足不同读者所关心、所需要、所感兴趣的文献信息内容,就可以激发起读者对文献资源开发利用的更大热情。

2. 读者本身的知识结构和阅读修养

读者对文献的选择行为受读者知识结构和阅读修养的制约。阅读活动实质上是一个将文献内容纳入读者固有的知识体系之中的活动,它是通过读者头脑所进行的社会信息加工的过程。因而,不同知识结构的读者对文献的内容有着不同的估价和选择标准,而不同的阅读修养则体现在对文献的选择方式上有着不同的选择角度。

3. 文献内容的可读性和感染力

文献内容的可读性对读者的文献选择行为有着极其重要的影响,它能密切与读者的联系,产生阅读的吸引力。如文艺书籍和社会流行的言情小说、武侠小说、反映社会思潮的作品等,都会在读者中产生强烈的影响,使读者爱不释手。同时,文献内容的时代性、书籍装帧的醒目性等也在某种程度上支配着读者的选择行为。

四、读者对文献内容的利用

读者对文献的利用过程就是对文献内容的吸收和同化过程,这种同化过程之所以能够实现,取决于读者个体原先具有的知识"格局"。如果文献的知识内容适合和接近于读者已有的知识水平和经验范围,那么,新的知识就能纳入到读者原有的知识格局之中,进行吸收和消化。反之,原有的知识格局就会在一定程度上对新的知识产生排斥现象。

读者对文献内容利用的第一步,就是对新的知识进行吸收和同化。这一过程的效果如何,往往取决于读者对文献内容的理解程度和接受程度。理解程度通常表现为文献中的新知识与读者原来掌握的固有知识格局之间所建立的联系的疏密程度。接受程度表现为已知的和未知的知识所结合的松紧程度(即在多大程度上将阅读的新知识纳入自己的知识格局之中,成为自己掌握的知识部分)。这种已知和未知的联系越广泛深入,结合得越紧密牢固,所达到的理解程度就越全面完整,阅读效果就越好。倘若所建立的联系十分松散,结合得非常薄弱,或完全不能建立联系,那就从根本上缺乏对文献内容的理解,其文献的利用过程就无法继续。

文献利用的第二步则是读者运用新输入的知识对自己的知识结构进行自我调节,使之产生认识上的局部变化或飞跃,形成新的知识格局。在这里,知识的增长是通过读者对所接受的文献内容的知识作出的反应而实现的,这种反应的表现就是读者原有的知识对所接受新知识的"可容性",其结果是将新的知识纳入原有的知识体系之中。或作为已有知识的补充而不改变知识的结构;或填补原有知识结构的空白;或改变原有的知识结构。

由于读者个体之间存在着知识结构差,因此,同样的文献内容对于各个具体的读者,其吸收和同化的程度会不一样。有鉴于此,图书馆的读者服务工作就应在充分了解读者知识程度的基础上,使所提供的文献内容既适合读者的需要,又要使文献内容与读者文献利用水平相匹配,最充分地发挥文献内容的使用价值。

第三节 各类型图书馆读者行为特点

一、科研读者行为特点

科研读者是科研图书馆和专业图书馆主要的服务对象。他们成分单一,文化程度整齐,专业水平较高,外文阅读能力强,对文献的选择和利用具有明确的目的性。其读者特点主要表现在以下几个方面:

1. 文献内容的需求特点

科研读者所需要的文献大都与本身所从事的专业和研究课题有着直接的关系。对高级职称、中级职称和初级职称的科研人员来说，其对有关专业文献的共同性要求是：全面系统、专深具体、新颖及时、针对性强；而不同要求则表现在对所需文献的文种、类型、范围、时限等方面存在着差异。这显然与科研读者的外语水平、专业素养和利用文献的能力密切相关。据有关调查资料表明，各级科研读者利用文献的实际情况，反映了读者利用文献的共同倾向和不同需要。在文种上，科研读者利用最多的是中文文献，其次是英文、俄文和日文。使用外文文献的程度，以高级职称最高，中级人员次之，初级人员最低。在文献类型上，图书与专著的利用占首位，中文期刊次之，外文期刊又次之。中、外文期刊利用率之和超过图书与专著；特种文献资料的利用较少。在文献选择范围上，主要是利用本专业的文献，同时也适当利用与本专业有关的其他专业的文献。高中级职称的科研读者注重有关专业的基础性文献，说明了不同学科在发展过程中相互交叉渗透的综合化趋势，也说明了各级科研人员在掌握科学知识方面存在着广度和深度上的差别。在文献的时限上，科研读者都迫切需要利用最新最近的文献，要求内容新、时间快、使用价值高，以便掌握与课题有关的国内外研究动向与成果。

2. 读者心理活动特点

科研读者的心理特征是全身心地贯注于所从事的事业、所研究的项目；对科学知识有着浓厚的兴趣，对探索有着强烈的欲望和热情；具有孜孜不倦的勤奋、百折不回的韧性、旺盛的追求真理和新知识的精力。由于他们在整个研究过程中——从确定课题、研究方案的勾勒、研究方法的选择、相关观点的调研分析、已有结论的检验辩驳、学术观点的酝酿展开、科学假设的提出形成，到撰写论文、完成初稿以及对成果的审阅评定，都离不开对文献的依托和指点。因而对文献的心理状态表现为：全面搜索、细细过滤，具有强烈的求新、求快、求全、求准、求近、求便的心理特征,在创造活动遇到挫折时,渴望得到相关信息的指点,以促进思维飞跃的"顿悟"。针对这种心理特征,开展定题服务、查新服务,急研究者之所急,充分做好科学创造的前期劳动,是非常必要的,它可以使科研读者省时、省力、方便、可靠,从而促进科学研究活动的顺利进行。

3. 读者行为特点

科研人员在文献选择的途径上,以定期进行文献浏览为主要手段,其次是利用文摘和目录,再次是委托代查。通过文献的引文进行选择比其他途径的比率要高。科研读者通常比较注重文献的检索活动,这是因为科研读者都具有一定的文献选择与获取能力,且有时间亲自查找文献。在文献利用的时间上,科研读者往往是利用上班时间进行文献的选择与获取,利用文献的时间连续性较强。这是因为科研读者的工作时间和业余时间很难分开,即使是正常的上班时间,也由科研读者自己支配,况且,选择和获取文献的过程,本身就是科学研究活动的重要组成部分。在获取文献的方式上,科研人员利用文献服务方式最多的是文献借阅服务,其次是定题服务、文献调研服务、科技文献通报服务等。同时对编制专题文献目录比较感兴趣。

图书馆在为科研读者提供服务时,要围绕科研课题,广、快、新、准地调研国内外科学技术发展情况和趋势,搜集、整理和提供有关文献资料。既要提供专业性战术文献信息,又要提供综合性战略情报资料。要采用现代化的服务手段,高速度、高效率、高水平地满足各级科研人员的需要,为科研工作当好耳目、尖兵和参谋。

二、高校教师读者行为特点

高等学校图书馆的主要服务对象是教师读者与学生读者。高校教师担负着双重任务,他们首先是教育工作者,通过专业教学,培养专门人才;同时,高校教师又是科研人员,承担着一定的科学研究任务。因此,高校教师的双重身份,决定了他们在文献选择与文献利用上具有特殊的需求和特点。

1.读者文献需求特点

高等学校图书馆的教师读者,主要是从教学和科研两方面的结合中来阅读和利用文献,其文献需求总的特点是全面系统、广泛专深。但由于教师在教学、科研工作及自身提高过程中处于不同的阶段,因而表现出不同的文献需求特点。一般来说,高校教师在文献需求上有些类似于科研读者。例如:比较熟悉本专业的文献状况;掌握相关学科的动态信息;注重文献中知识内容的系统性、完整性、新颖性等。但是教师读者也有自身的文献需求特点。为了扩大知识面,开拓思路,教师读者往往需要相关学科的知识和信息,因此,综合性的、跨学科的文献普遍受到教师读者的重视;由于编写教材和需要经常不断地充实与更新教学内容,因而对本专业的新理论、新材料,尤其是学术争论问题比较敏感;对各种新教材、教学参考书、教学方法和教学科研仪器设备等方面的文献也比较关切。由于需要向学生介绍参考文献,教师读者比较重视二次文献的选择与利用,常自己动手加工积累,也注意综述文献。

2.读者心理活动特点

高校教师读者在文献查找、选择、阅读、利用过程中,通常表现为文献的检索心理特征。由于读者文化水平较高,专业基础知识扎实,有一定的教学经验和学术水平,因此,对本学科和专业文献表现出求新、求全、求准、求快的心理特征。同时除了自己动手进行文献检索和利用之外,还希望工作人员提供更高层次的二次文献和三次文献,以了解国内外最新的学术动态。

3.读者行为特点

高校教师在文献的选择途径上,通常是利用图书馆的目录和各种检索工具来进行文献的查找,他们习惯于亲自查找文献,但也希望图书馆工作人员协助查找。高校教师利用本系资料室多于利用图书馆,其主要原因是本系资料室搜集本专业的文献比较齐全,并且利用比较方便。在利用图书馆服务方式上,教师读者多选择图书馆的借阅服务,其次是检索服务,对图书馆编制的专题文献书目和定题服务比较感兴趣。在文献利用的时间上,由于高校教师没有明确的上班时间与业余时间,除上课之外的大部分时间可由自己支配,因此,教师可在上课以外的其他时间充分利用图书馆的文献资源。但由于中、老年教师读者教学、科研和其他工作任务较重,时间紧张,没有更多的时间和精力去利用图书馆,他们通常是来去匆匆;而青年教师读者则是图书馆最积极的利用者,他们利用时间最多,涉及文献内容最广泛。

高等学校图书馆应根据教师读者的特点,提供全面系统的文献服务,为读者的教学和科学研究活动创造良好的条件。

三、大学生读者行为特点

大学生读者是最为活跃的读者类型,也是高等学校图书馆的主要服务对象。由于大学生读者作为青年的一部分,进入全面成熟时期,他们年龄成熟,身体发育成熟,生理心理机制成熟,思想逐渐成熟,知识和智力走向成熟,他们对知识养料的需求广泛而专深,吸收容量大,消化速度快,自学能力强。其主要特点表现为:

(1)阅读活动与专业学习和即将从事的职业工作相联系。其阅读兴趣、阅读目的等都要受到未来职业需要的影响和制约。因此,大学生读者比较注意专业文献的阅读,以及与专业有关的其他学科文献的阅读。

(2)大学生读者除结合教学内容开展阅读之外,还根据个人兴趣的发展,广泛涉猎大量的课外书籍,以提高自己的文化素质、工作能力、研究能力。因此,其阅读的内容除了专业书籍、教科书和教学参考书之外,还大量阅读文学、哲学、经济、法律、艺术、体育、文化等方面的读物。

(3)大学生读者对精神文化生活有着较高的追求,其阅读积极性高于其他读者。由于大学生读者受过良好的学校教育,文化水平较高,同时又受着大学文化环境的影响,因此,比较注意以阅读的方式来陶冶自己的精神情操。无论是社会环境还是主观愿望,都强烈地刺激大学生读者多学知识多读书,因而,他们的阅读热情、阅读态度、阅读目的都强于其他类型的读者。

(4)大学生读者对教学用书的需要具有稳定性、集中性和阶段性。教学用书的稳定性表现在两个方面:一是专业的设置和教学计划的规定制约着教学用书的稳定发展;二是课程开设与教学内容体系规定了教学用书的基本范畴。教学用书的集中性主要表现在教学用书的品种和复本的集中、读者人数集中和教学用书利用时间集中。教学用书的阶段性主要表现在大学期间四年教学过程各阶段的周期性循环往复状态,呈现出规律性特征。

图书馆应针对大学生读者的各种行为特点,合理安排教学用书的借阅工作,充分利用图书馆丰富的文献资源,以多种形式满足大学生读者的需求。

四、大众读者行为特点

大众读者通常是指来自社会各阶层的社会成员,其人数最庞大,成分最复杂,是公共图书馆的主要服务对象。由于大众读者文化水平参差不一,职业需求各不相同,因而表现出不同的阅读需求和行为方式。一般来说,大众读者行为特点表现在以下几个方面:

1. 文献需求内容上

大众读者出于职业学习、文化提高和业余阅读的需要,主要阅读业务参考书、社会科学和自然科学基础读物以及文学作品,其中,中外文学名著借阅量占总流通量的半数以上。文艺书籍流通

量大的原因,主要有三个方面:

第一,文艺作品本身的吸引力。文艺作品是一种形象性很强的综合艺术,它用连贯的故事情节,生动的语言艺术,栩栩如生的个性描写,通过塑造典型人物形象,反映广阔的社会生活画面和人们丰富的精神世界。读者从文艺作品中,能学到广泛的社会知识,了解人生的道路和复杂的历史背景,从中受到启发、教育、感染,获得艺术美感享受,甚至震撼人的心灵。几乎人人都爱阅读文学作品。许多青年读者把文艺作品作为生活的挚友,废寝忘食、爱不释手地阅读。优秀的文艺作品能使人们奋发向上,不健康的文艺作品,却能消磨人的意志,腐蚀人的心灵。文艺作品对读者潜移默化的作用是很强烈的,图书馆应引导读者有选择有控制地阅读文艺作品。

第二,图书馆和社会的宣传影响作用。图书馆具有社会教育和文化娱乐的职能,常常把对文艺作品的宣传放在突出地位,采用生动活泼、灵活多样的方式,在外借处、阅览室及宣传橱窗中,往往用开架或半开架陈列方式吸引读者、影响读者,方便读者借阅。社会上,大量出版发行的文艺小说,报刊的宣传评价,广播、电视、电影的广泛传播,直接影响文艺小说的借阅、流传,加上读者之间相互推荐传阅,产生连锁反应,其影响超过了图书馆的宣传,直接唤起读者阅读心理的共鸣。

第三,公共图书馆是文艺作品的收藏中心和借阅中心,品种最齐全,复本量最大。在大众读者的组成中,以中小学文化程度的青年读者数量最多,而且集中。过去,一些读者由于十年动乱,失去学习机会,造成学业荒废,知识贫乏,长期缺乏精神食粮。一旦开放之后,就饥不择食地大量阅读。有的社会青年读者对文艺作品美丑不分,不加选择地阅读,致使许多青年读者身心受到污染,其好奇心理、逆反心理得到畸形发展。近几年来国家加强了精神文明的宣传教育,开展了文化补习、职业学习、职业考试、成人教育等,文艺作品阅读数量减少,而阅读的质量和效果都有所提高。

2. 在文献利用上

大众读者中,各行各业的青年读者占绝大多数。他们利用图书馆的时间一般都集中在业余时间和工休假日。每周利用业余时间阅读图书平均在8小时左右。由于业余时间有限,大众读者通常以图书馆的外借服务为主,馆内阅览为辅助形式,因此,各单位的工休假日常常是公共图书馆借阅处借还图书的高峰时间,平时读者流量较小。

3. 在心理活动上

大众读者的阅读活动多为闲暇时间的消遣、精神生活的调剂、个人爱好的追求、好奇心理的满足,因此,反映在读者对文献的选择与利用上的心理状况,便是消遣、猎奇、欣赏等不同表现形式的心理特征,这种心理特征导致了读者的阅读目标不明确,阅读兴趣随时转移等现象的发生。所以,探讨大众读者的心理与行为,是为了更好地开展适合大众读者特点的读者服务工作,满足读者在业余时间的健康有益的精神文化生活享受,引导读者追求真正的心灵美,并使他们在正常的阅读欣赏中获得知识,获得教育,增长才干。

思考题:

1. 什么是读者行为?分析读者行为产生的基本因素。
2. 分析阅读活动的发展过程。
3. 影响读者文献选择的主要因素是什么?
4. 分析主要的读者类型文献选择与利用特点。

第六章　图书馆读者教育

　　图书馆读者教育是为了使读者服务工作高效化和合理化,从而开发文献资源,实现教育职能而发展起来的一个新课题,其目的是要提高读者的信息意识和文献利用能力,促进图书馆文献资源的广泛利用。学习本章的目的,在于了解图书馆读者教育的含义和基本原则,掌握读者教育的基本内容与方法,学会运用各种方式和方法对读者进行教育。

第一节　读者教育的作用、任务与原则

一、读者教育的概念与作用

　　读者教育,也称为用户教育、读者培训等。读者教育是指图书馆和其他文献信息机构开展的培养读者(包括现实读者和潜在读者)信息意识,提高文献信息利用能力的教育。具体地是指图书馆和文献信息机构有计划、有目的地向读者传授图书馆知识和阅读知识,帮助读者熟悉所需要的文献信息源,并掌握获取文献信息的方法和手段,以提高读者文献利用效率的活动。读者教育的目的就是要帮助读者了解文献知识和文献线索,了解图书馆馆藏结构和服务内容,掌握文献检索和利用的方法,增强读者的信息意

167

识,善于表达文献需求,并能借助于各种检索工具和通过各种渠道获取文献与信息。读者教育是图书馆读者服务工作中的一种特殊的服务形式,它不像其他的服务形式那样,直接地为读者提供文献与文献线索,而是为读者提供获取和利用信息的方法与途径,向读者提供打开图书馆这个文献知识宝库钥匙的服务。我国古代有这样一段格言:"给人以鱼,得一餐食。教人捕鱼,得一生食。""授人以鱼,只供一饭之需,教人以渔,则终身受用无穷。"虽然,图书馆为了满足读者的文献需求,采取了多种多样的服务方式,解决了读者现实生活中的各种问题和难题。但是,这些服务方式所提供的大多是具体的文献和文献信息,而不是解决问题的方法。同时,由于图书馆工作人员与读者之间存在知识结构、学科水平上的差异,容易使图书馆的文献提供与读者的文献利用产生误差,造成文献选择与利用上的障碍。而图书馆读者教育活动则是一种"教人以渔"的活动,从根本上解决读者文献需求与文献利用的问题,交给了读者开启知识宝库的钥匙,使读者在知识的海洋里自由遨游。读者教育是一项普及性、实用性的综合能力教育,它除了对读者传授文献知识和技能之外,还对读者传授科学文化知识和开展某些专业技术活动,它是图书馆开发利用文献资源和实现其教育职能而开展的一项重要的工作。

图书馆读者教育的作用主要表现在以下方面:

1. 通过读者教育,提高读者获取知识的能力

人类正在走向信息时代。在21世纪中,人类面临着科学技术加速发展和急剧变革的挑战。中国科学院院士卢嘉锡教授分析了当代科技发展的趋势,指出其有三个基本特点:一是在发展速度和发展过程中具有加速发展和急剧变革的特点;二是既高度分化又高度综合而以高度综合为主的整体化趋势;三是科学技术转化为生产力的速度明显加快。他指出:当我们面向21世纪时,科技和社会的发展要求我们培养的人才必须掌握现代科技和最新成果,

必须具有较强的能力和宽厚的基础。同时,他又指出:要把培养学生获取知识的能力作为重点,使他们走上工作岗位后能够不断地和有效地更新、掌握所需的科技知识,以便适应实际工作的需要①。社会发展的事实告诉我们,科学技术的高度发展,促进了社会信息化程度的提高,因而对劳动者的就业素质提出了更高的要求,不仅要具有基本的社会知识和技能,而且还应具有更广泛、更高层次的知识结构和智力素质。因为在信息社会中,知识的生产力决定了社会生产力、竞争力和经济的发展成就,谁拥有广博的知识、灵通的信息,谁就能在竞争中稳操胜券。而要做到拥有知识和信息,就必须具备强烈的信息意识和获取知识与信息的文献知识及能力。图书馆读者教育在各项内部工作的基础上,要采取积极主动的措施向读者普及文献知识和文献利用知识,把文献知识宝库中的钥匙交给读者,使他们能够充分有效地利用图书馆丰富的文献资源和其他资源,及时了解本学科的研究动态,增加在特定领域内对现有知识的了解,以及对具有潜在价值的知识线索的认识,从而在激烈的社会竞争与发展中立于不败之地。

2. 通过读者教育,促进文献资源的合理流通,减少文献利用过程中的人为误差

长期以来,如何正确处理好图书馆文献资源的收藏与利用之间的关系,是困扰图书馆工作的重点和难点问题。当前,随着社会的不断发展与进步,我国图书馆事业得到了长足的发展,图书馆种类基本齐备,数量日见其多,规模也越来越大;图书馆文献收藏的范围越来越广泛,内容也越来越丰富,但是还不能说已完全解决了文献资源收藏与利用的矛盾。一方面社会所需要的文献资源严重缺乏,读者的文献需求不能得到充分满足;而另一方面图书馆现有

①　转引自顾名远《提高民族素质,迎接 21 世纪挑战》,载《新华文摘》,1997（3）,172 页。

的文献资源利用率极低,资源严重浪费。据《书目情报需求与服务研究》一书所提供的资料表明,1984年,全国县以上公共图书馆藏书流通率只有30%,其中国家图书馆为10%,省级图书馆为30.8%,许多重点大学图书馆流通率为30%,外文文献的利用率不超过10%,并且集中于少数书刊文献的反复使用,大量文献无人问津。其文献收藏的呆滞率为50%～80%,也就是说图书馆的文献资源有一半以上没有得到流通,而成为"死书"和"滞书"。同时,在极其少量的文献流通中,又由于各种人为的因素,如图书馆员理解上的误差、知识结构的差异、科学知识的缺乏等原因,致使所提供的文献不能充分满足读者的需要,形成文献利用中的障碍。通过读者教育,有目的有重点地向读者讲授文献知识,主动地向读者揭示馆藏,引导读者正确选择文献、利用文献,提高读者的文献检索能力,就可以使读者直接参与文献检索与获取活动,避免由于图书馆员转手造成的信息失真和文献利用上的误差,缩短文献流通的时间和周转期,提高图书馆文献资源的利用率。

3. 通过读者教育,吸引更多的社会成员利用图书馆资源

图书馆收藏的文献是为读者利用的,怎样才能吸引更多的读者,这是读者服务工作理论研究的一个现实课题。列宁曾经讲过,一个图书馆办得好坏,"并不在于它拥有多少珍本书,有多少16世纪的版本或10世纪的手稿,而在于如何使图书在人民中间广泛地流传,吸引了多少新读者,如何迅速地满足读者对图书的一切要求,有多少图书被读者带回家去,有多少儿童来阅读图书和利用图书馆……"①当前,随着我国经济的快速发展和科学技术的突飞猛进,图书馆的读者服务工作面临着严峻的挑战,经费的严重不足,导致了图书馆无法进行大量的文献贮存,只能望"洋"兴叹;日益

---

① 文化部图书馆事业管理局:《列宁论图书馆事业》,中文1版,23页,北京,书目文献出版社,1984。

激烈的市场竞争,为图书馆读者服务带来了重重危机;强烈的社会需求,切盼图书馆工作机制发生重大变革。中国的图书馆事业要在不断变化的时代里求得自己的生存、发展与壮大,就要建立面向读者的图书馆运行机制,使图书馆走向社会,融于社会,成为与社会息息相关、血肉相连的一部分。为此,就要求图书馆工作者牢固地树立读者观念,关注读者行为,唤起读者的阅读意识与信息意识,运用多种方法吸引读者。首先,要扩大图书馆的影响,要尽一切可能广泛宣传图书馆的作用;其次,要积极宣传和推荐在群众中有一定影响的优秀书刊和新到馆的文献,让广大群众知道图书馆有许多可供选择、符合需要的文献信息;再次,要认真对待读者提出的每一个问题,并主动参与读者的文献选择与信息交流,以密切图书馆与读者之间的关系。所有这些,都离不开图书馆的读者教育工作。因为读者在不了解图书馆及其作用,不了解图书馆馆藏的情况下,是不会来利用图书馆的。因此,要吸引读者充分利用图书馆资源,就必须加强图书馆的读者教育工作,树立读者的信息意识,提高读者的文献选择与利用能力,否则,图书馆资源就得不到充分的利用。

4. 通过读者教育,提高图书馆的社会地位,发展图书馆事业

图书馆是社会发展需要的产物,这种社会需要的具体表现就是读者需要,因此我们说图书馆就是以读者为对象的存在物。没有读者,就不会有图书馆的存在,没有读者的发展,也就不会有图书馆的发展,更准确地说,就是没有读者的需要就不可能有图书馆的生存与发展。而读者的需要既取决于社会环境的需要,更取决于读者自身的信息意识和文献利用能力,它是读者产生需要的重要条件。因此,读者需要作为图书馆生存与发展的土壤,其消长进退始终与图书馆事业的发展息息相关。在当今这样一个发展变化的时代里,研究读者、关注读者、发展读者,唤起读者的信息意识,增进读者的阅读能力,提高读者利用文献的素质,不仅是图书馆读

者教育工作的主要内容,而且还是促进图书馆事业发展的根本途径。

5.通过读者教育,提高读者的自学能力和研究能力,开发智力资源,促进全民族科学文化素质的提高,推动社会信息化的发展

图书馆是一所"没有围墙的大学",作为一种社会的教育机构,它通过利用文献与提供文献信息的方式和手段来传递知识、技能和情感,达到育人益智的目的。早在1918年,革命先驱李大钊就曾指出:"现在的图书馆已经不是藏书的地方,而为教育机关。"1919年,他在北京高等师范学校图书馆成立两周年纪念会上发表演说时指出:"图书馆和教育有密切的关系,想教育发展,一定要使全国人民不论何时何地都有研究学问的机会。换一句话说,就是全国变成一个图书馆或研究室。"①李大钊先生的一席话说明了图书馆与教育的关系。在当今以大经济、大科技、大文化、大生产为特征的信息时代里,图书馆作为社会教育体系中的一个重要的组成部分,以文献信息为主要手段,以读者的自学研究为主要形式,来培养读者的自学能力,并在读者掌握了基础理论和方法的基础上,传授一些获取更多知识的方法和技能,帮助读者从广泛的文献中学习、巩固和发展自己的学识,完善知识结构,扩大知识范围,进而实现向社会普及文化知识,提高全民的文化素质,推动社会的发展。

正因为图书馆读者教育活动对社会的发展有着重要的作用,因而成为发挥图书馆教育职能的催化剂,成为全民社会教育的主要形式。通过读者教育活动,可以使更多的社会成员成为图书馆读者,可以提高图书馆资源的利用率,使图书馆事业得到蓬勃发展。

---

① 李希泌、张树华:《中国古代藏书与近代图书馆史料(春秋至五四前后)》,中文1版,169页,北京,中华书局,1982。

二、图书馆读者教育的任务

图书馆读者教育的任务,总的来说,是要增强读者的信息意识,提高图书馆读者的文献选择与利用能力,促进文献的广泛流通与利用。具体来说体现在三个方面,即:增强读者的信息意识,普及图书馆知识,提高文献利用能力。

1. 增强读者的信息意识

意识是一种自觉的心理活动,是客观事物在人们头脑中的自觉反应。读者的信息意识,就是读者对文献信息的自觉心理反应,其具体的表现就是自觉利用图书馆资源。在图书馆活动中,读者的信息意识决定了读者对图书馆文献资源的选择与利用的态度,并影响读者文献信息需求的产生与发展。通常情况下,读者的信息意识越强,读者对文献的载体形式和内容特征就越重视,其文献需求量就越大,文献选择与利用的积极性就越高,读者阅读活动的主动性就越强。目前,我国还处在社会主义初级阶段,整个社会的信息意识还比较淡薄,利用图书馆资源的能力还很低。人们还没有充分认识到图书馆对他们生活和生产活动的重要性,不熟悉也不愿意去主动了解图书馆的使用方法,很少利用图书馆,更没有养成经常和长期利用图书馆的良好习惯。据有人所做的抽样调查表明,我国一般社会公众在遇到问题时首先想到利用图书馆或其他文献信息机构解决问题的比例仅占 5.6%,这从一个侧面反映了我国社会信息意识的淡薄和冷漠。因此,图书馆工作者应把提高社会的信息意识作为读者教育的一项经常性工作来做。随着现代图书馆与其生存环境的相互影响日渐密切,能否有效地提高社会的信息意识,充分利用图书馆资源为社会服务,成为衡量图书馆是否成熟和具有竞争力的标志之一,也是现代图书馆的主要特征。所以,增强读者的信息意识是图书馆读者教育的首要任务。

2. 普及图书馆知识

图书馆知识被人们誉为"打开知识宝库的钥匙","通向科学迷宫的桥梁"。了解图书馆的作用与意义,获得图书馆各种基本知识与技能,是读者不可缺少的基本功,也是图书馆员为读者提供咨询服务、进行读者教育的经常性任务。一些教育专家认为,人们应该掌握两种基本知识:一是从事各项活动的科学文化知识和专业知识;一是获取知识的知识。图书馆知识正是这种获取知识的知识。利用图书馆知识,可以补充读者知识的不足,改变其知识结构,还可以激活读者原有的其他方面的知识,使读者的科学文化知识和专业知识在图书馆知识的启发和影响下发挥更大的作用。特别是在我国大多数社会成员缺乏对图书馆了解的情况下,图书馆更应该加大普及图书馆知识的力度,使人们对图书馆从不知到有知,从少知到多知,从不正确的认识到正确的认识。使图书馆是社会不可缺少的科学、文化、教育机构的正确认识深入人心,引起全社会对图书馆的普遍关注和支持,并自觉利用图书馆知识来获取知识,满足社会实践活动的需要。因此,普及图书馆知识是提高图书馆社会地位,发展图书馆事业的一项非常重要的工作,是图书馆读者教育的一项主要任务。

3. 提高读者的文献利用能力

读者的文献利用能力是一种综合性的能力,是读者的科学研究能力、技术开发能力、组织管理能力、学习能力、生活能力等各种能力的综合体现,也是读者自身素质的表现。读者的文献利用能力通常包括了读者对文献的检索能力、获取能力、选择能力、阅读能力、积累能力、理解能力、吸收能力,等等。它是读者做好本职工作,丰富自己的物质生活和精神文化生活的保证。目前,我国广大社会成员的文献利用能力普遍较差,许多读者不会利用图书馆的各种目录、索引以及检索工具查找自己所需要的文献信息,文献获取途径单一,对各种研究报告、技术标准、专利样品等具有重大实用价值文献的利用水平相当低。据《书目情报需求与服务研究》

一书的调查表明,在所调查的总人数中有约占42%～49%的人没有使用或不知道此类文献;许多专业工作者对于本学科有关年鉴根本不了解;著名的《科学引文索引》竟有82%的人没有使用或不知道有这种索引文献。由此可以看出,我国文献资源利用的整体水平相当落后,与读者的文献利用能力有直接的关系。因此,图书馆必须通过读者教育,帮助读者提高文献的检索、获取、选择、阅读、积累、理解与吸收能力,扩大读者的文献利用范围,提高文献利用的质量。所以,提高读者的文献利用能力,也是读者教育的主要任务之一。

三、读者教育的原则

图书馆读者教育是人类社会教育的组成部分,它集图书馆学、教育学、社会学、人际关系学于一体,是一项十分复杂的工作,它不仅要对各种图书馆的现实读者进行教育,而且还要对图书馆的潜在读者进行利用图书馆知识的教育。要做好读者教育工作,必须注意以下几个基本问题:

1. 计划性

读者教育是图书馆具有长期稳定性的一项工作,必须有计划、有步骤地进行。图书馆读者教育计划的制定必须按照统筹安排的原则,注意长远规划与近期计划相结合,国家整体计划与部门计划相结合。根据图书馆读者的基本结构与文献需求状况,图书馆读者工作的现状,图书馆事业的发展和社会的进步来有条不紊地进行。

2. 普及性

在现代社会中,读者教育应具有普及性,不但要对图书馆的正式读者进行图书馆知识的教育,而且还要对图书馆的潜在读者进行普及教育,让社会广大读者都能充分利用图书馆文献资源。

3. 针对性

读者教育在内容的安排上应具有较强的针对性,尽可能针对读者的职业、任务、文化水平进行有目的的文献知识教育,使读者学以致用,力图解决读者利用图书馆过程中的各种问题。

4.层次性

图书馆读者教育是一种业余教育,它与图书馆学、情报学教育的最大区别之一就在于它具有一定的层次结构。在实际工作中,我们不可能按照同一个水准来组织读者、教育读者,只能够根据读者的不同情况,在不同的层次上对读者进行文献利用的教育。

5.适应性

图书馆读者教育还必须具有适应性,它要求读者通过文献知识的教育,增强阅读意识,以适应当前和未来信息社会的要求。因此,读者教育不仅应立足于当前的图书馆工作,而且还应该充分考虑到新的技术对图书馆工作所产生的影响,不断更新教育内容,采取与之相适应的方法。

四、图书馆读者教育的意义

读者教育的目的是图书馆从事读者教育活动的总目标,它既是读者教育的出发点,又是其归宿。

根据我国图书馆事业的基本方针、政策,以及读者需要的特点,我国读者教育的目的主要有以下几个方面:

第一,加强读者与图书馆藏书的紧密联系,使读者成为图书馆文献资源的真正主人。读者由于不了解图书馆文献资源的分布状况以及文献的利用渠道,当他们进入图书馆面对浩如烟海的文献资料时,往往不知如何涉足,只有"望洋兴叹"。通过读者教育,可以给读者找到索取图书馆文献资源的门径,使读者对图书馆资源运用自如,从而真正成为图书馆资源的主人。

第二,为读者传递最新的科学信息。对于广大的读者,尤其是科研读者来说,最重要的莫过于对所研究课题的最新信息的掌握。

科研读者一旦掌握了文献信息的利用方法,就能以最节约的时间、最快的速度获取准确完整的最新科学信息。因此,读者教育不仅使读者能够自己获取最新信息,也促进了科学知识的迅速传递。它不仅是培养读者利用图书馆基本技能的过程,而且也是传递科学信息的过程。

第三,培养读者的自学能力及研究能力。由于现代科学技术的发展,使得知识在人们的社会生活中占有重要的地位,知识已成为每个社会成员劳动能力的重要组成部分。除了接受传统的学校教育之外,人们必须加强自学能力,实施终身教育。利用图书馆的能力已成为提高自学能力的一个重要方面,终身教育也将以图书馆为重要依托。因此,通过读者教育,使读者了解文献资源的发展状况,掌握文献资料的检索、利用、阅读的方法及其相关的技能等,也就是找到了自学的门径,提高了自学能力。

第四,传播科学文化知识,促进精神文明建设。图书馆是科学文化机构,也是社会教育机构。图书馆以读者教育的形式,大力开展向读者宣传图书,推荐图书,指导读者阅读等活动,向读者宣传马列主义、毛泽东思想,宣传党的各项方针、政策,从而积极地影响读者,为建设我国的社会主义物质文明和精神文明服务。

因此,读者教育在现代社会中越来越引起人们的高度重视,其现实意义为:

1. 积极开展读者教育,是科学发展的客观要求

科学的发展经历了个人研究、集体协作、科学家集团研究三个历史时期,而图书馆事业的发展与科学的发展相对应,经历了藏书楼时期、手工操作时期、计算机传递时期,可见,图书馆事业的发展形式是由科学的发展所决定。当科学研究处在个人活动阶段,文献资料极为有限,私人藏书就可以基本满足其需要;当科研活动由个体走向集体协作,一方面是科学研究所需资料增多,另一方面文献在品种和数量上也迅速增加,于是藏书楼紧闭的大门被叩开,文

献由藏变用,由少数人的内部借阅到供大家使用;当科研活动发展为在一国之内甚至国际间的广泛合作,加之文献数量急剧增加,现代计算机技术的迅猛发展,又使文献资源共享成为可能,于是,文献服务的手工操作时代就逐步让位于国际化的信息交流时代。在信息社会中,人们必须眼观六路,耳听八方,如若读者不懂文献检索知识,不善于捕捉稍纵即逝的科技动态及情报,不把探索的触角伸向主要的信息发源地,他们就无法有效地开展工作。

总之,科学越发达,对利用文献从事科学研究等社会实践活动所提出的要求也就越高。因此,读者教育必须从读者自身的状况出发,循序渐进,由浅入深,以达到提高不同层次、不同类型读者的文献利用能力和需求水平,真正适应科学发展的需要,进而反过来加速科学的发展。

2. 是图书馆事业发展的需要

图书馆事业是随着人类社会的进步、科学文化的发展而由小到大,由单一功能到多种功能,并不断向着更科学、更合理的方向发展。在整个发展过程中,图书馆事业同样也会受到社会政治、经济、文化等多种因素的影响,这些众多的主客观因素最集中、最直接地反映在社会读者的文献需求和文献利用的社会实践活动中,而读者的需求又直接影响着整个图书馆事业发展的水平和速度。因此,积极开展读者教育,加强读者的情报信息意识,提高读者文献信息利用的能力,有利于图书馆工作人员业务水平和自身素质的提高,完善和发展图书馆的各项职能,从而促进图书馆事业的发展。

3. 是培养提高科技人员科研能力的一项根本措施

一个科学研究工作者应当具备哪些能力呢? 他必须具有动手做实验的能力、进行科学研究的能力、有计算和撰写论文的能力,还必须具备进行课题检索、获取和利用文献信息的能力。这四个方面的能力是最基本的,缺一不可。其中课题检索和获取、利用文献信息的能力,又是进行研究和撰写论文的前提和基础。读者教育的一个重要目的,就是在于使读者自己直接参与文献的检索过程,以提高检索效率。因此,对科技人员积极开展图书馆读者教育,是"教人以渔",使之"终身受用无穷"的一项根本措施。

第二节　读者教育的内容

图书馆读者教育的内容,大体包括三个方面:一是对读者进行信息意识的培养;二是进行文献利用能力的教育;三是进行阅读方法的教育。

一、读者的信息意识培养

信息意识是读者对自己的信息需求及文献信息的自觉意识,作为一种读者特有的心理反应的高级形式,它使读者自觉地获取和利用文献信息,以促进自己的知识更新,进行创造性的思维活动。信息意识是建立在对科学知识的产生、发展、交流、增值等规律的深刻认识基础上形成的一种科学意识,具有自觉性、目的性和创造性。信息意识的自觉性主要表现在人们的社会实践活动中,经验和理智驱使人们越来越重视反映事物本质的重要情报信息,及时掌握、利用文献,解决社会实践活动中的各种问题。读者信息意识的目的性反映了读者自觉接受信息,针对社会实践活动的目的来调整自己的意识,努力解决自我发展途径中的各种问题,充分而有效地利用所需要的知识内容。信息意识的创造性在于人们总是在自己现有知识结构的基础上,继承和发扬前人的智慧结晶,创造更多更新的知识财富。尤其是当前,人类正处在瞬息万变的信息时代,新的技术革命浪潮势如破竹,不仅社会知识和信息比以往任何时候更加丰富,而且技术开发、产品更新的速度也日趋加快。

据一些未来学家、经济学家预言,新的信息社会与工业社会的本质区别,就在于知识的传递速度和智力开发等方面发生了巨大的变化。社会的发展给人们提出了一个"如何适应以知识经济为主体的社会"的严肃课题,即在新的社会条件下,如何强化人们的信息意识、竞争意识和创造意识,以及如何处理时间与效率之间的矛盾,这些课题,严重地影响着人们在社会中的地位。因此,加强信息意识的教育与培养,是时代赋予图书馆工作者的重任,是社会发展的客观要求。

对读者信息意识的教育与培养,应当着重从以下方面入手:

1. 加强思想观念的转变

当前人们面临的新技术革命是以信息革命为核心的,它和以往的技术革命有着本质的不同。从历史的发展过程来看,以往的技术革命仅仅是以人体功能的延伸和扩大为主要内容的革命,而信息革命则是人脑功能的延伸和扩大,它使世界在空间上相对变小,使时间显得更为宝贵,使知识密集程度与日俱增。为此,人们必须在思想观念上紧跟时代发展的脚步,牢固地树立时间就是金钱,效率就是生命,信息和知识就是生产力的观念,明确图书馆和信息机构在社会中的地位与作用。一般来说,信息意识属于社会意识范畴,它犹如商品意识一样,是一定范围内活动的人对外界事物的反映。具体地说,我们强调读者的信息意识是社会意识在图书馆文献利用过程中的具体运用,是人们对信息的外观形式及内容特征所作的自觉反应,是捕捉、判断信息和对信息进行运用的一种能力。因此,信息意识不是先天就有的或者是仅仅通过传授就可以获得的,而是在自身素质的基础上,通过后天的不断学习,在生活和社会实践活动中形成和发展起来的,也就是说,信息意识是在长期的社会实践中培养起来的。所以,对于读者的信息意识的培养,除了加强社会的宣传,逐步改变人们的思想和观念之外,还应鼓励读者的文献利用活动,用文献信息的内容指导读者的社会实践活动,逐步培养读者的信息意识。为此,图书馆应该主动地面向读者,向社会广泛地宣传图书馆在社会实践活动中的作用,向公众授以利用图书馆的知识,把提高全社会的信息意识作为图书馆的一项经常性工作来抓,并把它贯穿于图书馆工作的各个方面和各个环节;充分发挥图书馆的社会作用,使图书馆影响渗透于社会的各个方面和各个层次,以引起社会的重视和支持,达到提高社会的信息意识,促进图书馆事业发展的目的。

2. 丰富和调整读者的知识结构

知识结构是读者头脑中所存在的各种观念的全部内容及组织形式。要丰富和调整读者的知识结构,从内容上讲,就是要使读者在专业知识方面有较深的造诣,并具备专门学科知识。只有这样,才能从多领域的信息中受到启发而在本专业领域有所突破。1979年诺贝尔物理学奖金获得者格拉索曾经说过:"往往许多物理问题的解决并不在物理问题之内。"推而广知,许多技术问题的解决,并不是解决纯粹的技术问题。例如,汉字电脑输入之王码五笔字型的发明人王永民先生在汉字编码中遇到困难时,是从化学中找到了灵感:物质是由分子组成的,分子是由原子构成。分子成千上万,原子只有百余种,到了粒子只有几种。那么汉字呢?肯定也是一样的道理。他茅塞顿开:汉字由字根组成,字根由笔划构成;汉字有成千上万,字根也应该只有百余种,而笔划只有几种,于是他很快就构思出了一个框架。王永民的汉字编码问题,在文字编码领域没有解决,却在化学中得到了启发。由此可见,拓宽知识面,形成合理的知识结构,才能既有利于专业知识的发展,又可以打破专业知识的狭隘束缚,使不同学科的知识互相渗透,促使信息意识的提高和发展。

3. 注意培养信息意识

信息意识是人的一种智力素质,它包括人们对信息的认识水平和开发利用信息行为的自觉性和潜意识等,存在着对信息开发程度不同,利用效果不同的差别。具有强烈信息意识的人往往能够透过信息内容表现出来的种种表象而发掘其本质特征;信息意识薄弱的人则往往被信息的表象所迷惑而难入其门。有的甚至对信息内容视而不见,用而无力,或错过了信息利用的最佳时机而影响其使用价值。另外,人们在查找、选择、吸收、利用文献信息的方式和过程中,也因其信息意识上的差异而产生截然不同的阅读效果。信息意识强烈的人会关注日常生活中和本职工作有密切联系的信息,或者将一般人难以发现的意向、苗头与自己已有的知识联系起来,产生新的思路和构想,并通过实践得到预想不到的收获;或能在困惑中,从散乱的、零碎的信息中另辟蹊径,使自己从被动的僵局中解脱出来;或独具慧眼,以卓越的思维能力和敏锐的洞察力分析捕捉到事物内在的本质特征,预测其发展趋势,及早做好弃弊兴利的准备。

总之,读者的信息意识要在实践中培养,在实践中提高和强化。

二、读者文献利用能力的教育

文献利用能力是读者开展文献阅读和文献利用活动的重要保证,也是读者教育的主要内容。它主要包括了读者的文献获取能力、文献内容的识别和选择能力、文献检索能力和文献分析与综合能力。

1. 文献获取能力的培养

读者的文献获取能力,是指读者通过各种文献交流渠道获得文献的能力。由于现代科学技术的快速发展,各种知识门类的不断增加,导致各知识领域的文献数量急剧增长。据国外统计资料表明,科技成果每增加一倍,文献情报量就增加数倍;生产翻一番,文献情报量就增加 4 倍。同时,现代科学技术综合交叉、彼此渗透的特点,又导致了文献内容的交叉重复。现代技术和化学塑胶新材料的广泛应用,使现代文献载体形式发生了重大变化,缩微资料、声像资料、机读资料、光盘资料等新型的文献载体相继问世,这一切都为读者获取文献增加了难度。因此,对读者进行文献获取能力的教育与培养就日渐重要了。

要提高读者的文献获取能力,首先,应对读者进行文献知识的教育。其具体内容应包括文献的概念、种类、特征和功能,旨在帮助读者了解文献的结构、类型与基本特征,从文献的外部特征上去识别和获取。其次,要对读者进行图书馆知识的教育。其内容包括了图书馆的性质与任务,图书馆的类型与特点,图书馆各项业务工作,图书馆文献资源的结构与范围,图书馆目录体系及各种排检方法和使用方法,图书馆借阅体制及规章制度,以及读者服务的方式和方法。旨在帮助读者认识图书馆,掌握利用图书馆的基本知识,从而通过图书馆来获取文献。

2. 读者文献识别与选择能力的培养

文献识别与选择能力,是指读者根据文献的内容和文献的生产、传播、接受的程度,依据自身的经验和知识,判断其性质和使用价值的本领和水平。面对浩如烟海、良莠不齐的文献资源,读者应该怎样来识别其价值和真伪呢?尤其是在当前我国盗版书大量存在、剽窃现象屡禁不止的情况下,读者必须具备一定的文献识别与选择能力,以清除文献利用的障碍。美国麻省理工学院教授罗宾森认为,90 年代社会经济竞争评价指标中,最重要的是信息识别利用能力,它既是一个精确有效的接收传递系统,又是进行决策创造效益的原动力。当然,由于个体之间身份、职业、角色不同,创造力、收获和效益不同,社会贡献也就有所不同。然而,个体构成群体、组织和社会,每个人的信息识别能力对社会信息正常的传播、接收、利用均产生影响,均是社会经济有序竞争的动力。对读者文献识别与选择能力的培养,笔者认为,首先应该培养读者积极健康的信息意识和阅读观。因为信息意识是需求、识别和判断的原始动力,也是主体能动性的反映。读者只有树立了积极健康的信息意识,才能正确地认识和判断文献内容的价值,自觉地抵御不健康的、低级下流的文献内容的侵扰。其次,是要对读者进行文献学知识的教育。其具体内容包括文献的内部结构,文献生产与增长的一般规律,本学科及相关学科的文献信息源及其分布状况,核心文献介绍,等等。其目的在于通过文献学知识的教育,使读者了解本学科文献的分布状况,掌握文献识别与选择的技巧。再次,是对读者进行文献检索知识的教育。其主要内容有:文献检索的一般原理与方法,文献检索的途径与特点,本学科重点工具书的编制体例、内容范围及使用方法,不同类型文献的检索方法与技能等。旨在帮助读者扩大文献选择的范围,通过各种途径进行文献内容的分析与比较,筛选出具有较高使用价值、符合读者需求的文献,开发文献利用的深度。

3. 读者文献检索能力的培养

文献检索能力,是人们利用一定的检索工具,有目的地查找出自己所需要的文献的能力。现代社会中,人们既要善于通过各种渠道吸收、鉴别、储存、利用有价值的文献信息,又要善于充分运用各种检索工具,准确系统地检索到所需要的信息。文献检索的实质,是对文献信息的搜集、加工、整理、生产的过程,是文献资源与读者利用之间的桥梁。成功的文献检索,是从人们已知的知识和信息入手,了解现状、特点和症结,探索未知或发展新知识,解决现实生活和工作中的问题。它可以丰富人们的认知能力,丰富人们的知识结构,形成新的发明创造,也可以在经济生活和交往活动中做到知己知彼,百战不殆。如,人们把专利称为发明创造的宝藏。在全球登记注册的2700万件专利中,已有85%的专利超过了保护期限,已经成为人类共有财富,可以随意使用。美国斯丹高公司在与我方合作生产闸瓦刹车时,要求我方支付300万美元专利转让费,经我方组织专业人员查检《德温特专利目录》,找出该专利的信息出处,并据其专利批准号和分类号查找出专利说明书,发现美国的斯丹高公司不是专利所有人,仅是合法使用者。经协商,我方仅支付了 30 万美元的技术转让费,就获得了生产闸瓦刹车的技术、图表和数据。

进行文献检索,必须遵循一定的规则,即合理又科学的方法——运用检索工具去查找,可见,科学合理的文献检索可以起到事半功倍、省时省力的效果,具有巨大的社会效益和经济效益。对读者进行文献检索能力的培养,首先应当在培养读者信息意识的基础上,加强对读者进行文献检索方法的教育。它包括各学科文献资料的结构、分布及发展状况;各种检索工具的体系及检索方法;检索策略和检索途径的确定;情报信息的搜集、整理与分析等。进行文献检索方法的教育,其目的在于帮助读者掌握高效率的检索文献和利用文献的技能,提高文献检索的检准率和检全率。其次,是对读者进行计算机文献检索知识的教育。其具体内容包括计算机的基本知识;计算机文献检索的方式和方法;国内外重点文献检索系统和数据库介绍;国际联机检索的方法与技巧等。通过计算机文献检索的讲解、示范与实际操作,让读者了解计算机文献检索的基本方法,扩大文献检索的范围和途径,提高文献检索的效率。

4. 读者文献分析与综合能力的培养

读者的文献分析与综合能力,是指读者在文献利用过程中,既注意把握文献内容的实质意义,又能熟练地解析文献内容的各个部分,在吸收与消化的基础上把个别的分析和整体的理解结合起来,从而形成新的知识结合点的能力。文献的分析与综合是识别文献现象与本质的先决条件,是文献利用过程中的高级形式。通过文献的分析与综合,人们可以变换角度观察既定事实,从而得出自己的结论。如结构主义批评家巴尔特为了全面掌握一部小说的内涵,把法国现实主义大师巴尔扎克的短篇小说《萨拉西纳》拆成了 561 个词汇单位。中央电视台"焦点访谈"的节目主持人水均益曾说过："凡事我习惯推倒重来,一般讲,我不接受既定事实,喜欢用自己的头脑分析后说话。"①历史和传统,习俗和偏见,造就了许多既定事实和盖棺定论式的结论。而具备了文献信息分析与综合能力的人,可以"从不曲意附和俗见和所谓的既定事实",用自己的眼光来观察事物,用自己的头脑来分析事物,最后用自己的表达方式来综合自己的见解。可以说,读者的文献分析与综合能力也是一种创造性的思维能力,是在分析判断的基础上,进行高度的理解和概括,寻找共同的规律,并进行合理推理的能力。对读者分析与综合能力的培养,首先应使读者具有较强的文献组合能力。这种文献组合能力并非是对所有的文献内容和知识无条件的兼收并蓄,也不是随机的东拼西凑,而是在分析、鉴别、选择的基础上,去粗取精,把有关的、分散无序的资料和数据与尚未结合起来的观念重新加以组合,从中推导出新的认识、新的见解、新的发现。为此,就应该对读者进行文献信息加工整理知识的教育。其具体内容包括文献的分类与主题标引知识,书目、文摘、索引的类型及其编制规则和一般方法等。其目的在于帮助读者识别文献的内容特征,从而正确地进行分析与综合。其次,是加强读者捕捉信息的能力。因为科学研究活动是一个有机的运动的开放系统,在其运动过程中,始终存在着信息的交流。人们要充分地利用信息,就要善于捕捉信息,对信息内容进行理性的分析,从而提出新的理论和见解。为此,应对读者进行文献信息研究与预测的理论与方法的教育。它具体包括文献信息研究与预测的内容、意义、程序、方法、技能,等等。以提高读者捕捉信息、分析信息、利用信息、创造信息的能力。

---

① 《北京青年报》(周末版),1994 年 11 月 18 日,第 4 版。

三、对读者阅读方法的教育

对读者进行阅读方法的指导是图书馆读者教育的常规教育，它包括阅读内容的选择指导，阅读内容的理解，阅读的基本方法以及学习计划的制定和学习效果的鉴定方法等方面的教育。它是实现图书馆社会教育职能的具体体现。一般来说，具体的阅读方法有：

1. 视读法

即通过眼睛目视为基本手段阅读文献，俗称"看书"，是人们普遍采用的一种方法。它适用于对文献的"博览"，采取一目十行、不求甚解的快速阅读方法，来捕捉要害，取其精髓，及时掌握阅读信息和动态。

2. 写读法

在阅读过程中调动各种感官功能积极活动，把阅读、思考和动笔结合起来的阅读方法。它能加深理解、加深印象和加强记忆。具体的方法有脚注、眉批、标记、笔记、卡片等。其作用在于：（1）帮助记忆。"不动笔墨不读书"，"最浅的墨水也胜过最好的记性"。把文献中有价值的信息记录下来，可随时查阅，提高记忆。（2）利于集中阅读注意力。手脑并用，易于掌握文献中的重点、难点。手抄一遍，胜过眼过十遍，可使阅读更加深入。（3）便于联想和创造性思维活动。边谈边想，边想边记，锻炼思维的逻辑性和条理性，提高分析问题解决问题的能力，促进思维活动更加活跃，激发直觉想象，产生出新见解、新思想。（4）便于资料的积累。当新的文献内容不断涌现时，可以随时摘抄和添补，并可根据研究课题的深入，进行分类组合，综合利用。所以，写读法是阅读活动中一种重要的方法。

3. 记忆法

是以提高记忆力为宗旨的阅读方法。记忆力是每个人智能结构的第一要素,它包括人们的记忆速度、记忆时间、记忆的贮存量、记忆的准确度、选择遗忘的能力等五个基本要素。现代科学证明,一个正常人一生中记忆的总容量相当于美国最大的图书馆总容量的 50 倍,即 5 亿本书的信息量,但由于种种原因至今还没有人能达到此容量的 1%。世界各国科学家都在探讨提高记忆力的方法和途径。按照记忆的顺序:将瞬时记忆强化和重复,转化为短时记忆,再将短时记忆强化和重复,转化为长时记忆。在文献阅读过程中通常将理解——重复——记忆结合起来,使阅读的内容转化为长久的记忆。

4. SQ3R 读书法

SQ3R 是英语浏览(Surrey)、提问(Question)、阅读(Read)、背诵(Recite)、复习(Review)的首字母组合而成的,它是符合读者感知、记忆、思维过程的一种行之有效的综合性阅读方法。

鉴于其他课题对阅读方法有着详细的介绍,在此不作更多的解释。

第三节　图书馆读者教育的方式

一、导向教育

这是对读者进行普及性训练的一种途径。即在新读者利用图书馆之前,就对读者进行图书馆概况的介绍,图书馆的地位、作用、藏书情况、服务设施、服务方法等方面知识的介绍,使读者能够很快地了解图书馆、利用图书馆。导向教育可分为三种方式:一是在图书馆员介绍和带领下进行的。如美国的一些大学,为了尽早使学生学会独立使用图书馆,一年级的第一堂必修课就是"图书馆指导"。在图书馆专业人员的指导下,用一周的时间让学生熟悉图书馆,懂得如何使用各种目录卡片和电子计算机,如何使用工具书、视听设备、复印机,如何查找和利用文献等。二是根据"导向手册"来对读者进行图书馆的教育。我国目前使用导向手册还很少见,但有些图书馆却拍有电视片,引导读者利用图书馆。三是咨询指导,设立咨询员和咨询机构。

二、开设专门课程

对读者开设利用图书馆的专业课程,是提高读者阅读素质的一种行之有效的方法。目前我国已在大学开设了文献检索与利用课程,其目的在于传授查找与利用文献的知识与方法,使读者掌握开发文献资源的技能,而且也为大学生读者将来进行继续教育和终身教育奠定基础。这是较高层次的读者教育,要求读者具有一定的知识水平。

三、举办专题讲座

针对读者的需要,分专题讲授有关利用图书馆的知识。如对高年级学生和研究生可以专门举办一些特定专题的文献查找讲座,从一定的专业和深度入手,传授文献知识和文献线索,使读者掌握某一学科文献的检索技能。对低年级学生则可举办"如何使用图书馆目录"的讲座,着重介绍图书馆的目录体系、排检方法,使读者能正确利用图书馆的各种目录。

四、宣传图书,指导阅读

宣传图书与指导阅读是读者工作实践的重要组成部分,是图书馆与社会信息交流的媒介,是图书馆教育性的体现,也是开发利用文献资源,教育、影响、吸引读者的有效方式。

宣传图书的实质目的:在了解和研究文献的基础上,主动向读者揭示文献的形式与内容;宣传先进思想、科学知识、职业技术以及广泛的文化信息;把读者最关切、最需要的文献及时展现在他们的面前;吸引读者利用图书馆和多种图书文献。指导阅读的实质目的:图书馆工作者以明智的态度和科学的方法影响读者的阅读活动,使读者的阅读活动取得更大的成效。指导阅读这个概念反映了图书馆读者教育的过程。这个过程的内容为:在了解读者的爱好和阅读需要的基础上,通过积极地宣传图书和推荐图书,有目的、有计划地影响读者阅读的内容与性质,影响读者选择阅读范围。

对指导阅读,克鲁普斯卡娅曾经制定出教育学原理,作出了很大的贡献。她提出了一个极其重要的论点,就是:指导阅读的实质问题在于以明智的态度对待读者,但不是去约束读者,而指导阅读的基本目的则在于把那些有助于确立劳动人民的世界观和开阔他们眼界的最有价值的图书推荐给读者。所以指导阅读与社会意识的形成有关,与在群众中培养文化素质有关。

图书宣传与指导阅读是互相联系的,图书宣传着重于文献的揭示方面,指导阅读则着重于读者的利用方面,二者都是将文献与读者需要联系起来的中介环节,向读者图书宣传,是为了更好地让读者利用图书,二者缺一不可。

图书宣传的要求是:(1)有的放矢,讲求实效。每个图书馆都有自己具体的任务、藏书特色和服务对象,因此在进行图书宣传的时候,也应突出重点,明确对象,有的放矢,讲究实效。例如:高等学校图书馆的主要任务就是为教学和科研服务,服务对象主要是教师和学生,因此,其图书宣传的内容、重点除了结合形势,配合党的中心任务之外,就应着重推荐与教学和科研有关的参考书以及能够提高读者德、智、体、美、劳修养的书刊。什么时候,采取何种形式,宣传什么主题,对象是哪些读者,都需要根据本馆的藏书、当时的形势及学校教学和科研的需要,对准口径,有的放矢。(2)全面系统,准确及时。为了使读者对图书宣传的主题内容能有较为完整的了解,帮助读者正确有效地选择、利用馆藏,进行图书宣传时,尤其是教学、科研用书,应做到择优推荐,准确及时。(3)机动灵活,形式多样。图书宣传可以采取多种多样的方式来吸引读者更充分地利用图书馆的藏书资源。通常进行图书宣传的方式有直观方式、书目方式、群众活动方式和广播电视方式。具体来说,可以通过新书展览报道、专题书展、学术活动和图书评论等多种多样的形式来图书宣传。指导阅读是有针对性地为读者服务的重要方法,体现了图书馆的社会教育职能。图书馆的阅读辅导不同于一般教师对学生的辅导,它不直接地给读者灌输知识,而是围绕着动员读者积极借阅图书馆藏书,正确阅读书刊文献展开活动的,要求针对每个读者的具体情况,给予具体的指导。因此,认真做好指导阅读工作对于提高读者的阅读水平和质量效果都是十分重要的。指导阅读的意义在于它可以节省读者的时间和精力,是为解决读者在浩如烟海的文献中查找自己需要的知识信息时的困难而开展的指导性工作。它能帮助读者掌握查找资料的门径,提高他们利用图书馆及馆藏的能力;提高阅读鉴赏能力,增强读书的效果;引导读者确立正确的阅读倾向,正确理解图书的内容,从而吸取有益的政治营养和科学文化知识。(4)促进情报信息的传递和利用。馆藏的书刊资料是一种最基本的情报源,图书馆的根本任务就是要善于开发和利用这个情报源,通过指导阅读促进情报信息的传递和利用,从而为四化建设作出贡献。

指导阅读的内容范围有四个方面:即指导读者利用图书馆;指导读者利用图书馆目录;指导读者利用参考检索工具;指导读者阅读图书。

第四节　国内外读者教育发展概况

一、从事读者教育的主要机构

在读者教育中,一些国家成立了专门的教育与训练机构,如美国的"大学与研究图书馆协会目录指导部",美国图书馆协会设立的"图书馆指导圆桌会"就从事读者教育与读者培训工作。美国的"国家与大学图书馆常设会议情报服务组"(SCONUL—Standing Conference of National and University Libraries)通过召开会议、出版刊物来推动文献交流活动,并积极关心和尽可能促进广泛的读者教育和训练。英国图书馆(英国国家图书馆)通过资助研究计划鼓励人们对图书馆读者的教育和训练活动。除了一些专门的组织机构外,读者教育工作还逐步发展到国际间的合作与支援,一些国际组织把它作为国际情报合作计划的一个部分来执行。促进这项工作的主要机构是联合国教科文组织(UNESCO),在"联合国综合情报计划"(PGI)中,即着手制订与实施了用户教育的具体计划。按该计划的说法:情报用户教育与训练包括任何个人或集体对现有与未来用户的情报指导和教育,其目的是促进用户对情报需求的认识、表达以及对情报源、情报服务的有效利用和评价。为此,联合国教科文组织组织了四种类型的活动:

(1)召开讨论读者教育问题的各种会议;

(2)帮助发展中国家制定读者教育与训练的国家政策与计划,包括提供国际专家、国际协作与资金;

(3)提供帮助各国读者教育与训练的工具书、出版物和指南;

(4)组织国际训练中心,如在印度、印尼、南斯拉夫、韩国组织了四个训练中心。

除联合国教科文组织外,还有许多国际机构和组织也十分重视读者教育与培训工作,其中影响较大的有:国际文献工作联合会(FID)、欧洲情报服务协会(EUSIDIC)、世界工程组织联合会(WFEO)和经济合作发展组织(OECD)等。

二、英国、美国、日本的读者教育概况

1. 英国

英国是一个比较重视读者教育的国家。早在 1942 年 Hutton 就在 Aslib(英国专业图书馆与情报部门协会。成立于 1926 年,1949 年与英国国际书目协会合并。宗旨是促进公共事务、工商业以及科学、艺术的图书资料与情报工作的统一协调与有效利用。设有地区分会、专业小组和情报服务机构,开设训练班和举行讨论会,备有英译各种科技论文索引)会议上提出了最早的一份大学图书馆指导目录大纲,它是由 12 条读者自我检测目标组成的。1968 年 Tidnarsh 论述了英国高校图书馆用户教育理论的研究和发展。然后 Steven Son 1977 年在其著作中对英国大学和专科学校图书馆用户教育的发展、组织、方式、评价作了详细研究。英国读者教育的特点是将读者教育与学校教育相结合,由教师和图书馆员共同设计课题与教学方法。

他们的具体方法是:

(1)图书馆引导:认为一个有效的图书馆引导系统是任何图书馆指导工作的一个重要的先决条件,采用设置路标和标签、编制图书馆引导手册等方法。

(2)图书馆指导:几乎所有的英国高校图书馆都开展了向新用户作关于图书馆服务和馆藏的介绍,采用讲座、研究班、参观、录像带、幻灯讲座、磁带放音、课程教学、标牌、计算机辅助教学等方式。

(3)图书馆指南:根据读者不同需要编制小型的指南,如读者指南(读者对象——教师指南、学生指南)、文献指南(某一学科文

献）、特殊形态文献指南、信息处理技术指南。

2. 美国

美国的用户教育可以追溯到 19 世纪中叶。19 世纪 40 年代 R. W. 埃默生提出了在教师职业中人们迫切需要的是"图书的教授"这一观点,即向学生提供使用图书的指导。在 19 世纪 70 年代产生"图书馆员就是教育者"的观念。罗切斯特大学的 O. H. 鲁宾逊(Otis Hall Robinson)教授指出:"一个图书馆员不应仅是一个书籍保管员,他应该是一个教育者。……一个图书馆员如果不能对学生承担教育的职责,他就不是一个合格的馆员。……他的职责是指导学生的阅读,特别是在学生进行学科的文献调查时,成为读者的指引者和朋友。"M. 杜威(M. Dewey)也曾提到:"图书馆是一所学校,以最高概念论图书馆员就是教师。"

美国的读者教育虽然起步较早,但经历了一段衰退时期。这是因为当时第一、二次世界大战造成美国经济危机,同时图书馆内部意见分歧,造成读者教育发展缓慢。二战后,随着社会日趋重视科学技术的研究和高等教育的发展,读者教育进入高潮时期。其特点是:(1)注重了书目指导的理论研究,主张书目指导是图书馆学的重要内容之一,在图书馆学教学体系中应占有一席之地。(2)加强了对读者情报能力的培养。认为读者教育是完成教学计划中"能力培养"的一部分,并且使在校学生通过由学校组织的图书馆技能能力测试。(3)建立高校图书馆读者教育模式:在新生中进行图书馆功能和服务项目的介绍;在大学一年级学生中进行图书馆和参考工具书基本使用方法的概述;在大学三、四年级的学生和毕业生中结合各专业学科的内容,进行文献检索工具与技术的高级教育。(4)利用计算机开展联机教学。这一读者教育方法始于科罗拉多州的丹佛大学。80 年代以来,它一直是美国读者教育中一个最引人注目的领域。

3. 日本

与欧美国家相比,日本更重视情报工作,因而也就更加重视对读者(情报用户)的培训工作。由于国内资源的贫乏,日本十分注意利用国外资源和技术,将其视为一项基本国策。日本的读者教育工作具有较合理的层次结构,国家中心、各类图书馆情报部门、高等院校、研究部门、企业都有自己的读者训练计划,它们不仅对读者进行利用各种文献的教育,而且还对读者进行较为系统的综合性的情报训练,并长期稳定地进行下去。

三、我国读者教育发展概况

我国的读者教育工作,来源于图书馆的读者辅导工作,大约始于 20 世纪初,最开始是对个别读者的借阅辅导。据资料表明,1938 年在中国教育学术团体联合会议上,曾经通过了一个《请教育部指定"目录学"及"参考工具书使用法"为大学一年级必修课程方案》,后来由于没有教材,缺乏师资,只有少数几个学校的中文、历史系开过课。解放后,学习苏联经验,不少单位特别是一些高等学校搞过图书馆学与目录学知识的宣传。除个别学校开过文献课外,大多采用不定期讲座形式,主要内容为如何利用图书馆,对读者掌握文献利用方法起到了一定的作用。十年动乱期间停止。

1981 年 9 月教育部召开了全国高等学校图书馆工作会议,将"开展查阅文献方法的教育和辅导工作"作为高等学校图书馆的任务之一列入《中华人民共和国高等学校图书馆工作条例》。1984 年和 1985 年教育部两次颁发文件,明确规定高等院校图书馆应为全校学生开设文献检索与利用课程,并把这项工作列为高等院校图书馆的一项重要任务。它充分说明我国已开始注重对读者情报意识和情报能力的培养了。但这项工作目前仅限于高校图书馆,而从整个社会来看,并没有形成一个完整的读者教育体系和层次结构,工作基础水准不高。其原因在于图书馆的读者教育还没有完全纳入国家规划,没有统一的计划,致使读者教育工作只在较小的范围内进行。全国高等学校图书情报工作委员会在开展该项工作中,对读者教育计划的组织筹划、师资培训、教材编写、经验交流和学术研究等方面做了大量的工作,到1990年,约有70%的高校开设了"文献检索与利用"课程或讲座,编纂出版的教材超过了100种,约130万大学生接受了这项教育。与此同时,一些成人高校、中等专业学校、中学也开设了课程或举办了讲座。经过近几年来读者教育的教学实践,我国教育部门于1992年提出了全国统一的"文献检索课程教学基本要求",并逐渐向形成科学的教学大纲和相对完善的教学体系发展。除此之外,我国许多的公共图书馆、科研、厂矿、企事业单位的图书情报部门也通过举办培训班、讲座等形式进行读者教育,取得了良好的效果。

与发达国家相比,我国的读者教育工作还比较落后,没有形成全国统一的教学规模和教学大纲,在教学方法和手段上远远达不到世界上发达国家的水平,计算机文献检索实践不足,实际操作能力较差。我国要改变这种落后的面貌,就必须在国家的统一计划与控制下,采取普及教育与提高教育相结合的方针,开展群众性的读者教育活动,以提高广大读者的情报意识与文献修养,适应现代社会发展的需要。

思考题:

1. 什么是图书馆读者教育?试分析读者教育的作用。
2. 读者教育的任务与基本原则是什么?
3. 图书馆读者教育的内容包括哪些方面?
4. 怎样才能提高读者的信息意识和文献利用能力?
5. 图书馆对读者进行教育主要采取哪些方式?

第七章　读者服务方法体系的组织

利用各种服务方法最大限度地满足读者的文献需求,是图书馆读者服务工作的基本出发点和最终目的。学习本章的目的和要求,就是通过对读者服务方法体系的分析、建立与组织,了解图书馆的读者服务方法体系的结构和功能;掌握各种读者服务方法的作用、特点、类型和服务程序;学会运用各种服务方式和方法来开展图书馆的读者服务工作。

第一节　读者服务方法体系概述

现代图书馆工作的核心,就是要把各种静态贮存的文献及时地、主动地、准确地转化为动态的信息和交流中的知识,并针对读者特定的需要实施多种多样的服务,提供给读者利用。因此,建立与健全读者服务方法体系,是提高图书馆读者服务工作的质量,促进文献传递与交流效率的关键所在。

一、什么是读者服务方法体系

要了解读者服务方法体系的含义,首先应该了解和掌握什么是读者服务方法以及读者服务组织这样两个概念。

1.读者服务方法

所谓读者服务方法,就是图书馆利用有序化的文献资源和设施,直接满足读者文献需求的方式和手段。读者服务方法多种多样,各种服务方法都有其特殊的功能、效果和适用范围,有其产生、发展的历史背景。

应当指出,当代社会知识成果的有效利用,首先取决于对这些知识成果的记录载体(即文献)进行有序化的组织和排列。图书馆文献的搜集、加工、整理活动是读者文献利用和图书馆读者服务的前提条件,但这并不等于文献的流通和传递。要使文献中的知识和信息发挥作用,就必须通过文献的有效传递与交流过程,即针对读者特定的文献需求来传递文献并提供给读者利用。这种有效的文献传递与交流过程,就是读者服务的过程,它是建立在文献的定向传递基础之上的服务过程。在这一服务过程中所采取的各种方式和手段应该具有针对性,它不是无目的的任意而为的运用,而是有目的地针对读者特定的文献需求,选择和运用适当的方式及手段。所以,读者服务方法一个最突出的特点,就是具有针对性。它针对不同读者的特定需求,采取不同的方式和手段,充分利用图书馆的文献资源和技术设备,最大限度地满足读者对文献和信息的需求。

一般来说,读者服务方法可以从这样几个方面来进行区分:

(1)按照读者服务工作提供的文献类型,可以分为:①一次文献服务。是指为读者提供原始文献的服务方法。②二次文献服务。是指将原始文献进行搜集、整理和加工,形成反映文献线索的书目、索引、文摘、题录等二次文献,从而向读者提供查找文献线索的服务方法。③三次文献服务。是指对原始文献的知识内容进行分析与研究,向读者提供文献内容研究结果的服务方法。

(2)按照读者服务工作方式,可以分为:①外借服务方法。是指图书馆为满足读者将部分藏书借出馆外自由阅读的需要而采取的一种服务方法。②阅览服务方法。是指图书馆利用一定的空间设施,组织读者开展文献阅读活动的服务方法。③文献复制服务。是指以复制技术为手段,将原始文献制作成复制件,再提供给读者利用的一种服务方式。④参考咨询服务。是指以文献为依据,针对读者提出的疑难问题,利用各种参考工具、检索工具及有关文献,为读者检索、揭示和提供文献、文献知识或文献线索等,以解答读者问题的一种服务方法。⑤文献检索服务方法。是指根据读者研究课题的实际需要,按照一定的标识系统和途径,从大量的书目、索引、题录、文摘等二次文献中,查找出与课题有关的文献的一种服务方法。⑥定题服务方法。是指根据研究课题的需要,进行文献的收集、筛选、整序,定期或不定期地提供给读者,直到课题完成的连续性服务方法。⑦报道服务方法。是指图书馆以二次文献为工具,向读者揭示、通报文献信息的服务方法。⑧展览服务方法。是指利用陈列展览的直观形式向读者宣传和推荐图书文献的服务方法。⑨编译服务方法。是指图书馆和情报部门针对社会需要,组织专门力量翻译和编译外文书刊资料,以帮助读者克服语言障碍,提高外文文献利用率的一种服务方式。⑩情报调研与分析服务方法。是指围绕科研、生产、管理的全局,或某个特定的课题、某一既定任务,对有关的情报源进行调查研究、系统搜集、实地考察,然后加以分析、判断、综合、归纳,并将研究成果用综述、述评、研究报告、专题总结等三次文献的形式编写出来,提供给决策部门和研究人员参考的一种服务方式。

(3)按照读者服务操作的手段,可以分为:①传统的文献服务方法。是指通过图书馆工作人员的智力劳动和人工操作所提供的服务。②现代化的信息服务方法。是指借助于电子计算机和自动化信息系统提供的服务。

(4)按照读者服务的收费情况,可以分为:①无偿服务方法。指不向读者收取任何费用或只收取设备损耗和消耗费用而不收取服务费用的服务方法。②有偿服务方法。指向读者收取一定费用的服务方法。

2. 读者服务组织

当我们了解了读者服务方法的概念及类型之后,就应该掌握读者服务的组织这一概念。因为读者服务工作是一个有机的整体,各种服务方法的具体运用必须是在一定的组织结构的作用之下开展起来的活动。因此,我们所说的"读者服务组织"一词的意思就是将各种不同的读者服务方法组织起来,把具体的服务工作组织起来,并根据服务工作量的大小配备相应的人力和物力。各种服务方法和服务工作之间的有机结合,就是一个具有内在联系的服务体系,而在各组织单元之间起联结作用的就是制度。读者服务制度规定了各项服务工作和方法,并把各项服务工作有机地联系在一起,成为一个整体系统。没有制度和规定作为保障和前提,读者服务工作是搞不好的。因此,在读者服务的组织过程中,除了对读者的组织和对图书馆藏书的组织之外,更重要的是要建立和健全图书馆读者服务制度,它决定各项有关的读者服务工作的内容与要求,决定读者与读者服务工作之间供需责任、义务的诸项规定。所以,读者服务组织中的服务制度起着主导的作用。服务制度产生于服务工作,又指导服务工作,是读者服务工作所遵循的依据。也可以说,读者服务的组织,主要是依靠服务制度来规范。正因为读者服务制度的重要性,那么,明确制定读者服务制度的原则,应该是体现读者服务部门的方针任务;方便读者,满足读者对文献的需求程度;保证从事读者服务工作的人员的工作顺利开展,并能积极地完成读者的一切服务要求和委托;保护文献资源的完整和提高文献的利用率。

基于以上的原则,要求在读者服务组织工作中做到:文献内容的揭示要全面、深入、细致;文献提供上要手续方便,快速省时,利用率高;在宣传辅导上要及时、有效、针对性强;在接受读者委托上能保证质量,按时完成,经济节约。

读者服务的规章制度大体有三个方面：

（1）读者须知：这是读者应遵循的规章制度，如服务部门的作息时间；读者登记、领证办法；读者借阅文献手续；目录室查目须知；读者入馆和存包方法；各阅览室的阅览规则；申请复制文献的手续及收费办法。对办理馆际互借、参考咨询、代查、代译及使用计算机进行文献检索等，均应有专门制度和规定。

（2）对各服务岗位工作人员的要求及各项规章制度：如各岗位的职责要求；服务公约；提取文献时间、质量的检验办法；催书、预约的工作条例；各项服务工作的执行办法，等等。

（3）内部各项工作之间关系的规定：如文献移交手续办法；文献赔偿和注销办法；各阅览室与总书库的文献周转办法；各部门关于文献利用的规定；各项服务工作之间协作协调的规定，等等。

总之，读者服务组织就是将各种读者服务方法和具体工作，按照一定的规章制度进行规定和联系，从而形成一个具有内在联系的有机整体。

3.读者服务方法体系

所谓读者服务方法体系，是指由各种服务方法所构成的多层次、多功能的有机整体。各种服务方法都有其相对独立的功能、效果和适用范围，而作为整个方法体系的组成部分，各种方法之间又相互联系、相互补充、相互渗透，紧密结合成为具有一定层次级别的结构体系，发挥着综合性的整体功能。

读者服务方法体系的建立，是从图书馆为读者服务的角度出发，将一系列服务方法按其历史的、逻辑的发展顺序和实际工作的需要，进行有层次有区别的排列和组合而形成的整体，它是社会历史发展的产物，是读者服务工作实践的必然结果。大家都知道，在封闭式的古代藏书楼时期，就已经有了外借和阅览服务方法的萌芽。但是这种萌芽一直到近代图书馆时期，随着图书馆向社会开放的范围和程度逐步扩大和提高，才逐渐地形成。到了现代图书馆时期,外借服务方法和阅览服务方法得到了不断的发展和完善。由于科学技术的高度发展,社会文献资料的高度膨胀,导致了反映科学知识和人类智慧结晶的文献在内容上既高度分散,又相对集中的现象同时存在,这给读者的文献选择与利用增加了难度。面对社会对文献信息广泛而高层次的需求,图书馆若只局限于外借服务和阅览服务方法,显然是不能满足读者对文献的特定需求的。因此,读者服务必须改变其内部结构,采用多种服务方法,来适应不断发展的社会文献需求。这样就导致了其他服务方法的产生与发展,并促使图书馆采用现代化的技术手段来存储知识载体,逐渐发展和完善其多层次多功能的服务方法体系。

二、读者服务方法体系的结构与功能

读者服务方法体系包括外借服务、阅览服务、复制服务、检索服务、咨询服务、定题服务、编译服务、信息调研与分析服务等多种服务形式。读者服务方法体系的层次结构,按照提供服务的水平程度,大体可以将这些服务方法划分为三个层次,各个层次结构有着不同的任务与功能。

1. 一级服务方法

主要是为满足大众读者对原始文献的选择、获取、阅读、利用的需要而建立的一种读者服务方法子系统。图书馆一般只提供完整的原始文献,而不进行文献内容的揭示,并为读者阅读和利用提供时间、空间和使用方式上的方便条件。这是一种最基本的初级水平的读者服务工作。它包括图书馆的外借服务、阅览服务、复制服务等三种服务方法。

2. 二级服务方法

主要是帮助读者查寻、检索、编制、通报特定的文献,满足读者在科学研究活动中对有关学科文献的收集和整理的需要。它是图书馆所采取的一种主动服务方式,积极主动地向读者组织、宣传、报道有关的文献信息,有针对性地揭示和编制具有一定深度的文献资料,帮助读者解决有关的文献咨询问题、文献检索问题和文献调研问题。这是图书馆所开展的中级和较高级水平的服务工作。它包括咨询服务、检索服务、定题服务、报道服务、展览服务、编译服务等多种服务方法。二级服务方法系统,具有主动性、针对性和实用性等特点,它是图书馆和其他文献机构开展读者服务工作中普遍采用的范围广、程度深、难度大的方法。它要求工作人员具有较高的学术水平和专业知识,同时还应具有丰富的文献知识。

3. 三级服务方法

主要是代替读者在科学研究、科学管理活动中进行情报交流和情报研究的前期劳动,编制并提供有重要情报价值的三次文献。这是一种高级别、高水平的智能服务工作,是对文献内容进行的再生产过程,要求图书馆工作人员具有较高的专业知识和检索能力。它包括图书馆开展的情报交流和情报调研服务,是图书馆进行有偿服务的主要方面。通过情报服务,可以使有关决策部门和科研人员以及科研管理人员直接利用文献情报成果,开展制定政策、编制规划、组织管理、确定研究课题等一系列活动,是为决策者提供战略情报、战术情报的服务,使图书馆成为科学研究和科学决策的参谋、向导。

总之,读者服务体系与各种服务方法存在着客观的联系。读者服务方法随着图书馆读者服务工作的发展而不断深化与创新。其深化程度标志着读者服务工作正在加强主动性与针对性;而创新程度意味着读者服务工作根据读者不同的文献需求,正在不断变化和采取更适宜的服务方式与方法。在读者服务方法体系中,各种服务方法之间相互联系、相互补充、相互渗透,既要发挥各自的特有功能,又要发挥其整体的综合性功能。

三、读者服务方法体系的发展与变化

图书馆的读者服务方法体系的产生与发展,是按照事物的发展规律变化的,它经历了由简单到复杂、由一般到特殊的演变过程。具体地说,读者服务方法体系在服务方法上,从简单的外借服务、阅览服务方法发展到主动提供文献信息的咨询服务、检索服务、情报服务等方法;在服务内容上,从以整本书为单位的一次文献服务,发展到以单篇文献、主题内容、知识单元、信息代码为单位的多次文献信息服务;在服务形式上,由原来的借借还还工作发展到馆际互借、预约借书、邮寄借书等多种形式,图书馆的阅览服务也由单一的综合阅览发展到分科开架阅览;在读者服务的手段上,由原来的手工操作逐步发展到利用现代化的技术设备进行操作。读者服务方法的多样化,正是读者文献需求的多样性所决定的,也是社会发展过程中的必然现象。

从当前我国图书馆读者服务工作的发展现状来看,读者服务方法体系将向整体化、综合化和高效化方向发展。

所谓整体化发展,主要体现为随着我国经济体制和经济增长方式的根本转变,图书馆作为社会信息服务业的主要部门,必须将从过去封闭式的服务方式改变为开放式的服务方式,主动面向社会的经济建设,提供高质量的文献信息服务。为此,图书馆一方面要加强社会联系,与社会的发展融为一体,将图书馆丰富的文献资源作为促进社会生产力发展的重要的信息保障,运用各种服务方式,满足社会的文献需求;另一方面,图书馆内部要加强横向联系,运用系统思想,从系统的整体性出发,对读者服务方法进行统一组织、统一协调、统一规划,形成综合优势,发挥整体功能。如新近建立的上海新图书馆,就是一个突出的例证。上海新图书馆是由上海图书馆与上海科技情报所合并而成,通过图书馆内部的优化组合和各种服务功能的优势互补,使图书馆单纯的借阅服务逐步发

展到为读者提供广泛的信息服务,从而加强了图书馆信息集散的枢纽功能、信息加工的增值功能、信息营销的市场功能,提高了图书馆的社会服务能力。目前,已有一些图书馆主动加入信息服务集团之中,加强相互间的合作与协调,充分发挥各种服务方法的功能和优势,提高读者服务方法体系的总体效能。

所谓综合化发展,主要体现为随着科学技术的高度综合化发展,大经济、大文化、大科学的社会变化导致了读者文献需求内容上的综合化发展。图书馆用一、两种服务方法无法面对读者多种不同的文献需求,并远远不能适应社会的发展要求。图书馆若不改进服务方法,不讲究服务效率,不开拓新领域,势必会被读者和社会所淘汰。因此,读者服务必须针对读者不同的文献需求,采用多种方法来提供服务,以满足读者的需要。尤其是随着社会文献需求的与日俱增,读者服务范围的不断扩大,文献提供的内容也随之拓宽,这些都推动和促进了读者服务方法的充分运用,体现出综合化发展的特点。

所谓高效化发展,主要体现在未来社会的发展中。新的时代要求图书馆增强时间观念,提高工作效率,及时传递信息。提供智力服务,要深入了解社会的需要,达到变知识、信息为生产力的目的。随着现代科学技术,特别是计算机技术、现代通讯技术、声像技术、缩微复制技术和光盘技术等在图书馆读者服务工作中的广泛应用,大大加快了文献传递速度,提高了读者获取文献的准确性和及时性,为提高读者服务水平和服务效率提供了有利条件。

图书馆读者服务方式和服务手段的日益多样化,服务范围的日益扩大和发展,使服务效率不断提高。人们信息价值观念的变化,科学技术的进步和文献资源共享的逐步实现,将使图书馆读者服务方法体系沿着整体化、综合化和高效化方向迅速发展。

第二节　图书流通服务

图书流通是根据图书馆的任务和读者的阅读需求,提供馆藏文献以供读者利用的服务活动。从我国图书馆发展过程来看,从封建藏书楼时期到现代图书馆,一个最突出的标志就是无论哪一个时期,通过各种图书流通方式将图书馆的文献资源提供给社会和读者利用,一直是图书馆读者服务工作中最经常、最直接、最基本的服务方式。图书流通工作是图书馆文献资源与读者之间联系的"纽带",其图书流通的广度和深度不仅是衡量图书馆文献利用程度的标尺,也是衡量图书馆工作好坏的重要标志之一。

图书流通服务通常包括外借服务方法、阅览服务方法、复制服务方法的应用。由于图书流通服务是以提供原始文献为主要内容,图书馆工作人员不对文献的内容进行深层次的揭示和报道,因而有许多学者将图书流通服务称之为"原生文献信息服务"。

一、外借服务方法的形式与特点

1. 外借服务方法的形式

外借服务方法,是满足读者将部分藏书借出馆外自由阅读的方法。它在一定程度上满足了读者阅读文献的需要,同时也比较方便,普遍受到读者的欢迎,因而成为传统的、基本的服务方法之一。目前,在图书馆的读者服务工作中,大量的工作还是通过采用这种方法来完成的。

外借服务方法有多种形式。根据各种读者的组织形式和需求程度,可以把外借服务方法归纳为以下几种具体形式:

(1)个人外借:这是图书馆以个人读者为对象,提供原始文献的服务形式。表现为图书馆的正式读者和临时读者,凭借一定的证件,以个人身份在外借处进行登记,借出自己所需要的图书和文献。它是外借服务方法中最主要、最基本的服务形式,能够满足读者千差万别的文献需求。

(2)集体外借:这是图书馆以小组读者和单位读者为服务对象,向集体读者提供文献的外借服务形式。具体表现为由专人负责,代表小组或团体,向图书馆的集体外借处提交预借书目单,办理登记手续,借出批量图书,提供小组或团体读者共同阅读。集体外借不同于个人外借之处,一是它比较方便具有共同阅读需要的读者群对文献的利用,保证用书需求;二是一人借书,众人享用,减少了其他读者往返图书馆借还图书的时间和困难;三是一次外借图书的品种多、数量大、周期长。对于图书馆来说,便于有计划地合理分配有限的图书,减少了接待读者的时间,节省了图书借还的工作量,保证了外借图书的计划性和针对性,缓和了供求矛盾。如在高等学校图书馆中,为了解决大学生读者对教学参考书的需要,图书馆工作人员根据教学计划开设的课程与上课的人数和时间,及时配备好教学参考书的品种与数量,并设有集体外借处,以便按时外借,计划供应,合理分配。公共图书馆通常也设有集体外借处,以满足各类型的集体读者和单位读者共同的文献需求。

(3)馆际互借:这是图书馆之间、图书馆与其他文献信息机构之间,相互利用对方的藏书,以满足读者特殊需要的外借服务形式。开展馆际互借服务的一个前提条件,就是图书馆与图书馆之间、图书馆与部门之间必须建立起明确的馆际互借关系。这种互借形式,不仅运用在地区范围和国土范围内的馆际之间,而且发展到国际间的馆际互借,打破了馆际资源流通的部门分割、系统分割、地区分割的界限,也打破了读者利用馆藏文献资源的空间范围界限,实现了不同范围内的文献资源共享,成为外借服务方法的一种发展趋势。

(4)预约借书:这是指读者向图书馆预约登记某种暂时被借

出的图书,待图书归还后由图书馆按预约顺序通知读者借书的外借服务形式。这种形式对于满足读者需要起到了有效的作用。预约借书大体有三种情况:一是某种图书的复本不足已被借缺,待书归还后,按填报预约单的顺序通知读者借书,为"借出预约"。二是新书已购但未进行文献组织进入流通书库,或正在外借、复制过程之中,待转入流通书库之后再按预约通知单通知读者借书,为"新书预约"。三是因排架误差或其他原因暂时拒借的图书,待查明落实后再通知读者借书,为"待查预约"。无论哪种情况的预约借书,对于降低拒借率,满足读者特定需要,都是行之有效的服务形式。尤其是在社会主义市场经济条件下,图书馆为了提高服务质量,减少和降低拒借率,加快文献的流通速度,高度重视和广泛地采用了预约借书的服务形式,受到读者普遍的欢迎。

(5)邮寄借书:借助邮政传递手段,为远离图书馆而又需要文献的单位和个人读者,寄送外借书刊。这是解决边远地区读者看书难,从而发挥馆藏文献资源利用效率的有效服务形式。早在20世纪20年代,上海通讯图书馆就已开了邮寄借书的先河。这一传统的外借形式一直沿用至今。目前,许多图书馆通过邮寄借书方式为邮借读者开展了多种多样的服务活动,如编制推荐书目、专题书目、新书通报,充分而有效地满足了边远地区邮借读者的文献需求。

(6)馆外流动借书:采用流通站、流动车、送书上门等形式,将馆藏部分文献拿出馆外,直接到读者身边开展借阅活动,主动为广大读者服务。馆外流动借书形式,扩大了图书流通范围,方便了读者借阅文献,同时也加快了读者潜在的文献需求向现实文献需求的转化,诱发了读者行为的产生,密切了读者与图书馆的联系,充分发挥了馆藏文献资源的作用。这种服务形式可以说是外借服务的一种延伸,它有效地满足了广大读者学习、工作、研究、文化生活的一些需要,并使得更多的读者了解图书馆,利用图书馆。

208

近年来,图书馆在外借服务方法的内容和手段上有了许多新的发展,如设立连锁图书馆,发展汽车图书馆、县市分馆和图书流通站(室),与企业联办图书馆等,促进了图书馆文献资源的流通和利用,将馆藏部分文献化整为零,分别满足了图书馆的正式读者和潜在读者在馆外自由阅读的需求。

2. 外借服务方法的特点

(1)它可以使读者不受图书馆时间和空间的限制,极大地方便读者利用图书馆文献资源。由于图书馆接待读者的时间和空间是有限的,难以满足大量的读者经常在图书馆内阅读文献的需要。通过外借服务方法,读者可以在规定的期限内,自由地安排阅读时间和地点,不受图书馆开放时间和阅览室空间的限制,从而充分利用所借的书刊文献。

(2)可以降低图书馆工作人员借还图书的工作量,减缓阅览室空间紧张的矛盾。长期以来,由于我国图书馆读者服务手段落后,图书馆工作人员劳动强度大,以及阅览室空间紧张,已经成为图书馆读者服务工作发展的桎梏。要降低和减少读者服务的劳动强度,缓和有限的空间设施和读者日益强烈的文献需求之间的矛盾,就要在外借服务方法上进行改革和创新。

(3)能够诱导读者潜在需求向现实需求的转化,促进读者阅读行为的产生。由于外借服务方法提供给读者的是以整本书刊为单位的原始文献,比较直观。尤其是在开架借阅过程中,读者与文献直接接触,可以刺激读者阅读欲望的产生,使潜在的需求转化为现实需求,从而产生阅读行为。对那些不能前来或不能常来图书馆的潜在读者,通过巡回外借服务、送书上门、馆外流通、邮寄借书等形式,使他们方便地借到和利用自己所需要的文献,以充分满足他们的文献需求。

(4)不能满足读者的全部借阅需求。由于外借服务方法不仅有外借范围、品种和期限等方面的限制,而且对读者的借阅权限也有限制,并非所有的读者都能享受外借图书的权利,因此它只能满足读者的部分文献需求。

(5)文献破损率较高,影响文献的使用寿命。由于文献经常处于流通状态,使文献的外观形态受到损害,从而影响文献的使用寿命。

正是由于外借服务方法的这些特点,促使图书馆既要最大程度地发挥外借服务方法的有效功能,又要采用其他的服务方法,以弥补外借服务方法的不足,从多方面满足读者的文献需求。

3. 借书记录及其排列方式

图书馆的借书记录包括借书证、索书单、书袋卡、借书记录卡等。借书证是读者借书的凭证,也是图书馆与读者联系交往的媒介。索书单又称借书单,是图书馆员为读者取书借书的依据,也是图书馆统计借阅率和拒借率的一种依据。书袋卡是每本藏书流通记录存根,反映着图书的去向和使用情况,是借还图书的凭证和研究流通的依据。借书记录卡也称户头卡,是读者借书记录的存根,反映了读者完整的借阅情况,可作为研究读者阅读倾向的参考依据。通过借书记录登记,可以查阅读者借书数量、内容、范围及借还期限,是了解和催还图书的依据。

完善的借书记录及排列系统,应当回答三个问题:第一,某读者借去了哪些书? 反映读者的借阅情况;第二,某书被谁借出了?反映图书的去向;第三,哪天有哪些图书应当归还? 反映图书的借还日期。对于这三个问题,不同图书馆根据自己的实际情况,分别采用读者证号排列法、分类索书号排列法、借书日期排列法进行排列,形成单轨制(单卡制)、双轨制(双卡制)和三轨制(三卡制)的借书记录档案系统,以分别回答不同的问题。

单轨制是指图书馆选择任何一种借书记录档案排列法(分类排列法、读者排列法、日期排列法中之一种),将读者所有的借书记录存根,排列成一套借书记录档案系统,直接回答一个问题。

双轨制是指图书馆同时选用两种借书记录档案排列法（分类排列法与读者排列法、分类排列法与日期排列法），将读者所有的借书记录存根，分别排列成两套借书记录档案系统，同时回答两个问题。

三轨制是指图书馆同时选用三种借书记录档案排列法（读者排列法、分类排列法、日期排列法），将读者所有的借书记录存根，分别排列成三套借书记录档案系统，同时回答三个问题。

随着电子计算机在流通管理系统中的应用，实现了流通管理系统的自动化，不仅全面解决了借书记录档案系统的排列，及时、准确、圆满地回答了上述三个问题，而且还全面解决了图书馆的借书程序、书目查询和统计工作中的问题。外借流通过程中的全部数据，包括读者数据、流通图书数据、借还日期数据等，转换成机读代码，通过一定程序全部输入到图书馆计算机数据存储中心，经过系统的转换打印显示，以完成不同的功能。

二、阅览服务的特点、作用与发展趋势

1. 阅览服务的特点

阅览服务，是利用图书馆的文献和建筑、设备等条件，吸引读者利用图书馆资源的一种服务方式，它是图书馆读者服务的一种主要方式。各级各类图书馆都设有不同类型的阅览室，配备有一定数量的服务人员，直接为读者提供文献，开展阅览服务。与其他服务方法相比，阅览服务具有以下几个特点：

（1）具有完备的辅助书库藏书体系

在一般情况下，图书馆为提供阅览服务的阅览室配备了直接为读者阅读和参考使用而组织的辅助书库，这些辅助书库根据不同读者类型、不同使用方式配备了种类齐全、新颖丰富、使用价值较高的各种文献，包括了许多不外借的文献（如期刊、工具书、二次文献、特种文献、珍贵文献、手稿典籍等），优先保证读者在阅览室的阅读利用。因而,阅览室辅助藏书具有全面性、现实性、针对性、流动性的特点。

(2)读者可以在阅览室内充分利用文献内容

由于阅览室将丰富的藏书陈列于室内,使读者能够按照自己的专业和需求,自由选择文献中的篇章段落、数据图表以及特定知识和信息,不受数量品种的限制。同时读者还可以利用图书馆的特殊阅读设备,如显微设备、视听设备、复制设备,等等,这些都为满足读者对文献的可读、可查、方便、可行的要求提供了现实条件。既满足读者对特定文献的需求,又可以避免文献的不必要外流,提高了文献的利用率。

(3)就室阅读

就室阅读可以说是阅览服务最明显的一个特点。由于阅览室的辅助藏书品种多,复本量小,在内容上保持相对稳定、全面、系统和完善,为读者的文献利用提供了丰富的文献资源。通过就室阅览,满足读者特殊的需求,提高文献周转速度,尤其是对一些在外借服务中不能提供的文献,读者可以通过就室阅读进行利用。

(4)为读者提供了良好的阅读环境

一般来说,阅览室有宽敞的空间、舒适的桌椅、精良的设备、明亮的光线、整洁的环境、安静的气氛,为读者学习和研究提供了良好的环境。有些专门的阅览室,如声像阅览室、缩微阅览室等,还配有供阅读视听资料和缩微资料之用的阅览设备,这样的阅读环境和条件是其他任何地方也无法比拟的。所以,当读者走进阅览室时,就会被浓厚的学习气氛所感染,从而自觉地投身于恬静肃穆的学习环境之中,大大提高阅读效率。

(5)图书馆工作人员可以认真地观察、分析和研究读者

读者在阅览室阅读的时间多,周期长,有的读者甚至长期利用阅览室的文献,使图书馆工作者有较多的机会去接触读者,了解读者,掌握读者文献需求的动向和阅读效果,辅导读者利用各种检索

工具查找文献线索,从而密切了馆员与读者的联系。

2.阅览室的种类及作用

设置各种类型的阅览室,发挥各自的作用,并使它们形成相互配合、相互补充、有机联系的阅览室体系,以尽可能全面而又有区分地满足各类读者的不同需要,是搞好阅览服务的基本保证。设置阅览室的数量、类型与规模,应依图书馆的实际条件和读者需要而定。综观各类型图书馆所设置的阅览室,大体可分为三种类型,即普通阅览室、分科阅览室和参考研究室。各种阅览室在设置目的、藏书范围、读者对象以及具体作用上,都有其不同的特点。

(1)普通阅览室

普通阅览室是为读者一般性的学习和阅读提供参考自学的场所,通常配备了常用性的书刊资料,其内容范围综合广泛,现实性强,适用于各个层次的读者选择和利用知识性、宣传教育性为主要内容的优秀文献。普通阅览室一般规模较大,座位较多,利用率极高,接待读者广泛集中,借阅手续简单方便,很受读者欢迎。普通阅览室按照阅读活动的使用方式,可以有三种组织形式。第一,单独配备辅助书库的普通阅览室。这种阅览室的辅助书库与阅览室既分开又相连,读者查找目录,填写借书单,等候馆员取书,押证借出,就室阅览,也称闭架借书阅览室。第二,室内陈列藏书的普通阅览室。其辅助藏书与阅览室结合在一起,读者可直接在室内开架的书架上自由选取,就近阅览,不须办理任何借还手续,也称开架阅览。第三,读者自带书刊自学的阅览室。室内不配备系统辅助藏书,只配备少量现期报纸杂志,允许读者自带书刊进入室内学习,具有自修学习室的性质。

(2)分科阅览室

分科阅览室是为满足不同类型的读者对象对特定文献的不同需求层次而设立的专门阅览室。它通常根据知识门类、读者类型、文献类型和载体形式进行组织,从而成为图书馆阅览服务体系的主体部分。第一,各种知识类别的分科阅览室,是按知识门类设置的。这种阅览室集中了某些学科范围的系统藏书,便于读者按专业和课题查找和利用文献,也便于工作人员熟悉、研究某些学科知识与文献,向专业化方向发展,成为专业文献专家。如社会科学阅览室、自然科学阅览室、文学艺术阅览室、应用科技阅览室,等等。第二,各种读者类型的阅览室,是按读者对象设置的分科阅览室。这种阅览室的设置是为了从读者群的职业、年龄、文化程度及对文献的特殊需要出发,有针对性、有区分地为不同读者群开展阅览服务,便于工作人员专门熟悉和研究某些特定读者的阅读心理、阅读需要、阅读特点与阅读效果,成为读者阅读与检索文献的助手和参谋。如学生阅览室、教师阅览室、科研读者阅览室、少年儿童阅览室,等等。第三,各种藏书载体的分科阅览室,是按文献的载体形式设置的分科阅览室。这种阅览室的设置是为了专门管理和集中使用具有特殊条件的各类型出版物,满足读者对某些功能显著的文献类型的系统需要。如古籍善本阅览室、缩微资料阅览室、视听资料阅览室,等等。此外,还有按语言文字设置的阅览室,如外文图书阅览室、少数民族语文阅览室等,以便为懂得有关语种的读者提供集中查阅和参考利用。

(3)参考研究室

参考研究室是为有关专家读者进行科学研究活动专门设置的集阅读、研讨为一体的多功能研究室。这是一种特殊类型的阅览室,是为了满足科学、教育、文艺及其他专业工作人员从事科学研究或创作,需要集中一段时间参考阅读有关方面的文献而专门开辟的。它具有规模较小,专人专用;时间较短,集中利用;内容专深,针对性强;及时更换,灵活方便等特点。参考研究室在整个阅览室体系中,格局独特,既是阅览室,又是研究室、工作室、会议室和业务办公室。而且参考研究室对辅助藏书的要求非常严格,多由专家亲自挑选和使用。目前许多国家的图书馆在其布局上发生

214

了很大的变化,如在书库与阅览室之间设置参考研究室,以满足读者的特殊需要。

3. 阅览服务的发展趋势

1981 年教育部颁发的《中华人民共和国高等学校图书馆工作条例》第八条规定:"逐步实行书刊资料的开架或半开架借阅,并注意切实加强管理。"①1982 年 12 月,文化部颁发的《省(自治区、市)图书馆工作条例》第九条规定:"应根据需要与条件,分设各种阅览室,逐步实行开架或半开架借阅制度。"②目前,我国阅览服务体制正朝着分科设置阅览室,实行开架阅览服务的方向发展。其主要原因和依据有三个方面:

第一,按知识门类、读者对象、藏书载体形式设置分科阅览室,适应文献的生长与分布规律,便于图书馆按照文献的知识门类和载体形式组织辅助藏书,充分发挥文献的作用;相对集中管理与适当分散检索利用相结合,能够有区分地满足不同类型的读者所具有的不同层次的文献需求,使阅览服务工作及其工作人员向着专业化方向发展。

第二,实行开架阅览服务,能够使文献与读者直接结合,减少了文献流通过程中的中间环节,既节省了读者查找文献的时间,又能最大限度地方便读者选择文献与利用文献;提高文献被利用的数量,加快文献的周转和流通速度;充分发挥文献的使用价值,发挥阅览服务的最大优势,提高服务效率。

第三,开架阅览是世界各国普遍采用的服务方式,许多国家的政府有关部门,先后作了有关开架的相应规定,还有的国家明令取消对读者使用开架阅览的种种限制,允许读者自带书刊进入阅览

---

① 《中华人民共和国高等学校图书馆工作条例》。见《全国高等学校图书馆工作会议文集》,1981。

② 《图书馆工作文件选编》,文化部图书馆事业管理局编印,1983.1。

室,并可将开架的文献拿到馆内任何一个开架阅览室去。我国要提高图书馆的服务质量,就应广泛吸取其他国家的先进方法,极大地方便读者,吸引更多的社会成员充分利用图书馆的文献资源。

三、文献复制服务方法的作用

文献复制服务是指以文献复制技术为手段,向读者提供原始文献复制品的一种服务方式,它是外借服务和阅览服务方法的延伸,也是其他服务方法中读者获取文献资料的补充和扩展。这是一种有效的服务手段,在读者服务工作中得到了广泛的运用和发展,对于开发文献资源,提高文献利用率,发挥了很大的作用。

第一,提高了文献利用率,发掘了文献利用深度,满足了读者对特定文献占有的需要。图书馆收藏文献的数量、品种、复本有限,与广大读者的需要之间经常出现供不应求的矛盾。尤其是科技读者所需要的文献范围广泛,内容专深,涉及品种多、数量大,有的需阅读整本书刊,而更多的则需在大量的文献中查证某一数据、事实、论点或论据,所需要的只是大量文献中的部分知识内容。这种文献需求仅靠外借服务方法和阅览服务方法是难以满足的。在这种情况下,运用文献复制的方法,从大量原始文献中复印出读者需要的部分文献内容与知识,这样既满足了读者对特定文献长期占有、自由使用的需要,同时又提高了文献的广泛利用率,有效地保存了珍贵的文献,有利于文献的长期使用。

第二,节省了读者获取文献的时间和精力,加快了文献的传递速度。复制服务,既可以满足个别读者的特殊需要,又可以满足群体读者的共同需要,大大节省了读者摘抄誊写文献、积累资料的时间。并能针对读者特定的文献需求,及时地将国内外最新的文献信息迅速地传递到读者手中。这样既加速了文献的周转率,又高效能地满足了读者的需要。同时,也能及时地与图书情报部门之间进行文献信息的交流。

第三,能够有效地搜集难得的文献资料,妥善地解决文献保存和利用之间的矛盾。运用静电复制与缩微复制手段,可以对难得的文献进行多次性的搜集与积累,以补充图书采访工作中被遗漏的文献,尤其是对珍贵文献的复制,可以充实馆藏,补配缺漏,并提供复制品给读者阅览和利用。同时,由于缩微品的倍率较高,代替原件保存,可以节约大量的藏书空间,解决或缓和书库空间紧张的矛盾。

四、文献复制服务中的知识产权问题

文献复制服务是图书馆读者服务基本方式之一。我国著作权法第 52 条规定:复制指以印刷、复印、临摹、拓印、录音、录像、翻拍等方式将作品制作成一份或多份的行为。复制权属于著作权人财产权利中使用权的范畴。根据著作权法第 10 条,著作权人有以复制方式使用其作品的权利和许可他人复制使用其作品并由此获得报酬的权利。这就要求图书馆在提供复制服务中对享有著作权的文献信息作非"合理使用"时,无论是哪种复制使用方式,都应当事前征得权利人的授权许可,并按规定支付报酬,否则将构成侵权行为。

如果读者复制受著作权保护的文献是为了个人学习、欣赏及科学研究的需要或是复制少量的用于学校教学和科研目的时,属于"合理使用"范围。"合理使用"是指在著作权法规定的某些特定情况下,使用已经发表的作品时,可以不经著作权人许可,不向其支付报酬,但要指明作者的姓名和作品名称并应注意不得侵犯著作权人依法所享有的其他权利。图书馆读者服务中的复制服务方法,主要是为了满足读者对科技图书、科技期刊、科技报告、科技会议文献、学位论文、专利文献和标准文献利用的需要,是为了满足读者科学研究、技术改造和工程设计的具体要求而提供的服务。从我国目前的现实情形来看,文献复制一般都在合理使用范围之内,这种服务不会侵犯原作品的著作权。

但是,国内一些读者或图书馆或其他的文献信息机构,在对文献资源进行开发过程中,常常组织专门人员,搜集国内外各个领域的有价值的文献与信息,复印、汇编成自己馆藏特有的资料提供给读者,甚至对外公开发行、出售,已超出了合理使用的范围,这就带来了相应的著作权问题。对于这些情况以及在其他各类信息服务方式中侵害著作权人复制权的行为,我们往往还缺乏明晰的意识,缺乏足够的重视和严密有效的措施予以控制。作者认为,对于文献复制服务中的侵权现象,图书馆工作者应该在思想上给予高度的重视,坚决制止和控制侵犯著作权的行为产生和发展。同时,可以借鉴国外一些国家的经验,如美国成立的"版权结算中心"(Copyright Clearance Centre 简称 CCC)向复印者收取费用。又如一些国家实行的"一揽子复印合同制",即版税征收机构与复印享有著作权作品的单位签订合同,收取"复印版税",等等。采取切实可行的方法,既保护著作权人的权利不被侵犯,又扩大文献资源的利用范围。

第三节　图书馆文献信息服务

如果说外借服务方法、阅览服务方法、复制服务方法是图书馆传统的、基本的文献提供与流通方式的话,那么,图书馆的咨询服务方法、文献检索服务方法、定题服务方法、编译服务方法等,则是图书馆读者服务的不断深化,是图书馆工作人员不断更新观念,强化服务意识,为社会的发展所提供的全方位的优质信息服务。

一、咨询服务方法的特点、作用与程序

咨询服务方法是以文献为依据,针对读者提出的疑难问题,利

用各种参考工具、检索工具及有关文献,为读者检索、揭示提供文献及文献知识或文献线索,以解答读者问题的一种服务方法。

1. 咨询服务的特点

图书馆开展咨询服务工作,是衡量图书馆的社会地位和影响作用的重要标志。因为,图书馆能否直接参与社会的经济建设、科学研究、教学工作、政治活动、社会生活等各个领域,能否在解决上述领域实际问题的过程中发挥作用,作出贡献,在很大程度上依赖于咨询服务的水平。咨询服务方法与其他服务方法相比,具有以下几个特点:

(1)读者主体性

在图书馆的咨询服务中,一个最突出的表现就是根据读者所提出的问题来进行解答,因为咨询的原意就是为问题解答。开展咨询服务的前提是读者首先提出咨询要求,这作为"读者的一种权利"而不容剥夺。没有读者的咨询要求,也就没有图书馆的咨询服务。咨询服务的一切活动,都是围绕着读者的咨询要求而开展的。因此,它充分体现了"读者第一","服务至上"的方针,充分体现了现代图书馆学的"读者主体"的思想。

(2)咨询范围的广泛性

读者提出的咨询问题多种多样,有来自社会各个部门的咨询问题,也有涉及学科领域的专门问题;有综合性的咨询,也有专题性的咨询;有文献信息咨询,也有非文献信息咨询。当然,并非读者提出的所有问题,图书馆都应给予解答,如涉及党和国家重大政治、经济、军事等机密问题的咨询,图书馆工作人员可以不予解答。

(3)解答咨询的复杂性

图书馆进行咨询服务不像外借流通服务那样直接简单地为读者提供原始文献,在解答读者咨询问题中,除少数的咨询问题可以仅凭图书馆工作人员的知识和经验就能立即回答外,大部分问题都要将对文献的检索、加工、整理、分析、研究等活动结合起来,其工作的实质就是以文献查找、选择与利用为依据,向读者提供具体的文献、文献知识和文献检索途径,它是一种复杂的、学术性较强的、对服务人员素质要求较高的服务方式。

(4)咨询答案的针对性

文献咨询服务是一种定向的文献信息传递服务,是针对读者特定的咨询要求,采取相应的方式和方法,为读者寻求符合特定需求的答案的过程。这种服务的针对性是其他服务方式所不及的,因此,图书馆的咨询服务也是一种行之有效的文献信息服务方式。

2.咨询服务的作用

图书馆咨询服务对社会的发展有着十分重要的作用。首先,它能够直接参与社会的经济建设、科学研究、政治活动、社会生活等各个领域,通过文献开展学术服务和技术服务,解决重大的社会研究课题。其次,能够提高文献资源开发利用的广度、深度与难度,及时传递信息,为科学研究提供高质量的服务,充分发挥文献的使用价值和作用。第三,能够在浩如烟海的文献中,为读者排忧解难,充当读者的助手和向导,以解答咨询的方式,减少读者查找文献的时间和精力,满足读者高层次的文献需求,加速科学研究活动的进程,提高研究水平。第四,咨询服务的效果和服务质量能够取得良好的社会效益和经济效益。正因为咨询服务对社会发展关系重大,图书馆工作者都力图通过咨询服务方式来扩大文献服务的范围,充分开发和利用文献资源,真正实现为社会服务的目标。

3.文献咨询的类型

按照读者所提出的咨询问题的内容性质,可以把咨询服务分为三种类型:

(1)事实性咨询。即查找具体的人物、事物、产品、数据、名词、图像等。这类咨询的特点一是范围很广,涉及到科学、技术、社会、文化、生活等各个方面,如"是谁发明了蒸汽机?""杜鲁门就任总统时有多大年龄?"等。二是特指性强,读者往往需要关于某一事实的具体信息,如"先秦以来古尺度与现代尺度的长度换算数据",等等。三是答案要具体,要能够切实解决读者的问题。解答这类问题一般是利用各种参考工具书查找线索或答案。

(2)方法咨询。即解决读者在查找文献过程中,因不熟悉检索方法而遇到的困难。这类咨询的特点是主动性强,图书馆工作人员可以充分发挥自己熟悉馆藏、熟悉检索工具的优势,给读者以检索方法的辅导和帮助,如"能从哪些文献中查找有关长江泥沙流量的数据?"等。

(3)专题性咨询。即围绕读者提出的某一特定问题,查找有关文献、文献线索及动态进展性情报。这种咨询的特点是系统性和回溯性强,要求提供的文献全面、系统、针对性强,如某单位要求图书馆查找"麦克马洪线"和中印边界问题的文字资料和地图。解答专题性咨询问题需要较高的水平和较多的时间,某些专题咨询的解答,实质上就是一种科学研究活动。为此,我国各大中型图书馆,都普遍建立了咨询服务部门,配备学有专长的工作人员从事咨询服务;还有的图书馆成立了联合性的咨询委员会,将图书馆的专门人才组织起来,对口分工解答读者提出的各种咨询问题。

4.咨询服务的程序与要求

咨询服务的过程,就是分析问题与解决问题的过程。从受理咨询课题到了解情况、查找文献,直至解答问题,是一个完整的工作程序,而各阶段又具有不同的特点、方法与要求。

(1)受理咨询

无论是读者通过口头、书面、电话或信函等方式提出的咨询问题,还是图书馆深入实际,主动了解到的咨询问题,只要属于文献服务范围,都应接受处理,但必须判明问题的性质,确定解答的方法。对于比较简单具体的问题,可以通过书目、索引、文摘、工具书等直接进行口头解答。对于比较复杂的问题,须作书面记录,责成有关人员专门进行系统解答。但须指出的是,对于一些不属于文献服务的范围或涉及到党和国家重大机密的咨询问题,图书馆应向读者说明情况或拒绝答复。不过,随着图书馆工作不断走向社会化,图书馆作为社会的文献信息中心,应逐步扩大咨询范围,加强与社会的联系,与其他的信息中心一起共同解答读者的咨询问题。

(2)调查了解

受理咨询之后,必须对接受的课题情况、读者水平和文献的需求状况进行具体的调查和了解,以便从实际出发,有针对性地解答读者的咨询问题,提高咨询服务的质量与效果。

关于咨询课题,应与读者共同确定其所属的学科范围及其相关的学科,它的基本内容与基本要求,它在有关范围内所处的地位以及国内外进展情况。

关于读者需求水平,应了解从事这一课题研究人员的整体情况和个别情况,了解他们的人数、年龄、学历、职称、业务水平、掌握的语种,以及课题的计划,完成的期限,投入的人力和文献调研的要求与具体安排。

关于文献需求状况,主要是了解读者对文献的认识与掌握程度,以及文献利用效果和存在的问题等。

经过详细的调查,图书馆工作人员可以根据课题范围,熟悉有关材料,并向有关专业人员请教等,为查找文献做好充分的准备。

(3)查找文献

在调查研究的基础上,确定文献的查找方案和办法,明确文献的查找范围,选择检索工具和参考工具,确定文献检索标识、检索途径,然后进行文献查寻。从大量的检索工具中查找出文献线索,然后再查找和筛选原始文献,并标明文献收藏地点和单位,便于读者利用。

(4)答复咨询

经过一系列文献调查、查找、鉴别和整理工作,获得读者所需要的文献或文献线索,即可作出正式的书面解答。其答复咨询的方式有多种:直接提供答案;介绍参考工具书;提供专题书目、二次文献以及文献线索;提供原始文献或文献复制品;提供综合性文献资料,等等,可依课题的性质和读者的需求而定。

(5)建立咨询档案

图书馆对于咨询课题,应当有选择地建立档案,凡是重大的、有长远意义的咨询课题,要建立完整的档案,包括各种原始记录、解答过程、最终结果,等等。其中,对所收集的资料和文献线索,若具有普遍意义和推广价值,应迅速编印成书目、索引、文摘等二次文献进行通报,供有关单位或个人参考利用。咨询档案既是一种总结经验、改进工作、探索规律的基本教材,又是一种有价值的参考工具。

咨询服务是图书馆文献信息服务的主要方法,是一种比较复杂的有较高水平的服务工作。它要求图书馆的工作人员具有较完善的知识结构,熟练的文献检索能力;要求图书馆的文献资源具有多类型、多类别、多层次的合理结构;要求图书馆服务工作不但要敢于承担课题任务,善于解决实际问题,而且还要在服务效率、服务质量、服务效果等方面达到相当的水准,才能为社会所认可或受到较高评价。

二、检索服务的方法与途径

1.检索服务的一般方法

所谓检索服务,就是根据读者研究课题的实际需要,按照一定的标识系统与途径,从大量的书目、索引、题录、文摘等二次文献中,查找出与课题有关或有用的文献的一种服务方法。检索服务的实质,是文献信息的查找服务,它是科学研究活动的前期劳动。开展检索服务,可以节省读者检索文献的时间和精力,开阔读者的知识视野,使科研人员在短期内便能获得所需要的国内外文献资料。所以,它对科学研究活动有着十分重要的意义。

一般来说,文献检索有三种方式:

(1)追溯法。即以文献著述末尾所附的参考文献为基础进行跟踪查找的方法。这种方法不必利用大量的检索工具,只需利用原始文献后面所附的参考文献追踪查找,扩大检索范围,最后取得检索结果。其优点是,在没有检索工具或检索工具不全的情况下,也能获得一些所需要的文献资料。缺点是所得文献资料不够全面系统,并可能导致重要文献的遗漏。

(2)常用法。即利用各种检索工具,全面系统地查找所需文献资料的方法。这种方法是文献检索过程中经常使用的常规方法,故称"常用法"。其特点是必须依赖于完善的检索工具,并严格按照检索工具规定的程序、途径与标识系统进行检索,以增强检索的广度和深度,使检全率和检准率取得可靠保证。

(3)分段法。即将追溯法和常用法交替使用,循环查找文献的综合检索方法。亦称"循环法"。在检索文献时,既利用检索工具,又利用文献后面附录的参考资料进行追溯,两者分期分段地交替使用。这种检索方法适用于过去年代的文献资料较少的专题。其优点是当检索工具不全或缺期的情况下,也能连续获得所需年限内的文献线索。

一般来说,检索工具比较齐全的大中型图书馆和情报部门,大多采用常用法检索文献,其他两种方法对科技人员和小型图书馆的文献查找比较方便可行。

2. 文献检索程序

文献检索是根据读者提出的课题,按照一定的步骤方法和途径来查找文献。其基本程序为:

(1)分析研究课题。在进行文献检索之前,首先要对读者提出的问题进行深入的分析。读者提出的检索要求一般可以归纳为三种类型:①特定文献的检索。读者要求查找某一篇文章、某一作者的著作、某一具体数据、或发表在某一时期某刊物上的文献,等等。读者通常已知具体的文献或线索,只要按照读者所提供的线索去查找,一般比较容易检索到有关的文献。②特定主题的检索。读者要求提供某一主题的文献。这就需要查明该主题的实质与内容范围,查明读者针对该主题所需要的文献类型、时限、语种等具体要求,以便有的放矢地进行特定主题范围的文献检索。③特定课题的检索。读者要求查找某一研究课题的文献。课题的文献范围比主题的文献范围更加广泛,也更加复杂,它可能涉及几个学科,也可能包含几个专题。因此,对读者提出的特定课题要进行深入的了解和研究,掌握与课题有关的基本知识,查明该课题文献的内容范围、重点、时间及深度,以及课题内容在分类体系中的归属,以便准确地选择和确定检索途径,有效地检索特定课题所需的全部文献。

(2)选定检索工具。经过课题分析,明确所需学科范围、文献类型,就要进一步考虑确定检索工具。这在很大程度上取决于图书馆工作者对检索工具掌握的熟练程度。选择检索工具应注意检索工具的编辑质量、选题价值、收录文献是否实用? 检索工具文献收录是否齐全? 检索工具报道的文献信息是否迅速? 检索工具揭示的文献特征是否准确、深入? 检索工具提供的检索方法是否简便和多样? 等等。

(3)确定检索途径和标识。各种检索工具具有不同的检索途径。其中包括:①内容途径。是根据研究课题的内容性质需要,提供的检索途径,包括分类途径和主题途径。分类途径是按照学科的分类体系检索文献的途径,主要是从学科专业体系的角度查找文献,以满足读者有关族性检索的需要。常用的工具书有图书分类目录、文献资料分类索引等。主题途径是从主题角度检索文献的途径,适合于查找具体的课题文献,以满足读者有关特性检索的需要。常用的检索工具有主题索引、关键词索引、叙词索引、单元词索引等。②著者途径。是根据已知著者(个人著者或团体署名)名称检索文献的途径。能比较准确地回答某著者的文献在检索工具中反映的程度,在一定意义上具有族性检索的特点。但所获得的文献不够全面,不宜作为查阅文献的主要检索途径。通常采用的检索工具有著者目录、著者索引、机关团体索引等。③号码途径。是根据已知文献本身的专用号码(如专利号、标准号、科技报告、合同号等)查找文献的途径。主要是利用"号码索引"进行检索,可以满足读者在课题中有关特种文献的具体需要。④其他途径。利用分子式索引、地名索引、动植物名称索引、药物名称索引等专门途径来查找文献资料。这些专门索引,都是为某些自然科学、技术科学专业所特用的检索工具。它们的专指性强,是辅助性的检索途径。检索途径选定后,应准确地找出相应的检索标识。各种检索途径有不同的检索标识,如采用分类途径,就应明确该课题所需文献属于什么类目及其分类号码,类目及其类号名称就是分类途径的检索标识;如采用主题途径,就应明确该课题所需文献的内容范畴,选用准确的主题词作为检索标识。确定检索标识之后,就可以使用有关工具,按照特定标识顺序检索文献资料。

三、定题服务的特点与要求

所谓定题服务,就是图书情报部门根据经济建设和科学研究的实际需要,选择重点研究课题或亟待解决的关键问题为目标,深入其中,一跟到底,经常提供对口性文献资料,为用户服务,直到研究课题完成或关键问题解决。这种服务方法也称"跟踪服务"或"对口服务"。

1. 定题服务的特点

定题服务的基本特点在于主动性、针对性和有效性。这些特点的发挥,使它在解决国民经济和科学研究领域一些重大的关键性的课题中,起着举足轻重的作用,受到国家和社会的重视。

首先,它是一种主动性的服务工作。图书情报人员深入实际,主动了解生产、科研进展情况,选择服务课题;主动与用户挂钩,加强与各方面的联系;主动搜集调研文献情报动态,编制专题文摘、索引以及专题综述、述评、专题参考资料;主动定期向用户提供定题最新资料通报。

其次,它又是一种针对性很强的服务工作。从选题到调研以至文献服务,都体现了很强的针对性。它从大量的科研课题中,选择关键性的课题;从广泛的研究项目中,选择重点研究项目;从众多的咨询问题中,选择具有突破性的咨询问题,而排除那些一般性的课题、次要的项目以及其他的问题。一经定题,就只针对课题服务,不涉及读者的其他需求,并跟踪课题的进展,了解动向,围绕课题范围,搜集、查找、编制资料,针对课题需求提供文献,服务到底。

再次,它还是一种效益很高的服务工作。大量事实证明,通过定题文献服务,解决了国民经济和科学研究中一系列重大难题(如设计方案的形成、工艺流程的缩短、新产品开发,等等),这其中凝结了图书馆工作人员的辛勤劳动,展示了文献定题服务的重要贡献。

2. 定题服务的要求

开展定题服务,有三个方面的基本要求:

(1)选准重点服务课题

重点服务是开展定题服务的关键之一,因此,对重点服务项目的选择,应根据国民经济发展的规划;国家各主管部门下达的生产任务和科研课题;各生产系统、科研系统的重大项目、会战项目和攻关项目;生产实践、科学实践中存在的亟待解决的重点问题;国家引进新技术的实际需要,等等,也就是抓住国民经济建设的主要目标进行选择。只有在深入实践,反复调查研究的基础上,才能选准、选好服务课题。

(2)深入课题,跟踪调查

调查研究贯穿在定题服务的全过程。仅仅靠一次调查是远远不能解决问题的,必须要采取多次性调查。跟踪调查,这是定题服务的关键之二。只有跟踪课题深入调查研究,才能了解课题的进展情况,做到心中有数;只有了解技术上存在的关键问题和研究中遇到的疑难问题,才能确定实际对策;只有了解技术人员、专业人员的专业知识、外文水平、掌握文献情况及具体需要,才能避免查找文献的盲目性和无效劳动,提高文献服务的命中率。图书情报人员只有深入课题,才能了解课题,学到本课题的有关专业知识和文献知识,掌握定题服务的主动权。

(3)配合课题,对口服务

在深入调查研究的基础上,应制定周密的切实可行的计划,配合课题的进展,有步骤地查找、搜集、提供有关资料,做好对口服务,这是定题服务的关键之三。图书情报人员要同用户加强联系,密切配合,共同研究,同步发展。做到每个阶段需要什么资料,就提供什么资料,遇到什么问题,就集中力量解决什么问题。查找文献的内容范围要对口,文献的起讫年限要对口,文献类型和文种也要对口。检索的资料,要经过用户的鉴定、筛选,并及时编辑、整理,制成文摘卡片,编印出专题索引,尽可能做到资料完整,内容新颖,报道迅速,对口实用。

如果真正按照以上三个关键要求开展定题服务工作,就有可能使图书情报服务在参与生产、科研活动中取得成效,做出贡献。

第四节　Internet 网络信息服务

互联网络(Internet)人们称它为信息高速公路的雏形,或信息高速公路的初级阶段和支柱网络之一。互联网络以及它的子网络将成为未来信息高速公路的组成部分。在国家和全球信息基础设施没有完全建成或完善之前,仍将发挥积极的作用。特别是一些信息基础设施比较薄弱的国家和地区,联结互联网络仍将是它们迅速获得信息的重要渠道。因此与互联网络联结,已成为 90 年代以来引起国际图书馆界的极大兴趣与关注的热点问题。在国际图联(IFLA) 1994 年大会上,文献传递与馆际互借的专业研讨会主题就是"通过 Internet 传递文献"。1996 年在北京召开的第 62 届国际图联大会上,科学技术图书馆选定的议题就是使用 Internet 上的 WWW 和 Gopher 服务的问题。

互联网络的构成核心是:通信设施、计算机、信息资源和网络管理。它由三个层次组成:第一层是跨越全国的骨干网(NSF-NET);第二层是覆盖一定地区的区域网或中层网;第三层是用户单位网,主要是许多校园网和合作网。用户就是通过第三层网络来使用 Internet 的。

目前我国已有许多图书馆和信息机构加入了互联网络,用户可以通过入网单位使用 Internet 的信息服务,我国主要的入网单位有:

中国科学院高能物理研究所(IHEP):1988 年建立 IHEPnet 并与欧洲核子研究中心联机;1990 年该所网络主机利用 4900bps 双线通过 CNPAC 进行通信;1993 年进入 Internet。目前,该网络已具备齐全的本地和远程终端服务器,并提供 Internet 的全部服务。

中国科技信息研究所:1993 年该所计算中心通过专线与中国科学院高能物理研究所的网络相连,继而通过专线进入 Internet,并在全国发展各省市的主机入网,提供全面服务。

中国兵器工业总公司计算中心:该中心已通过专线与中国科学院高能物理研究所网络相连,然后经其专线进入 Internet,为本网络用户提供全功能的服务。

中国科学院计算机网络中心(NCFC):该中心在建立局域网的基础上,1994 年 5 月进入 Internet 网络。与此同时,该网络向全国扩展,成为一个全国性的科研信息网络。

中国教育科研网络(CERNET):该网络中心设在清华大学,是国家教委和国家计委联合投资兴建的全国性教育科研网络,首批联网包括北京、上海、南京、武汉、广州、西安、成都和沈阳地区。网络中心与 Internet 连接,提供全面服务。

邮电部:邮电部于 1995 年初租用美国 Sprint 公司的国际线路开通 Internet 全功能服务,目前已申请到 32 个 C 类地址,面向全国服务。

电子工业部信息中心:1994 年该中心进入 Internet,现已开展全面服务,其远程和本地终端达千台以上。

其他单位:包括中国石油天然气总公司信息中心和北京化工大学等,它们已展开 Internet 的信息服务工作。

互联网络信息资源丰富,有书目索引:用户可以检索全世界 70 多个国家和地区的 600 多个图书馆、400 多个专业机构的馆藏目录;有各种数据库:仅 OCLC 的参考服务系统就连接有 55 个国际上有影响的大型数据库的联机系统,互联网络用户都可利用,能提供全文资料,可共享公共软件,并提供电子版公告,等等。

Internet 网络信息服务十分广泛,主要包括以下几个方面:远程登录服务;电子邮政服务;电子会议、公告服务;文件传输服务;Gopher 服务;WWW 服务;其他服务(名录检索、数据查询,等等)。

一、远程登录服务

远程登录(Telnet)是 Internet 网络服务的一种特殊通信服务方式,被人们称为 Internet 网络三大服务功能之一。它所提供的服务是将用户所使用的终端或主机转变为某一远程主机的仿真终端,供用户使用,当用户完成使用工作后,其远程登录联机退出,用户即返回自己的终端或主机。

使用远程登录的必备条件是用户主机上装有的应用层协议

TCP/IP 必须包括 Telnet;对于收费系统,还应事先注册(registration),确认付款方式,获得登录标识(login indentifier)和密码(password)。另外,用户还必须预先知道使用系统的 IP 地址或域名,了解这些系统中的信息资源。所有这些信息,可以利用 Internet 提供的某些工具查找,也可以通过其他途径获取。

使用远程登录的步骤为:

(1)在主机提示下直接键入 Telnet 命令和主机的 IP 地址或域名;

(2)利用 Open 命令连接某一主机,与对方主机接通后,按系统提示,在"login"后面键入自己的登录标识,必要时回答密码;

(3)如果登录标识和密码被接受,操作者便成为对方系统的终端用户,这时可开始进行全部预期的工作;

(4)工作完毕后,按系统提示退出对方系统,回到原系统。

通过远程登录,用户还可以使用 Internet 以下的功能服务,如 BBS;Gopher 程序;WWW;Archie 服务器,等等。

二、电子邮政服务

电子邮政服务是 Internet 用户中使用最多和最频繁的一项服务。它的主要业务是通过网络发送和接收电子邮件(E - mail)。电子邮政服务允许用户进行一些基本的发送信件活动,如向某一特定的网内对象发送信件;同时向多个收信人发送同一内容的信件;传送文本、声音、影像等多种信息;向一台计算机主机发送信件,由程序对信息作自动处理;向网络外的其他网络的用户发送信件。用户所接受的电子邮件同样来自以上五种类型的"发送"。

Internet 发送电子邮件的功能是:允许用户指定一个收信人的信箱地址,确定信件主题,使用一个文件编辑器来编辑信件,并将信件通过 Internet 发往收信人信箱;如果有必要,按发信人的要求在通信程序中打开打印回复功能,便可收到所发送的信件的"底稿"。

利用 Internet 发送电子邮件的步骤为:

(1)按系统提示启动 E-mail 服务功能;

(2)当屏幕显示后键入对方 E-mail 地址;

(3)输入 E-mail 主题(Subject);

(4)键入 E-mail 内容;

(5)进入编辑,然后发送(Send);

(6)退出 E-mail 服务。

电子邮政服务还可以提供以下一些主要的服务形式:

(1)电子公告服务。电子公告牌(Bulletin Board Service)是基于 E-mail 的一种最重要的信息发布服务。它所涉及的主题和业务内容包罗万象。这种服务简称 BBS,其主要功能为:供用户选择若干感兴趣的专业组,参与讨论;查找有关的外界新闻、消息,择其部分或全部进行阅读;发布供他人阅读的文章或消息;对他人发布的文章、消息进行评论。

(2)网络新闻服务。网络新闻(Network News)是一种最常见的电子公告服务,每一个电子公告牌称为一个网络新闻组(News Group)。1995 年初,网络新闻组数已达 7000 个,涉及 170 多个分类,每天发表的字数超过 2000 万。利用这种服务的条件是用户必须连接到一台参加网络新闻服务的主机上,并拥有网络新闻的阅读软件。

(3)专题讨论服务。是根据用户要求,将其安排到某个专题讨论组中参加专题讨论的服务。用户首先应通过 E-mail 发出申请,递交各专题讨论组指定的专门地址,然后由该地址负责处理,批准入组或离组申请。

(4)电子杂志服务。利用 E-mail 服务,电子刊物(Electronic Journal)得以在 Internet 中发行。目前,已有大量的电子杂志传到用户主机中,供用户阅读,也可按杂志中论文的地址,获取并阅读全文。

三、文件传输服务

在 Internet 中,任何一台计算机主机都存放着大量的数据,这些数据以文件的形式存在于不同的目录之中,将这些文件在系统中按需传输,便构成了文件传输服务的基本内容。Internet 上的文件传输(File Transfer)需要有一个协议(Protocal),这种协议称之为文件传输协议(FTP)。

Internet 上的文件可以简单地分为文本文件和二进制文件。文本文件(ASCII file)的内容为按行排列的 ASCII 字符串,通常以 TXT 或 DOC 做文件名后缀。二进制文件(binary file)是除 ASCII 文件以外的所有文件格式,包括计算机程序、声音数据、图像数据、表格、带控制符的文字处理程序文件和压缩文件等。文本文件与二进制文件的主要区别是数据结构的差别,这种差别决定了文件传输的方法不同。

四、网络信息检索服务

随着 Internet 的发展,传统的检索手段变得越来越落后,因而导致许多联网机构在广域网上开发新的检索工具,由此产生了新型的网络信息检索工具(Networked Information Retrieval Tools)。熟悉和掌握这些检索工具不仅是检索 Internet 网络上的信息的需要,而且也是促进信息检索技术向网络化发展,形成网络信息检索的新的研究课题。

目前在 Internet 网上使用的网络检索工具主要为三大类:交互式信息检索服务;名录服务;索引服务。

1. 交互式信息检索服务

交互式信息检索服务的特点是信息在网络上的存贮地点、存贮方式和获取途径完全是透明的,以至于在事先不了解所需信息的存放地点及联结方式的情况下,只要通过选择联机后所提供的服务就可以在终端上浏览所需的信息。提供交互式信息检索服务的主要形式有:

(1) Gopher 服务

Gopher 是一种基于菜单选择的检索工具,用户只要启动 Gopher 服务就可以在多层菜单上选择特定的检索项目和内容,从而直接查到网上信息。由于 Gopher 使用方便,提供的信息量大,目前已成为 Internet 的一种主要检索服务形式。

(2) WWW 服务

WWW 是一种基于超文本文件的交互式浏览型检索工具。它向用户提供获取包括文本、图形、音像在内的多种信息检索服务。它还可以通过 WWW 查询 FTP 文档、数据库和 Gopher 服务器上的资源。

WWW 开发时间不长,但发展很快,已在全世界普及。目前,Internet 上的 WWW 服务器以每天 100~300 个的速度增长。我国的 WWW 服务发展也非常迅速,中国高能物理研究所网、中国教育与科研网、中国科学院计算机网络信息中心、北京电信局总网以及北京大学网、清华大学网等也都装有 WWW 服务器。用户可以参阅相应的操作手册,进行 WWW 服务的利用。

2. 名录服务

名录服务(Directory Services)是向用户提供查找 Internet 网上用户信息和查找网上各种服务系统及提供者的信息服务。提供用户信息的检索服务称为白页服务(White Pages),提供各种服务系统的服务称为黄页服务(Yellow Pages)。其中"白页服务"提供的是个人用户和机构的电子邮件地址,"黄页服务"提供的是联机检索系统的 IP 地址或某个传输系统的 IP 地址。网上常用的名录检索工具有:

(1) WHOIS:一般用来查找 Internet 上某个用户或某一机构

的 E - mail 地址、邮政地址和电话号码。WHOIS 结构简单,在网络上一般系统都安装有这种工具。通过 Internet 网络上的文件传输可以获得 WHOIS 的服务器。

(2) NETFIND:它是 Internet 上的用户名录服务工具,提供简单的"白页服务"。NETFIND 可以根据已知的人名和有关的工作地点信息,查找该用户的 E - mail 地址和电话号码以及该用户公布的其他信息。由于 NETFIND 仅限于在 Internet 上运行,且不与其他网络相连,因此仅限于 Internet 网内用户使用。

(3) X.500:是 CCCITT(国际电报电信咨询委员会)制定的开放系统互联名录服务通信协议,其目的是向用户提供分布式的名录服务。利用 X.500 可以建立一个全球性的分布式名录服务体系。X.500 提供的信息包括个人、机构、网络资源,应用系统和硬件等方面。

3. 索引服务

索引服务(Indexing Services)是通过查找目录索引向用户提供文件信息的检索服务。它的检索对象是贮存在 Internet 不同网点中的各类文件,提供的线索可以是文件的存放地址,也可以通过进一步查找提供这些文件的文本。这些功能由不同的工具来完成。

(1) Archie:最早由加拿大 McGill 大学计算机学院开发,到目前为止,Archie 服务器共贮存了 210 万个文件的目录。从 Archie 数据库中,用户可以检索文件索引。

(2) WAIS:是一个广泛使用的快速检索工具。它以 Internet 网上的各种文本数据为检索对象,这些数据库的检索采用关键词全文检索方式进行。其步骤为:用户从网上的数据源中选择所要检索的对象;在选定数据范围后进行关键词检索;显示检索结果,通过浏览选择高度相关的索引项,并输出结果。目前,Internet 网上有 3000 个左右 WAIS 服务器在运行,其中 100 多个为商业性数据库,其余的可为用户免费使用。

　　总之,随着现代科学技术的应用,图书馆读者服务的方式、方法和内容发生了很大的变化。图书馆所提供的已不再是单纯的文献服务,它作为现代社会发展的信息中心,将为社会和读者(用户)提供更为直接的信息服务。现代计算机网络技术、远程通信技术和多媒体技术的高度结合,为图书馆读者服务增添了新的内容,使图书馆文献资源共享成为现实,使图书馆读者服务方法体系更加完善。

　　思考题:

　　1. 分析读者服务方法体系的结构与功能。

　　2. 图书流通服务的主要方法是什么? 它们各有哪些特点与作用?

　　3. 分析咨询服务的特点、作用与程序。

　　4. 开展检索服务所采用的方法与途径有哪些?

　　5. 试述定题服务的特点与要求。

　　6. 利用 Internet 网络提供信息服务有哪些主要的服务形式?

第八章　读者服务工作的组织与管理

读者服务工作的组织与管理,是按照读者服务工作自身的客观规律,运用现代科学方法和管理技术,对读者和图书馆资源进行合理的组织、计划、控制、指挥和协调,以充分发挥读者服务的作用,最大限度地满足读者和社会文献需求,提高读者服务的效率和质量的活动。学习本章的目的,在于通过对读者服务工作组织管理基本原理的学习,了解图书馆读者服务机构的设置,服务环境和服务设施的管理以及对图书馆读者服务人员的素质要求等问题,掌握读者服务工作效益评价的指标、评价方法和统计分析的指标与方法,等等。

第一节　读者服务工作组织与管理的一般原理

读者服务工作的组织与管理是图书馆科学管理的重要组成部分。它既要遵循图书馆管理的总的原则,服从于图书馆的系统管理,同时又自成体系,是整个图书馆科学管理系统的一个子系统,具有自己的运行特点。

一、什么是读者服务工作的组织与管理

明确读者服务工作的组织与管理的基本含义,首先必须了解

什么是组织？什么是管理？以及组织和管理之间的相互关系。

1. 读者服务工作组织

所谓"组织"，是指按照一定目标、任务和结构形式，对各种要素单元进行合理安排，使之顺利运行的过程。其实质表现为：第一，组织是根据一定的目标、目的、计划形成的；第二，组织是按一定的规则和程序排列组合并开展活动的整体；第三，组织活动的整体是通过一个系统的机构表现出来的；第四，必须对系统内部各部门的职责、权利进行划分、安排和委派，并对各部门进行协调和控制，才能发挥组织的整体功能，实现其目标，完成其计划。根据以上的分析，我们认为，组织的含义从广义的角度来解释有两层意思：一是安排分散的人或事物使其具有一定的系统性或整体性；二是按照一定的宗旨和系统建立起来的集体。

读者服务工作的组织，就是指为了准确、迅速而又方便地满足读者利用图书馆资源，对读者、藏书、目录、设施、人员等各要素单元进行合理的安排，使之成为一个具有内在联系的有机系统，并使其按照读者服务的基本方针顺利地运行。也就是说，在以最大限度满足读者和社会的文献需求的前提下，把分散的文献资源、图书馆工作人员、技术设备和读者按照一定的规则和程序排列组合成为一个有机的系统，并对系统进行职责、权利的划分、协调与合作，使系统为实现目标和计划而努力地开展各项活动。

2. 读者服务工作的管理

所谓管理，是指按照事物发展的客观规律，对客观对象施行计划、组织、协调、控制、指挥，并采用先进手段完成既定目标的过程。管理是人类的一种广泛的社会活动，是为了实现已确定的目标而不断地进行计划、组织、协调、控制和指挥的过程，它是一个动态的、发展着的概念。具体地说，它是一种合理配置社会资源，协调生产要素，改革生产方式，提高生产效率的一种高级劳动。随着人类社会活动不断向深度和广度发展，管理的含义、内容和方式也随

238

之发生变化和发展。社会越进步,管理工作也就显得越重要。

读者服务工作管理,就是按照读者服务工作的客观规律,对读者与图书馆资源施行计划、组织、指挥、协调和控制等一系列措施,并采用先进的技术手段,保证最大限度地满足读者和社会文献需求的过程。读者服务工作管理是一个不断运动、发展和变化的系统,其管理的实质就是对这个系统进行有目的、有意义的控制行为。它是运用计划、组织、指挥、协调、控制等基本职能,对读者和图书馆各种资源进行合理的配置,使之发挥最大的效益,提高读者服务的效率,以达到图书馆读者服务的预期目标,完成图书馆服务任务的动态过程。因此,读者服务工作管理对图书馆各项社会职能的发挥以及图书馆工作的效果具有重大的意义和作用。

3. 读者服务组织与管理的关系

组织和管理是两个内容不同但又相互关联的概念范畴。组织与管理之间的关联程度,很难用一个恰当的词汇来进行描述。如果用"孪生关系"、"手足关系"来形容组织与管理之间的关系,也并不过分。如果说组织是管理的具体形式的话,那么,管理则是组织的目的。在整个人类的历史上,人类所有的活动都同组织活动无法摆脱地交织在一起,人们的愿望和目标正是通过有组织的努力而得以实现;管理则能促进组织的成员努力奋斗,实现愿望和目标。有组织就有管理,管理不能脱离组织,所以,组织和管理是人们社会活动中不可缺少的工具和途径。

读者服务工作组织主要是根据系统的共同目标和总任务,使分散的人或事物具有系统性或整体性,为实现目标、完成任务服务,这就把组织概念贯穿于整个读者服务的目标和任务的实现过程之中。从宏观上讲,读者服务工作的组织包含了读者服务工作管理的全部内容,而读者服务工作管理的内容是读者服务工作组织的基本内容。

读者服务工作管理着重于图书馆读者服务组织机构的设置、

设置的方式方法、读者服务系统机构内部的动力、组织制度的保证等。也可以说,读者服务管理主要是根据系统的目标和任务,合理设置组织机构,划分权力和职责,协调相互关系,使机构充满活力,并根据客观发展的规律,对组织机构进行不断的变革。在读者服务管理的内容中,读者服务工作的组织机构是基本的、主要的内容,而读者服务工作的管理机制和管理制度则是配合、支持组织机构的,为组织机构服务的。从事物的本质上来说,读者服务工作的管理也就是读者服务工作的组织。

通过分析,我们可以看出,读者服务工作组织与读者服务工作管理两个概念的含义和内容区别不大,是相互交织的,甚至可以说是同一含义和同一内容的不同说法,或者说是同义词。因此,在本章中,我们将组织与管理结合在一起论述。

读者服务工作的组织管理,是图书馆工作组织管理的组成部分,也是整个图书馆活动(包括图书馆工作、图书馆事业、图书馆学研究、图书馆学教育等)组织管理大范畴的组成部分。它有其自身的范围、特点和发展规律。研究读者服务工作的组织管理,固然要从图书馆活动的整体性出发,尤其是要从图书馆工作的整体性出发,要充分利用现代科学技术组织管理的实用性成果,但更主要的是,必须着重研究读者服务工作自身组织的若干具体问题,从理论上和实践上探讨这些具体课题的现状及其发展趋势。

二、读者服务工作组织管理思想基础

读者服务工作组织管理,必须建立在科学的管理思想基础之上,因为管理思想的现代化,是管理现代化的灵魂、前提和基础,是整个管理现代化的中心内容。没有现代化的价值观念和管理思想,就不可能采用现代化的管理组织和管理方法。因此,管理思想的现代化,必须有科学的思想方法,科学思想方法的理论基础是辩证唯物主义和历史唯物主义的世界观。辩证唯物主义认为,世界是物质的,物质是运动的,运动是有规律的,任何事物都是在一个开放系统中相互影响而不断运动、转化和发展的。根据这些基本原理引申出来的现代管理思想方法主要是:(1)实事求是,一切从实际出发的思想方法;(2)整体的、系统的、发展的思想方法;(3)纵横开拓的思想方法;(4)敢于开创的思想方法。具体来说,现代的读者服务管理思想应牢固树立这样一些思想观念:

1. 服务至上的观念

图书馆是人类社会的知识宝库,是知识的"喷泉",是现代社会中文献信息的存贮、传递和交流中心。它的存在,就是要为社会贮存信息、传递信息、交流信息,传播科学文化知识,提高全民族科学文化水平,促进社会的发展。因此,满足社会的需要,提供文献信息为社会利用是现代图书馆的基本目标,整个系统、各个层次都要为实现这一目标服务。为社会提供文献服务,是图书馆发展的根本动力,也是图书馆各项工作的基本任务,否则,图书馆就失去了存在的价值。任何一个领导和部门,不树立服务至上的观念,不重视为社会服务的工作,就是放弃了图书馆的基本职能。所以,服务是图书馆的基本价值。只有牢固地树立了服务至上的观念,才能时时处处以读者的利益为第一生命,急读者之所急,想读者之所想,千方百计满足读者的文献需求,才能真正发挥图书馆的各项社会职能,使图书馆成为社会发展的文献保障系统。因此,读者服务组织管理的目的,就是要充分利用图书馆资源为读者服务,为社会服务,最大限度地满足读者和社会的文献需求。

2. 开放的观念

要贯彻服务至上的原则,就必须树立开放的思想观念。图书馆是一个动态系统,不是静态系统,它要维持动态体内的平衡,就必须开放,与外界进行物质、能量的交流。尤其是读者服务工作是图书馆动态系统中的"窗口"和"前哨阵地",与读者保持着广泛的联系。同时,读者作为图书馆系统最为活跃的一个重要因素,对图书馆系统的运行有着极为重要的影响。图书馆活动往往为读者需求所左右,因为读者是图书馆的服务对象,满足读者需求是图书馆工作的目的。图书馆只有树立了开放观念,改变坐等读者上门的封闭状态,才能广泛地吸引读者,使图书馆资源得到充分的利用,才能真正体现图书馆存在的社会价值。

3. 信息观念

人类社会已经进入自觉开发信息资源的时代,充分认识信息对人们社会实践活动的价值和作用,对于提高活动质量和效率有着重要的意义。读者服务工作是一个有机的组织系统,在这个有机系统的运行中,时时处处存在着信息的运动过程。从读者文献需求的表达到读者文献需求的满足,乃至读者文献信息的利用,其实质就是信息的交流过程和联系过程。信息联系着图书馆系统的各个要素,像一条无形的纽带,联系着图书馆整体与社会环境的发展,使图书馆系统的各个要素之间产生相互作用,从而维持图书馆系统的活力和发展。所以,读者服务工作的组织与管理,首先体现为一种信息的管理。它必须在广泛搜集读者文献需求信息的基础上,合理配置文献资源,调集和采取各种服务措施来充分满足读者的文献需求。同时,在读者服务过程中,又要不断地收集读者文献利用的反馈信息,及时地调整工作目标,从广度和深度上开发图书馆资源,提高文献的利用率和为读者服务的工作效率,实现图书馆系统的各项社会职能。

4. 系统观念

图书馆事业是一个巨大的系统工程,其中各专业、各类型、各个图书馆既自成系统又互为系统,而读者服务工作是图书馆系统中的一个分支系统。根据信息运动的原理,作为文献信息系统的图书馆,文献信息在图书馆的运动遵循着既定的流向,即信息输入——信息的加工整序——信息输出。这既是文献信息在图书馆的运动流程,也是图书馆活动的一个抽象的简化模式。文献信息在图书馆的运动如图 8 - 1 所示：

信　息　输　入　⟷　信　息　加工、整序　⟷　信　息　输　出

信　息　反　馈

图 8-1　图书馆文献信息流程图

在图书馆文献信息的运动过程中，读者服务工作属于信息输出分支系统，它是由多种要素所构成的多层次的立体网络结构，其系统结构如图 8 - 2 所示：

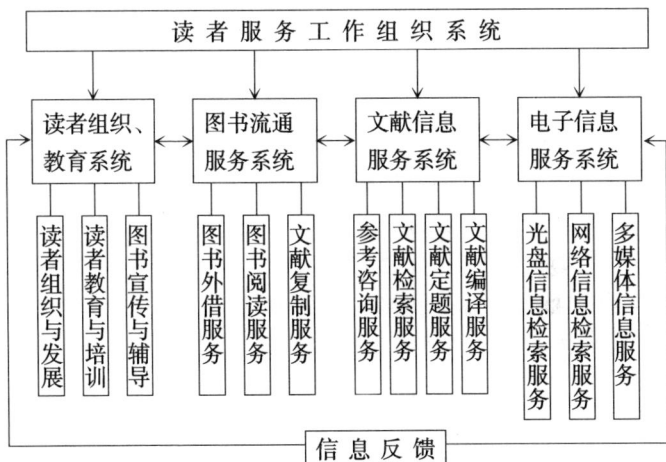

读 者 服 务 工 作 组 织 系 统

读者组织、教育系统　⟷　图书流通服务系统　⟷　文献信息服务系统　⟷　电子信息服务系统

读者组织与发展　读者教育与培训　图书宣传与辅导　图书外借服务　图书阅读服务　文献复制服务　参考咨询服务　文献检索服务　文献定题服务　文献编译服务　光盘信息检索服务　网络信息检索服务　多媒体信息服务

信　息　反　馈

图 8-2　读者服务工作系统结构图

从上图中我们可以看出，读者服务系统的基本结构是一种等级性质的层次结构。读者服务系统的层次取决于读者服务规模的大小，规模越大，其等级层次越多；反之，则越少。图书馆读者服务

工作系统是一个不断发展的有机体,但其基本的组织结构却相对稳定,这种读者服务系统结构的基本稳定状态,是图书馆实现其功能的必要条件。正因为如此,就要求管理者和领导者具有系统观念和全局观念,按照系统运行的客观规律去组织、指挥和控制管理的对象。

5. 效益观念

读者服务工作组织管理的目的在于以最小的代价来最大限度地满足读者和社会对文献的需求,取得更好的社会效益和经济效益。读者服务的社会效益主要是指从社会总体利益出发来衡量读者服务活动对整个社会的作用、影响和效果。具体来说,是指表现在为读者迅速及时地提供文献和所需要的信息,节约了读者的时间。这就使读者服务工作成为社会服务中不可缺少的部分。它为了满足社会的需求,必须将图书馆各项资源进行合理的布局,充分利用图书馆的文献资源和智力资源,为社会的政治、经济、科学技术和教育提供服务。读者服务在劳动者的劳动条件、福利待遇、职业培训、智力结构等方面付出的代价所取得的为读者省时省力的社会效益是直接的;而读者服务工作促进文献的广泛利用,加快文献的传递与交流速度,为社会的知识生产、科学研究活动提供丰富的营养,这种社会效益是间接的。如中科院成都文献信息中心为配合三峡水利工程对环境生态影响的研究与论证,查询了北京等地 30 多个单位的 1000 余种内部资料,1000 多种期刊,英、德、日、俄 15 种检索刊物,联机检索了 DIALOG 系统的 4 个数据库,收集到中外文资料 1000 多份,外文文摘 500 多条,作题录卡片 5000 余张,为研究人员提供了优质的文献信息服务。这项服务为科研人员节约的劳动时间,表现为直接的社会效益,而它对于三峡工程建设的重大意义是现实的,是间接的社会效益。读者服务工作的经济效益是指在读者服务工作中的智力支出和物质消耗后所能实际取得的符合读者和社会文献需要的文献服务产品量的大小程度,

244

即类似于企业经济效益的投入与产出之比。经济效益在读者服务活动中主要表现为有偿服务,读者使用文献资源以及接受图书馆工作人员的服务所获得的效益是直接的经济效益;而通过接受服务,读者减少了查找资料的时间和科学研究的重复,避免了科研经费的浪费,特别是知识和信息被读者吸收后可以增加创造的机会并转化为生产力,使文献信息发挥巨大的经济效益,这是间接的经济效益。读者获取文献的过程也是知识更新、提高劳动者素质和技能的过程。这种投入对于社会经济的发展是间接的,但这种间接的经济效益具有滞后性。在读者服务工作的组织管理过程中,树立效益的观念,其实质就是要节约劳动时间,进行科学的决策,把有限的人力、物力、财力用在刀刃上,从而以最低限度的成本获得读者和社会的文献需要最大限度的满足。

6. 竞争观念

在改革、开放的年代,竞争已成为促进我国图书馆事业繁荣和发展的动力。没有竞争,就没有动力;没有动力,就没有图书馆事业的发展。目前,社会形势和社会生活的急剧变化,引起了读者文献需求的变化,而读者文献需求的变化,必将要求读者服务工作不断地拓展和革新,因为读者以及读者的文献需求是图书馆事业存在和发展的内在动力。倘若图书馆无视读者的文献信息需求的变化,而固步自封,不求创新,那么图书馆就会在竞争中败北,最终被社会所抛弃。因为竞争是市场经济的重要法则之一,通过竞争,优胜劣汰,通过竞争,奖勤罚懒。所以,读者服务工作要充分实现图书馆的各项基本职能,就要不断改革,以积极主动的姿态参与到社会服务之中,参与激烈的市场竞争,把最大限度地满足读者的文献需求作为基本的指导方针,将"读者第一,服务至上"的宗旨贯穿到图书馆的一切工作的始终,树立全方位、多层次地为读者服务的新思想和新观念。在市场竞争中,赢得读者和社会的信赖,获得显著的经济效益和社会效益。

三、读者服务工作组织管理的原则

读者服务工作的组织与管理,应遵循图书馆管理的一般原则,因为在现代图书馆事业中,读者的文献需求是图书馆事业发展的巨大动力。图书馆的读者服务工作是图书馆一切工作的归宿和出发点,是图书馆工作的重心,它是实现读者与社会进行文献信息交流和利用的桥梁、纽带。读者服务工作的好坏,体现了图书馆工作的整体水平,也影响着图书馆事业的发展程度。因此,读者服务工作的组织与管理原则,应当充分体现图书馆管理的原则,在此基础上,提高读者服务工作的质量和效益。

1. 集中统一管理的原则

图书馆是一个有机的整体,作为图书馆系统的分支系统,读者服务工作管理者应着眼于全局,树立整体观念,从整体的利益出发,服从于整体利益,从而使图书馆系统的整体性功能得到充分体现。

2. 优化管理的原则

建立最优化的读者服务组织结构,减少读者查找文献的时间和精力,保证文献信息输出渠道畅通无阻,是读者服务组织与管理的重要内容。目前,许多图书馆为了有领导、有组织、有计划、有步骤地安排读者服务工作,积极、主动地为读者提供所需要的文献资源,满足读者和社会不断增长的文献需求,都相应地成立了各种读者服务部门,开展不同层次的文献信息服务,使读者服务活动向广度和深度发展。如图书馆和情报部门都设立了"书目情报服务部"、"参考咨询服务部"等,为图书馆开展高层次的服务工作提供了有力的组织保证。

3. 计划管理的原则

科学而又严密的计划是图书馆系统正常运行的保证,有了计划,管理人员就有了指挥和控制的依据,图书馆各个部门和全体人员在进行各项工作时就有了目标,行动就有所遵循,人力、物力、财力就能得到合理的安排。因此,计划管理是图书馆工作顺利进行、系统正常运转的需要,是为了集中图书馆工作人员的注意力,加强图书馆凝聚力的重要环节,是减少盲目性,加强预测性的主要措施。读者服务工作的组织与管理,也应是在严格的工作计划管理之下,有条不紊地运行,从而实现读者服务工作的目标。

4. 民主管理的原则

实行民主管理,发挥图书馆工作者参与管理的积极性,对于提高管理工作的有效性具有重要意义。读者服务工作实行民主管理的实质,就是要激发图书馆工作人员的事业心和责任心,以读者的利益为宗旨,全心全意地为读者服务,千方百计地满足读者文献需求,并调动一切积极因素,以最小的代价获取读者服务工作的最大的社会效益和经济效益。

5. 全面质量管理的原则

全面质量管理是以向读者提供优质服务为目的,以图书馆工作人员为主体,以数理统计方法为基本手段,充分发挥专业技术和管理的作用,最经济地保证和提高服务质量的管理原则。它首先要规范图书馆工作人员的职责和权利,建立和健全岗位责任制度;其次是要推行标准化的工作制度,它是提高读者服务工作质量的重要措施。目前,许多图书馆和文献信息部门都开展了"读者服务承诺制"活动,以标准化的工作方式为读者提供全面而又优质的服务。

总之,我们只要在读者服务工作的组织与管理中,遵循以上几条基本原则,就能使管理的效率得到不断的提高。

四、读者服务工作组织管理的内容

读者服务工作组织管理包括了读者服务工作的各个环节和各种因素的管理,具体包括:

1. 读者服务对象的组织与管理

读者服务对象的组织与管理,不仅影响到图书馆读者队伍的结构和素质,而且还关系到图书馆读者服务工作的有效开展,甚至影响到整个图书馆事业的发展程度。读者的组织与管理主要包括了读者的登记与发证工作的组织、读者规则的制定与执行等。

2. 读者服务机构的组织与管理

组织与建立合理的读者服务工作机构,是读者服务工作管理的基本内容,包括了读者服务机构的设置、读者服务工作制度的制定等内容。

3. 读者服务环境与设施的组织与管理

读者服务环境与设施也是读者服务工作组织管理的基本内容之一。加强读者服务环境与设施的管理,有利于提高图书馆各项资源的利用率,有利于提高读者服务工作的效率,有利于提高读者文献选择和文献利用的效率。主要包括读者服务空间设施的总体布局、读者服务具体设施的布置、读者服务环境的合理营造等内容。

4. 读者服务人员的管理

读者服务工作是靠读者服务人员来进行和完成的,加强读者服务人员的管理是读者服务工作组织与管理的重要内容。主要有:读者服务人员的素质要求、读者服务人员的配备与人才开发、读者服务人员工作制度的制定等。

5. 读者服务工作效益的评价

读者服务工作效益的评价是读者服务工作组织与管理的一个重要方面。通过一定的方法和指标,对读者服务工作效益进行评价,判断是否达到了预期的工作目的。它是读者服务工作信息反馈的主要渠道,也是提高服务质量的主要措施。读者服务工作效益的评价必须与现代图书馆的服务模式相适应,具体包括:读者服务水平评估的指标体系、读者服务工作效益评价方法、读者服务工作统计,等等。

五、读者服务工作组织与管理的意义

随着社会的不断发展和进步,现代图书馆的服务范围不断扩大,服务内容日益增多,其影响与制约因素也越来越多、越来越复杂。为使整个图书馆读者服务工作顺利、有秩序地进行,不断提高读者服务质量,并取得最大效益,就必须对读者服务工作的各个工作环节和各种工作要素进行科学的组织、计划、协调、指挥和控制,加强对读者服务工作的管理。

第一,读者服务工作的组织与管理是实现图书馆目标、完成图书馆计划的重要保证。读者服务工作是图书馆各项工作的窗口和前沿,它反映了图书馆的工作性质和任务,体现了现代图书馆的各项社会职能。通过读者服务工作的科学组织与管理,可以充分调动图书馆工作人员的积极性,掌握读者文献需求特点和规律,提高读者服务工作的主动性和针对性,以充分实现图书馆的目标,完成图书馆的任务。

第二,读者服务工作的组织与管理有利于充分发挥图书馆工作的整体优势,提高图书馆系统的整体功能。图书馆系统是一个开放型的多层次的网络系统,要确保系统总体目标的实现,就必须对图书馆系统的人力、物力和财力进行合理的组织、协调,控制人、财、物的流向,这种工作的具体实现就是通过读者服务工作进行的。图书馆系统必须根据读者及社会的文献需求状况,对图书馆的资源进行合理配置;必须根据读者文献利用中的反馈信息及时调整工作目标;必须协调图书馆系统内部的关系,强调在整体目标的特定结构中的有序排列和相互支持,以发挥图书馆工作的整体优势,从而提高读者服务工作的质量,实现图书馆系统的整体功能。

第三,读者服务工作的组织与管理是关系到图书馆事业发展的重大问题。图书馆事业是整个社会文献交流系统中的重要组成部分,其读者服务工作的质量,是图书馆社会实践活动中的核心问

题,是检验图书馆事业发展水平和文献服务能力的重要标志。特别是在社会主义市场经济条件下,图书馆读者服务工作的质量,关系到图书馆事业的生存与发展。图书馆要提高自身的竞争能力,更有效地为经济建设主战场服务,就必须对图书馆各项工作进行科学的组织与管理。当务之急是要提高文献提供和文献服务能力,增强服务意识,主动地参与信息市场的竞争,及时、准确地为读者和社会提供优质的信息产品和文献信息服务,在激烈的竞争中以高质量服务和系统化的文献资源优势赢得读者的信赖,发展我国的图书馆事业。

第四,读者服务工作的组织与管理,是保证读者服务系统正常运转的主要手段。要保证读者服务系统的正常运转和有序而有效的运作,以最小的代价来最大限度地满足读者及社会的文献需求,就必须对读者服务工作进行科学的组织和管理。建立起一个体制得法、机构健全、职责分明、指挥灵活、联系密切、统一协调的组织与管理体制,是保证读者服务工作有条不紊运行的重要手段。

第二节　读者对象的组织与管理

读者服务工作对象的组织与管理也就是读者的组织与管理。读者是现代图书馆系统中最重要、最活跃的因素,是图书馆事业发展的基本动力。对读者对象的组织与管理不仅关系到图书馆读者队伍的结构与素质的发展,而且关系到读者服务工作开展的程度,影响着整个图书馆事业的发展。所以,读者对象的组织与管理,是现代图书馆管理中的十分现实的问题。

一、读者登记工作的组织

图书馆采用登记卡或登记簿的形式对读者的有关情况进行登

记,并发给读者借阅证(卡)以供读者从事文献的选择与借阅。读者登记工作是图书馆与读者建立联系的第一步,也是读者对象的组织与管理的主要内容。读者登记的范围通常根据图书馆的性质和类型来确定。

1. 读者登记的范围

图书馆有多种类型,区分图书馆类型有多种标志。就发展图书馆读者队伍而言,以有无固定服务对象作为正式读者群为标志,将图书馆划分为两种类型:一种是单位图书馆。本单位的固定成员原则上都是单位图书馆的正式读者群,只有登记工作,不存在选择发展的问题。另一种是公共图书馆,没有固定的服务对象,需要从本馆所属地区范围内,选择部分社会成员作为本馆的正式读者群。

单位图书馆的正式读者范围比较明确固定,凡是本单位的固定成员,都可以向本单位图书馆办理登记手续,领取借书证,成为图书馆的读者,享受借阅权力,经常固定地利用本单位图书馆。

公共图书馆的服务对象广泛、分散,数量很大,必须根据本馆和读者的实际情况,制定发展计划,将符合本馆条件的社会成员有选择地发展成为正式读者,经过登记发证,开展各种形式的借阅活动。

2. 读者登记的内容

读者登记的内容因读者在图书馆的组织形式而异,个人读者与集体读者的登记内容有所不同。

个人读者登记的内容包括:读者基本情况,即读者姓名、性别、出生年月、职业、职务、职称、文化程度、工作单位及其所属系统、联系地址、邮政编码和电话号码;读者业务工作的主要经历和工作成就;读者的文献需求与所需要服务的方式;读者的文献信息能力及外语语种的利用程度;读者的工作习惯和查找、利用文献的方式;读者对文献信息服务的期望或建议等。

集体读者登记的主要内容有:集体读者的名称;人员组成情况和负责人姓名;集体的主要活动及工作成果;集体获取和利用文献

信息的能力和情况;该集体读者所指定的经办人的姓名、通讯地址及邮政编码、电话号码等。个人读者登记表、集体读者登记表如图 8－3、8－4所示:

姓　　名		性别		出生年月		民族	
文化程度		职业			职务、职称		
工作单位					电话		
联系地址					邮编		
业务工作主要经历与成就							
文献信息需求范围							
文献信息能力及外语水平							
对图书馆服务的建议							

图 8－3　个人读者登记表

集体名称		电话		类属	
通讯地址		邮编		经办人	
人员构成				负责人	
主要活动及工作成果					
获取和利用文献信息的能力与情况					
对图书馆服务的建议					

图 8－4　集体读者登记表

　　读者填好登记卡后交给工作人员,由工作人员照录在读者登记簿上,按序号排列,以作为掌握读者基本情况,做各种分析统计的依据。

3. 读者借阅证的发放

读者登记之后,应发给读者借阅证。借阅证的种类很多,按其用途可分为:外借证、阅览证、外借阅览证。外借证是仅供读者外借文献的证件,读者不能凭此证进入阅览室;阅览证是仅供读者入室阅览的证件,不能用于外借;外借阅览证既可用于外借,又可用于阅览,还可用于其他的服务方式。

借阅证应标明借阅证的号码、读者姓名、性别、工作单位、职务或职称、通讯地址、发证日期、有效期限、借阅规则等,并贴上读者的照片。借阅证有两种:一种是册式借阅证,此证除证明读者身份外,还可将读者外借的文献记录在"外借文献记录"栏内;另一种是卡式借阅证,采用电子计算机进行图书流通管理的图书馆,须发给读者卡式借阅证,并在借阅证上加条形码或磁条,以便计算机识别和记录。

4. 读者的重新登记

由于读者的情况经常发生变化,如读者工作调动、通讯地址变更、集体读者的单位变更、经办人更换等,致使原有的读者登记卡失去准确性;有些读者办证后长期不借书,空占名额,影响图书馆发展新的读者;有的丢失借书卡,借阅证被别人顶替冒用;有的借书长期不还,影响正常流通,等等。所以,图书馆应针对上述问题,每隔 2～3 年对借阅证进行一次核查清理,重新办理登记手续,以保证读者登记卡的准确性,保证借阅证的正常使用。

读者重新登记的办法有三种,一是在借阅证上标明有效期限,到期后,读者自觉办理重新登记和验证;二是事先写出通告或通知,要求读者在一定时间内办理重新登记和验证;三是请读者所在单位汇总,统一办理重新登记和验证。

二、读者发展工作的组织

发展读者是一项复杂而细致的工作,需要制定发展计划,确定发展方法。读者发展计划,须依据社会的客观需要与本馆的任务、藏书、人员能力、馆舍条件等,明确发展范围、重点;发展读者总数量;各种成分、各个单位、各种类型读者的具体情况比例;发展读者的资格条件;发展读者的时间、步骤及其具体措施,做到有计划、有目的地发展读者。发展读者的方法有两种:一种是按照计划分配发展,即由图书馆按系统、按单位分配名额,再由单位按条件将名额分配到个人,个人凭证明到图书馆登记办理领证手续。另一种是读者个人申请登记自由发展,即由图书馆直接公布发展读者条件与办法,读者个人凭工作证或单位介绍信到图书馆申请登记,经馆方了解研究同意发给登记卡,然后办理正式登记领证手续。两种方法,各有利弊。一般图书馆发展读者是将两种方法结合起来,以便互相补充,扬长避短。除定期发展读者和调整读者队伍外,根据需要,还可以进行经常性的读者发展工作。

三、读者规则的制定与执行

读者规则是读者在利用图书馆资源时应遵守的规章制度和守则,制定和执行读者规则是读者管理的重要内容。

1. 读者规则的种类

(1)读者借阅规则。读者借阅规则是对读者在借阅文献过程中应承担的职责和义务以及应注意的事项所做出的规定,它对保证文献借阅工作的顺利进行,保护文献不受损失,加快文献的流通速度有很大的作用。其主要内容有:对读者借阅文献的权利的规定;对读者借阅的册数和期限的规定;对读者借阅的秩序和借阅手续的规定;对读者保护文献的义务的规定;对读者破坏或遗失文献后的赔偿和罚款的规定;对读者所借文献逾期不还处理的规定等。

(2)读者入馆(室)规则。读者入馆(室)规则是对读者进入图书馆某一空间设施的条件、手续和其他有关事项的规定。主要有读者入馆(室)的资格;读者入馆(室)的衣着;读者入馆(室)的手续;读者维护馆(室)内秩序的规定及对读者损坏馆(室)设备或文献处理的规定等。

(3)读者利用图书馆各项服务方式的规则。主要是对读者利用咨询服务、检索服务、定题服务等高层次服务方式所做的规定。包括:对读者利用这些服务方式的资格与条件的规定;对读者申请利用这些服务方式的手续的规定;对读者与图书馆工作人员相互配合的规定;对读者利用这些服务后信息反馈的规定等。

2. 读者规则的制定与宣传

读者规则的制定要考虑图书馆的性质、任务、服务设施、服务项目的特点;考虑读者的心理承受能力;行文要适宜,所用语言要精练、准确。

读者规则制定出来之后,要对读者进行宣传,让读者了解其中内容并自觉遵守规则。可采取口头宣传和解释的方式,也可印刷成小册子或在馆内张贴等形式对读者进行宣传。

3. 读者规则的执行

读者规则制定出来之后,除加强宣传外,还应严格执行,以发挥读者规则的作用,否则,就达不到读者管理的目的。执行读者规则,除要求读者自觉遵守外,图书馆工作人员应对各类型读者一视同仁,对违反读者规则的行为按条文严格处理,不讲私情。

第三节　读者服务机构与人员管理

读者服务机构与人员的管理,是读者服务工作组织管理的重要内容。

一、读者服务机构的设置

合理的设置读者服务机构,是读者服务工作组织管理中保证管理信息传递畅通无阻、系统功能不断提高的重要条件。一般来说,读者服务机构的设置,应充分体现三个原则,即适应性原则:读者服务机构的设置要与图书馆的性质、任务、藏书条件及所处的社会环境、自然环境相适应;方便性原则:读者服务机构的设置既要便于读者充分地利用图书馆资源,又要便于科学管理;效益性原则:读者服务机构的设置要能够最大限度地发挥图书馆藏书资源、设备资源、人力资源等各种资源的效益。

设置读者服务机构的主要目的,是限定机构的职责和权限。

1. 流通阅览部的职责与任务

流通阅览部是读者服务工作的第一线,其主要任务是开展外借服务、阅览服务,为读者广泛深入地利用文献资料而进行各种形式的宣传和报道,并且指导和吸收读者利用图书馆,最大限度地提高服务质量和效率。因此,流通阅览部的主要职责是:

①树立"读者第一,服务至上"的战略思想,积极、主动、热情地为读者服务。

②不断收集、整理、分析、研究读者的文献需求信息与效益反馈信息,改进服务工作;并积极地、及时地向上级反映情况,形成读者需求信息反馈渠道枢纽。

③负责起草和修订有关外借、阅览工作的规章制度,办理读者借阅证件等。

④管理外借书库和辅助书库,并根据图书流通情况,不断改善藏书组织。

⑤管理所属的各个阅览室、目录室,负责目录咨询工作,并经常保持外借厅和阅览室的舒适、整洁、安静的环境,为读者学习和阅读创造最佳的环境条件。

⑥负责馆际互借、预约借书、邮寄借书、流动借书等项工作。

⑦协同有关部门组织各种书刊展览、学术报告、读书座谈、图书推荐、新书报道等项工作。

⑧建立和健全有关图书流通、读者需求情况的各种记录和统计制度,开展读者统计工作。

⑨保证借阅时间和阅览室的开放时间准确无误。

读者服务工作是图书馆工作的重心,而流通阅览工作则是这一重心工作的窗口,它直接体现图书馆两个文明建设的精神风貌。必须加强图书流通机构的组织与管理工作,合理配备流通阅览部的人力和智力结构,并制定相应的服务规范,使图书流通服务工作更上一层楼。

2. 参考咨询部的职责与任务

参考咨询部是读者服务工作组织与管理的一项重要内容,在我国,大部分图书馆都设置了这一部门。参考咨询部的主要任务和职责是:

①接受读者咨询课题。凡属读者文献咨询、文献知识咨询、文献线索咨询的课题,无论是某一事实或事件,还是某一专题或知识单元的咨询问题,均属于参考咨询部接受的范围之内。同时应相应建立读者咨询工作台,做好咨询档案记录,为解决读者各项咨询问题创造一切条件。

②分析咨询问题的性质,了解读者意图,判别咨询问题的实质,有效地解决读者各种困难和问题。

③解答咨询问题。根据咨询问题的性质,确定咨询途径,正确地使用各种工具书,记录查找过程,并利用口头、书面等方式提供咨询答案。

④建立咨询档案。根据问题的不同性质,相应建立读者咨询卡,记录咨询过程并妥善保存咨询档案。

⑤组织和管理必备的工具书,设置参考室,密切注意科学技术

的发展,分析科学研究的发展动态,并根据读者及社会的需要编制各种书目索引,提供二次文献服务。

⑥应建立文献咨询部门和教育辅导部门的联系,在其他各部门的协助下,对读者进行文献检索基本知识的教育和训练。

有关参考咨询部人员的配备要求较高,需要相应的专业知识水平、阅读翻译能力和工具书使用能力的工作人员方能胜任。

3.情报服务部的职责与任务

情报服务工作是现代图书馆工作的一项突出任务,它讲求服务的时效性和新颖性,更具有时代性,对图书馆工作人员的要求更高,尤其是外语能力、现代技术和专业知识水平、分析与洞察问题的能力。该部门的职责与任务是:

①根据本系统科学研究与教学的需要,配合采访部门及时收集各种最新的文献信息。

②建立情报分析小组,广泛吸收各学科的专家参加情报服务部的活动,形成情报调研网络。

③采用各种形式进行科研信息调查和查新工作,制定各种专题服务计划和实施方案。

④广泛开展书目服务、定题服务、编译服务、情报调研工作,向读者提供最新的情报信息资料,广、快、精、准地提供情报服务。

⑤研究现代技术在图书馆系统中的应用,建立计算机检索网络系统和终端数据库系统,运用先进的科学技术为读者提供服务。

4.现代技术应用与服务部门

现代技术应用与服务部门是随着科学技术的发展,为适应社会需求而设置的组织机构。其主要职责与任务是根据读者需要提供计算机技术、缩微技术、复制技术、声像技术、通信技术的服务,开展现代技术的管理与利用工作,从深度和广度上开发文献资源。目前,我国绝大多数的图书馆都根据自身发展的实际情况,组建了各种现代技术应用与服务部门。

二、读者服务人员的素质要求

读者服务工作是靠图书馆工作人员来进行和完成的。在读者服务工作组织管理中,读者服务人员是一个十分重要的因素。加强读者服务人员的管理是提高服务质量和效益的关键。

读者服务工作既是一项直接的服务工作,又是一项科学性很强的工作,它是读者服务人员以自己的聪明、智慧以及丰富的知识、经验来满足读者需求的过程。因而决定了对读者服务人员的素质既有共同的一般要求,而面对不同的读者,对服务人员又有特殊的要求。

读者服务工作人员具有的一般素质要求是:首先应具有全心全意为人民服务的思想,不为名利,不怕麻烦,热爱读者服务工作;其次是应具备一定的科学文化知识和图书馆学专业知识,能理解分析文献,从事日常工作,并能掌握一定阅读技巧,更快地熟悉文献,能迅速、准确地传递文献及指导阅读;第三,读者服务工作人员应有较强的事业心,有一定的观察、判断、分析和实际操作能力;第四,读者服务工作人员应具有良好的身体素质和性格开朗的心理素质,与人为善,亲切和蔼,平易近人,能够主动与读者进行心理对话,开展广泛的信息交流。

对读者服务工作人员特殊的素质要求是:首先,应具备一定的图书馆学知识和专业知识,熟悉和精通文献分布线索,能为读者解答各种咨询问题,能进行各种情报服务;其次,要掌握社会学、心理学、教育学知识,了解读者阅读动态,分析读者阅读效果,指导正确阅读;再次,能够运用语言技巧,宣传文献,宣传文献利用知识,辅导读者阅读活动。

三、读者服务工作人员的合理配备

读者服务工作人员队伍应具有合理的学科结构、职称结构和

259

年龄结构。就学科结构而言,读者服务各部门应是社会科学、自然科学、外语、图书馆学等专业人员的合理搭配,各学科人员的比例应根据读者服务机构的性质、任务、工作特点确定。如在咨询服务部和情报服务部,自然科学、工程技术、图书馆学、外语专业人员的比例应较大;而在外借、阅览部门,社会科学、人文科学、图书馆学专业的人员配备比例较大。就职称结构而言,读者服务部门人员应是高、中、初级职称的合理搭配,各级职称人员的数量比例因服务部门而异。如外借、阅览服务部门,中、初级职称人员应多些;而情报服务部门和参考咨询服务部门,中、高级职称人员应多些。就年龄结构而言,应是老、中、青不同年龄段人员的合理搭配,外借服务部门应以中、青年人员为主;而阅览、咨询、情报服务部门应以中、老年为主。

读者服务人员的合理配备是提高服务质量的关键问题,应根据每个服务人员的具体情况进行合理选配,以充分发挥图书馆读者服务人力资源的优势,调动工作积极性,提高服务效率。

四、读者服务工作人员的工作制度

读者服务工作人员的工作制度是读者服务人员在接待读者、完成服务工作任务中应遵守的行为准则,是读者服务人员管理的一种方法和手段。包括岗位责任制、业务工作制度和考核奖惩制度。

读者服务人员的岗位责任制是将读者服务工作划分为不同的岗位,明确规定岗位的职责与权利的一种管理制度。其主要内容包括岗位的名称,岗位所承担的任务与责任,岗位所处的位置以及与其他工作环节的关系,本岗位人员的数量及应具备的思想素质、心理素质与业务素质,岗位工作人员处理问题的权限及完成岗位任务应得到的利益等。实行岗位责任制有利于调动每个服务人员的积极性与创造性,有利于提高读者服务的效率和效益。

读者服务人员的业务工作制度是指对各项读者服务业务工作

所做出的具体规定,如具体的工作内容、质量要求、操作技术、注意事项、交接手续,等等。业务工作制度内容要系统、严密,各种规定要科学、合理,文字要简明、准确,各项制度之间要相互衔接,既要保持相对稳定,又要根据实际需要不断完善。

读者服务人员的考核奖惩制度是对读者服务人员的德、能、勤、绩诸方面进行评价、测定和奖励、惩罚的制度。制定和执行合理的考核奖惩制度是培养读者服务人员事业心,调动其积极性,创造人才竞争环境的一项重要措施。读者服务人员考核的各项内容都应有完整的指标体系和相应的评价标准。考核要走群众路线,坚持公平、客观的原则,采用定性与定量相结合的方法,定期或不定期地进行。对读者服务人员的考核与评价,一定要广泛征求读者的意见。对考核优秀的人员,应予以奖励;对考核的惩罚应慎重,不能随意扩大范围。

第四节　读者服务环境与设施的管理

一、读者服务借阅体制的确定

借阅体制是读者服务工作开展的一个重要前提条件,也是读者利用图书馆资源的环境条件。长期以来,我国图书馆界对图书馆是否开架进行了很多探讨,这一直是个争论不休的问题。现在看来,图书馆完全采取封闭式的方法,闭架借阅,很难适应时代的发展,不能满足社会的需求。盲目的开架,也势必会造成图书严重乱架和丢失的状况,造成图书馆的严重损失。因此必须针对我国的国情,采取以开架为主,开闭结合的借阅体制,以满足社会的需要。

1. 各种借阅体制的含义

所谓开架借阅,就是图书馆允许读者进入流通书库并直接在书架上挑选书刊的借阅体制。开架借阅的关键有两条：第一，允许读者入库；第二，允许读者在书架上选书。

所谓闭架借阅，就是图书馆不允许读者入库和在书架上选书，必须通过馆员提取才能借阅书刊的借阅体制。闭架制的关键也有两条：第一，读者不能进入书库；第二，读者只有通过馆员作为传递媒介，才能借阅书刊。一般情况下，还需查目录，填写借书单，由馆员凭单到书库取书后交读者借阅。

所谓半开架借阅，就是图书馆利用陈列展览的形式，将部分流通量大的书或新书陈放在安有玻璃的书架里，读者能看到书脊或书面等外貌，并可浏览挑选，但不能自取，借阅时必须通过馆员提取。这种借阅体制，也称"亮架"制。半开架制，比起闭架制，对于读者放宽了开放尺度，可以浏览书架上的书，减少了查目填单的环节；比起开架，对读者又限制了一层：不能自己取阅，必须通过馆员传递。而且可供陈列亮架的藏书数量只是流通藏书的小部分，在外借处、阅览室、辅助书库内一部分地方展出，占用有限的空间，而大部分流通书不能采用这种体制。因此，半开架制是介于开架和闭架之间的一种辅助借阅体制。国外将半开架制称为准开架式，这种体制有它独特的作用——便于宣传推荐。组织管理部分藏书在一定程度上方便读者直观性选择书刊，配合开架和闭架书库中需要特殊处理的部分藏书，是很有必要的。

所谓部分开架，是指图书馆的流通书库在对大多数读者采用闭架制的情况下，允许一部分具有高级职称或特殊研究需要的读者，对一部分书库藏书实行有限制的开架借阅方式。这是许多闭架图书馆普遍采用的办法，称为闭中有开的部分开架制，属于开架制范畴。

所谓部分闭架制，是指图书馆的流通书库在对大多数读者采取开架制的情况下，对于其中部分藏书和部分读者采用闭架制的借阅方式。其作用是：既有利于部分藏书的安全保管，长期利用，又有利于有区分地为读者服务。这也是许多开架图书馆普遍采用的办法,称为开中有闭的部分闭架制,属于闭架制范畴。

在开架阅览室体系中,有两种开架形式:自由开架式和安全开架式。

所谓自由开架式,是指辅助藏书与阅览座位处于同一空间,读者可自由出入,直接在书架上随意挑选并提取所需书刊,就室阅览,不必办理任何借阅手续。这种形式对于读者最为方便自由,但藏书保护条件差。此种方式在美国比较流行,因此也称为美国式。

所谓安全开架式,是指辅助藏书单独设库,流通藏书与阅览座位处于两个相互连接的空间,读者可直接进库挑选并提取所需书刊,但要到阅览室阅读,需办理登记手续,阅毕后需归还给工作人员。这种方式对于读者比较方便,稍费点时间,但对于藏书的保护则比较安全可靠,并能保持安静的阅览环境。此种方式在英国比较流行,因此也称为英国式。

国外的学校和专业图书馆多采用自由开架式阅览体制,公共图书馆则多采用安全开架式阅览体制。我国也大体如此。

2. 开架借阅体制的优缺点

实行开架的最根本的特点也是最根本的优点,就是让读者有机会直接接触馆藏的大量图书,并且通过浏览可自行选借所需要的文献资料。北加利福尼亚大学进行的研究指明,读者从开架系统转向接受闭架系统,潜在的困难就会增多。他们对80%进库的教师、研究生进行抽查,普遍反映在查阅文献中,不能依靠目录和书目作为取代浏览的手段。

由此可见,开架借阅确实为读者提供了很大的方便,它能让读者接触大量的文献资料,它的各种优越性都源自于这一根本的特点和优点,同时它的缺点也是来源于这个特点。

开架服务的主要优越性具体表现在以下几个方面:①提供文献的充分性。读者直接接触丰富的藏书,能自由挑选适合自己需要的书刊。②选取图书的直观性。读者与藏书直接接触,能开拓读者知识视野,提高阅读的积极性,吸引更多的读者。③借阅过程的简便性。方便了读者,节省了读者的时间,缩短了读者获取图书文献的过程。④图书流通的扩大性。扩大了图书流通范围,降低了图书拒绝率,减少了部分藏书不必要的外流。⑤指导阅读的有效性。把馆员从繁忙的工作中解脱出来,有较多的时间了解读者,开展咨询解答和指导阅读工作。

开架的缺点是容易产生乱架、书籍破损和丢失。从图书馆的角度来看,藏书的安全、完整、有序、方便管理,是图书馆内部工作的一个基本要求,也是闭架借阅的长处。如何有效地充分发挥开架的优点,克服其缺点,只有加强管理,采取必要的措施,将丢书、破损和乱架现象减少到最低限度,使藏书得到最充分的利用。

3. 确立实行以开架为主的开架与闭架相结合的借阅体制

在图书馆为读者服务的借阅体制中,无论是开架借阅,还是闭架借阅,它们的共同宗旨就是要方便读者,满足读者的阅读需要,提高服务效率、服务质量,保证读者和图书馆的根本利益。因此,在实际工作中,就要根据本馆藏书和读者的具体情况来确定本馆的借阅体制,而不能盲目地开架和全闭架。目前,我国图书馆在有条件的情况下,可以针对不同的读者和藏书,实行有条件的局部范围的开架,这实质上也是遵循图书馆藏用结合的规律,实行开架与闭架相结合的借阅体制。

目前,应当根据藏书在读者中的流通情况,以及藏书的使用价值来确定是否开架。若是在大多数读者中流通的藏书,应对广大读者开架借阅;若是只适合少数读者查阅的书刊,就不宜对大多数读者开架。一般性书刊,利用率高的,复本量大的,可以开架;珍贵书刊,单本书刊,利用率低的书刊,以及内容不便公开的书刊,就应该对一般读者实行闭架,对科研读者实行开架。绝对的开架和闭架,实际上是不可能存在的,每个开架借阅的图书馆对自己的部分特藏书刊和保存本都是实行闭架借阅的方式。关键的问题是在实行开架借阅的藏书选择标准上,要考虑读者的阅读需要,同时也要考虑图书文献的状况,不可一概而论。总之,以开架为主,实行开架与闭架相结合的借阅体制是方便读者,保证藏书安全、有序,能够长期使用的行之有效的借阅体制。各类型图书馆应从读者的需要和图书馆的实际利益出发,创造条件,实行以开架为主的借阅体制。

二、读者服务设施的管理

图书馆要很好地组织读者进行阅读,不仅要具备丰富的藏书和高水平的业务人员,还应当为读者提供良好的活动场所、舒适的阅读环境和方便使用的各种设备。这些为开展社会阅读活动所必需的物质条件,统称为图书馆的服务设施。服务设施的管理主要是指设施的合理设置和布局,既能适应读者利用文献的各种需要,又能方便图书馆工作人员开展各项业务活动。

1.设置读者服务设施的依据

(1)适应本馆主要读者队伍的需要

图书馆读者对提供文献的方式的需求具有不同的特点,因而对服务设施的要求也各不相同。如科研人员和高校教师,除了图书外借方式外,还须查阅参考工具书和库本书,因此,有必要设置工具书阅览室和保存本阅览室,以提供更多的文献资料。又如少儿馆,应根据少儿读者生性活泼,不能坚持长时间阅读的生理、心理特点,除设置阅览室和外借处外,还可适当设置活动室和游艺室。

(2)适应各类文献使用与保管的特点

不同类型的文献在使用与保管上各有特点,为使各种文献充分发挥作用,可以设置以各种文献载体为特征的分科阅览室,既满足读者对某些特殊文献的需要,又便于各类特殊文献的管理与利用。如古籍阅览室、中外期刊阅览室、视听资料室,等等。

(3)适应馆舍、人力等现有条件

服务设施的设置不仅要适应读者需求与文献特点,还必须根据各图书馆现有的人力、物力和馆舍条件,合理设置读者最需要、最能有效利用文献的设施,以充分发挥现有藏书、设备和人员的作用,最大限度地满足读者需求。

2. 读者服务设施的布局

每个图书馆都有数个服务设施,这些设施的合理布局,是现代图书馆十分重视的问题,它与提高服务效率有着密切的关系。对服务设施的布局要求是:(1)缩短读者与特定文献的距离,加快流通的速度;(2)能充分发挥各种服务方式与服务设施的特点和作用;(3)读者活动路线与图书馆内部工作的路线互不干扰,方便读者利用和书刊管理。

对服务设施从布局的思想上注重开放性,结构上注重层次性,这是衡量封闭式管理与开放式管理的一个很重要的区别。

读者服务设施的层次性可分为群众活动区:一般应设在图书馆的入口处,有单独的出入口,以保证不影响图书馆内部的工作和读者阅读。流通阅览区:应距离书库较近,外借处与目录室应布置在图书馆的入口处;还应设置咨询处,以解答读者提出的问题;阅览室应设在光线、通风均较好之处;应离群众活动区较远。情报服务区:可设在馆舍的高层,接近基本书库,应尽量避免与读者活动场所相交叉,应体现小而精的风格。

三、阅览室的结构与排列

1. 阅览室的结构

阅览室是由阅览空间、阅览桌椅、辅助藏书、读者目录及其他阅读设备构成的设施。工作人员是阅览室的管理者、指导者和咨询者,读者是阅览室的查询者和使用者。

阅览室的空间设计,应从实际出发来安排其结构。第一,要考虑读者阅读藏书的需要,设置出光线明亮、空气清新、安静舒适的学习条件和研究环境;第二,要考虑设置适合读者阅读和学习的阅览桌椅;第三,要考虑配备合理数量的阅览座位;第四,辅助书库和藏书结构的设计,要与读者需要相结合,与读者查找和利用相结合;第五,读者目录及检索工具的配置,应作为阅览室辅助藏书的有机组成部分,充分发挥其检索与参考作用;第六,配备适当的视听设备和阅读设备,使读者可以任意选择文献的载体形式,开展多种多样的阅览活动,增强阅览室的综合使用功能。

2.阅览室的排列组合

阅览室的排列组合,大体有四种形式:壁面式、并列式、梳式、辐射式。从便于管理、便于查找、便于阅览出发,它们各具优点,也各有其缺点,应根据需要进行排列与组合。

(1)壁面式(图8-5)

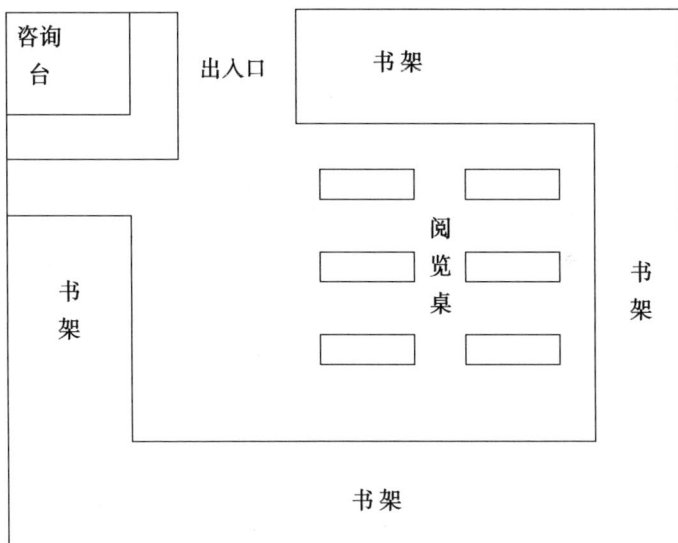

图8-5　壁面式阅览室

墙壁四周安置单面书架,阅览室中央陈放阅览桌椅,出入口旁边设咨询台。读者进入室内,到壁面四周书架上自由选取书刊资料,在室内中央桌椅上阅读,看完后再行更换。这种书架排列方式,使读者感到视野开阔,标示醒目,容易查取所需书刊资料,主要空间用作阅览,容纳读者较多。其缺点是,壁面面积有限,除窗口外,四周面积很少,放置书架及陈列书刊较少,且读者经常来回走动,易分散阅读注意力,难以保持安静的阅读气氛。这种设计方式,适用于阅览空间较大的普通报刊阅览室,以及自修性阅览室布局。

(2)并列式(图8-6)

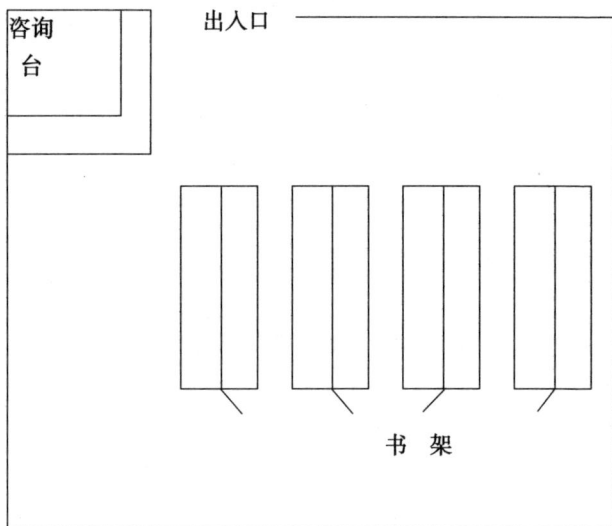

图8-6 并列式阅览室

在阅览室中央并列设置双面书架,靠近壁面四周陈放阅览桌椅,出入口旁边设咨询台。读者进入室内,集中到中央书架上自由选取书刊资料,然后在附近桌椅上就近阅读。这种排架方式,主要

268

空间用作陈放和查找藏书,容纳书架和藏书较多,对读者阅读干扰小,起着某种程度的分散作用,读者可以安静地阅读。其缺点是,壁面面积有限,陈放阅览座位较少,且书架过于集中,读者查找资料容易互相干扰。这种方式适用于专业阅览室,或文献检索阅览室布局。

(3)梳式(图8-7)

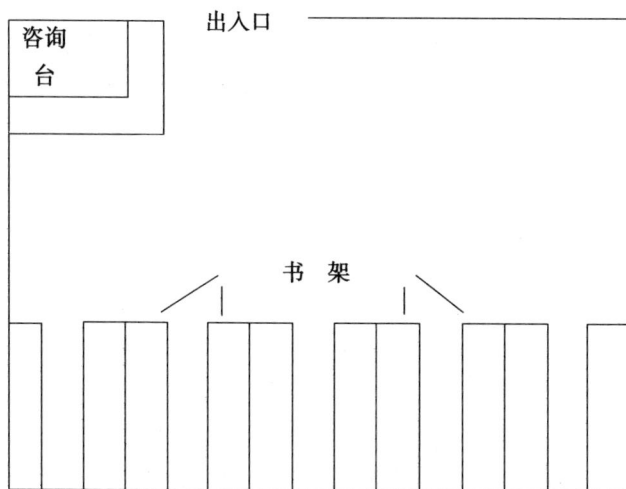

图8-7 梳式阅览室

阅览室空间分成两边,一边竖直间隔排列双面书架,另一边对称陈放阅览室桌椅,书架与桌椅面对墙壁垂直并列配置,咨询台设在出入口靠近阅览桌椅旁边。这种书架排列方式,将书架空间与阅览室空间明显地分开,查找资料与阅读书刊互不干扰,读者可以安静地阅读。其缺点是,给读者随时查找资料、随时阅读带来不便。这种方式适用于外文书刊阅览室或特种文献阅览室布局。

(4)辐射式(图8-8)

阅览室以咨询台和个人阅览桌为中心,将书架由中心向四周

269

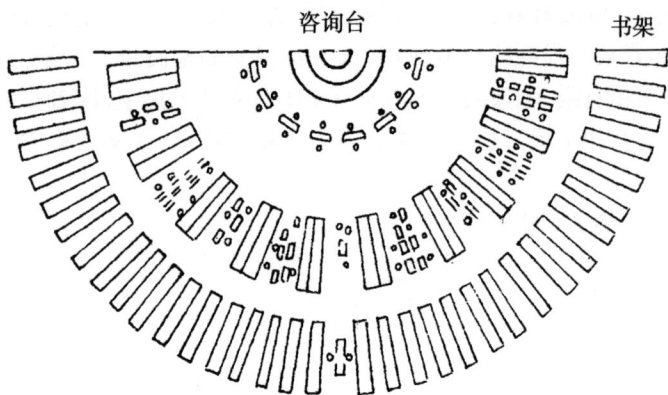

咨询台　　　　　　　　　　　　书架

图 8-8　辐射式阅览室

直接伸展排列,在书架间隔处陈放小型阅览桌椅,书架藏书与阅览桌椅融为一体。辐射式书架之间呈不等距状态,靠近中心地区距离小,靠近边缘地区距离逐渐增大。其空间结构分三层:第一层,中轴设咨询台,圆心地区集中设置一圈个人阅览小桌,读者自由使用。第二层,书架与书架之间,交替陈放单人阅览用桌椅,双人或多人阅览用桌椅,在阅览桌椅周围排列同类书书架,并留有人行通道,便于读者穿行查找书刊和就近阅读使用。这一层的阅览用桌椅,为读者提供了查阅书刊的方便条件。第三层,圆周外围较大空间,比较密集排列书架,书架与书架之间只留人行通道,不设阅览桌椅,以便陈列数量较多的辅助藏书,但可以利用圆周外围的小空间建立个人阅览专用室,同时利用塔楼四角较大空间,设置几人共同阅读研究用讨论室,以配合读者研究工作。

辐射式书架排列方式,作为阅览室整体布局结构形式,使书库和阅览空间融为一体,既发挥了开架书库方便使用的特点,又发挥了阅览室满足不同层次读者阅读、研究、讨论、参考的综合作用,综合了书库与阅览室两者的优点。这种布局排列方式,用在一般长

270

方形阅览室空间里,浪费面积较多,放置书架较少,只有在圆形或半圆形阅览室空间里才适用。美国西北大学图书馆 1970 年新建成的三座相连的塔楼建筑物,就采用辐射式排列法布局圆形阅览室书架和桌椅。

第五节　读者服务工作效益评价

在读者服务组织管理中,服务效果的评价是制定工作计划和总结工作成果的重要内容之一。正确评价工作效果,及时总结工作中的经验教训,是扬长避短,改进工作和制定新的工作计划必不可少的依据。

一、读者服务工作效益评价的依据

什么是读者服务工作效益评价? 这是一个值得探讨的理论问题。根据一定的方法和指标,系统地衡量图书馆读者服务工作的效果,判断是否达到预期的工作目标的过程,就称为读者服务工作效益评价。具体来说,读者服务工作效益的评价应该包括如下三个方面的内容:

读者服务工作的职能效果——指图书馆工作人员工作完成的情况,即根据工作计划所制定的服务工作各项指标完成的情况。这种效果的衡量比较简单,主要是看工作计划是否完成。因此,这种效果主要是工作量的评定和表现。

读者服务工作的经济效果——指读者服务活动所产生的效果与为此效果所付出的劳动、物资技术和资金的比较。例如,由于提供某一文献信息,使读者节约投资或增加多少产品。这类效果是明显的,也是容易被人们所理解的。但实际效果的确定和计算是比较复杂和困难的。有些读者服务工作直接体现了经济效果,但更多的工作不可能直接体现经济效果。不直接体现经济效果的服务工作不能认为是没有经济效果,因此,评估服务工作效果时,还要考虑到社会效益问题。

读者服务工作的社会效果——指服务活动满足一般读者需要的情况,这种需要可以是学习提高、科研探索和文娱欣赏等多方面的。任何文献服务机构和部门都不可能绝对局限于自身的职能,它的文献保存职能、情报职能和教育职能难于绝对分开,因此,读者服务工作的社会效果难以具体衡量,它常常体现在职能效果之中。

读者服务工作效益评价的三方面内容是有机联系的,在服务效果的评估中,都应给予足够的重视,忽视哪一方面都会产生片面性。过分强调职能效果,只能说明是在工作计划的数量上考虑问题;过分强调经济效果则会忽视某些目前还看不到经济效益的、具有重大理论性、启发性和教育性的社会效果;只着眼于社会效果不重视经济效果也是不现实的。因此,在效果的评价中,应力求宏观全面、客观、公正。

二、读者服务工作社会效益的评价

一般来说,读者服务工作社会效益是指从社会总体利益出发来衡量的读者服务活动的整体效果。它不仅注意并分析读者服务工作的局部利益,而且更侧重于强调读者服务工作对整个社会的作用和影响,注重读者服务活动所取得的社会总体利益,使图书馆资源得到最佳配置。具体来说,读者服务工作的社会效益包括四个方面的内容,即社会活动效益、精神文化效益、生态环境效益和科学技术效益。

读者服务机构作为一个与社会发展具有密切联系的有机体,时刻与整个社会的运动保持着同步运行。如读者服务机构根据社会需求,在向社会提供大量的文献和知识的同时,也为社会培养了大量的人才,并与社会的政治、秩序、人际交往等众多领域发生交往关系。为稳定社会秩序,巩固社会制度,促进社会教育、卫生、交通运输、通讯等各项社会公益事业的发展而付出的代价,取得了社会活动效益。同时,作为社会文化教育阵地的读者服务机构,保持着与社会在精神文化领域的交往,为促进社会主义精神文明建设,改善社会道德状况而付出的代价,取得了社会精神文化效益。读者服务机构不是一个孤立的系统,而是与社会和自然环境保持着物质、能量、信息交换的交互系统。读者服务机构内部的运行机制与社会环境的关系,都会对社会环境和自然环境产生一定的影响,并取得一定的社会环境效益。

对读者服务社会效益的评价,首先要树立社会效益概念,经常地、系统地、科学地分析读者服务的具体指标,充分开发文献资源,采用现代计算机技术,以提高读者服务的整体效益。

三、读者服务工作经济效益的评价

读者服务经济效益就是在读者服务活动中,消耗一定量的活劳动和物化劳动后所能实际取得的满足读者需要的服务产品量的大小。即用尽可能少的读者服务劳动消耗,为社会提供更多更好的读者服务产品,充分满足读者日益增长的文献需要。长期以来,图书馆作为社会的文献收藏与服务机构,比较重视读者服务的社会效益而忽略了经济效益,对图书馆事业的投资的分布及利用效益没有做认真的分析。由于我国经济不太发达,国家对图书馆事业的投资还不能满足图书馆发展的需要。因此我们应根据中国的国情,采取一些行之有效的措施,多层次、多渠道地发展图书馆事业,增加图书馆事业的经济收入,在寻求提高社会效益的同时,提高图书馆事业的经济效益。要做到这一点,就必须注重读者服务工作中的"投入—产出"比值,按照价值规律办事,开展适当的有偿服务。

第六节　读者服务工作统计

　　读者服务统计,是读者服务组织与管理的一个重要组成部分,是实现图书馆科学管理的重要依据。没有统计,没有基本的数量分析,就无法进行科学管理。

一、读者服务统计的作用

　　读者服务工作是图书馆工作的前哨,是联系读者与藏书的桥梁,又是衡量藏书质量的尺度。有了读者服务工作的各种统计数据,就可以通过综合分析或单项分析,反映读者服务工作与读者之间的矛盾、工作质量与数量之间的矛盾、藏书与使用之间的矛盾,等等,以便于今后采取有效措施加以改善和解决。它的主要作用是:

　　1.能揭示图书馆工作的特征和规律。对图书馆工作规律的正确认识和发现,在很大程度上依赖于读者统计工作。通过各种统计指标,不仅能反映一个图书馆服务水平的高低,而且能促进其他各项业务工作。

　　2.能反映读者的数量以及不同类型读者的阅读需求,掌握读者阅读动向,以便探索读者活动规律,从而组织读者,最大限度地满足读者。

　　3.通过对收藏文献的数量、文献的增减率、周转率等数据的统计,反映图书馆的发展速度与规模,找出文献增长的规律。

　　4.能反映最大限度地满足国家发展必须拥有的书刊资料,以保证文献的增长与读者知识量的增长和科学技术发展的比例一致,减少读者服务工作中人力物力的浪费。

二、读者服务工作的统计指标及其比率关系

1. 统计指标

读者服务工作的统计分为三个方面：(1)读者统计。包括全馆读者的总人数，各种类型、各种成分读者的人数比例；读者到馆总人数，各种类型、各种成分读者到馆数量比例等的综合统计和分类统计。(2)借阅统计。包括一定时期内读者借阅馆藏总数量；各种类型、各种成分读者借阅图书数量比例；读者借阅馆藏图书的分类统计；各种类型、各种成分读者借阅馆藏文献的分类统计。(3)流通统计。包括一定时期内馆藏文献流通总数量、总册次，不同类型、不同类别藏书流通数量及比例；不同辅助书库藏书流通数量的综合统计和分类统计。

各种统计材料所提供的原始数据，有的可以直接用来说明问题，而有的必须加以分析、综合、进行计算比较，求出比率指标，为改进读者服务工作提供准确可靠的参考数据。

2. 统计比率关系

利用有关的统计指标可以得到各种具体的统计比率关系：

(1)图书保障率。本馆正式读者平均占有馆藏图书数量的比率，是用一定时期图书馆藏书总册数除以读者总人数所得出的比值。

$$\frac{\text{全馆藏书总册数}}{\text{全馆读者总人数}} \times 100\% = \text{图书保障率}$$

(2)各类型读者比率。本馆正式读者中各类型读者所占的数量比率，是用一定时期内本馆各类型读者人数除以全馆读者总人数得出的比值。

$$\frac{\text{全馆某类型读者人数}}{\text{全馆读者总人数}} \times 100\% = \text{某类型读者比率}$$

(3)读者到馆率。本馆正式读者平均到馆次数的比率，是用

全年读者到馆总人数除以全馆读者总人数得出的比值。

$$\frac{全年读者到馆总人数}{全馆读者总人数} \times 100\% = 读者到馆率$$

（4）图书流通率（周转率）。全年读者借阅藏书数量占全馆藏书总数量的比率，是用全年藏书借出数量除以全馆藏书总数量得出的比值。

$$\frac{全年馆藏书借出数量}{全馆藏书总数量} \times 100\% = 图书流通率$$

（5）读者借阅率（阅读率）。全馆读者一年内平均每人所借藏书册次比率，是用全年借出册次除以全馆读者借书人数得出的比值。

$$\frac{全年藏书借出总册次}{全馆读者借书总人数} \times 100\% = 读者借阅率$$

（6）读者拒绝率。本馆读者在一定时期内未借到藏书的数量占全部合理借书要求总数量的比率，是用读者未借到图书数量除以读者全部合理借书要求总数得出的比值。

$$\frac{读者未借到图书数量}{读者合理借书要求总数} \times 100\% = 读者拒绝率$$

（7）读者满足率。本馆读者在一定时期内已借到藏书数量占全部合理借书要求总数的比率，是用读者已借到图书数量除以读者合理借书要求总数得出的比值。

$$\frac{读者已借到图书数量}{读者合理借书要求总数} \times 100\% = 读者满足率$$

思考题：

1. 读者服务工作组织管理的思想基础是什么？

2. 读者服务工作的组织管理应遵循哪些原则？

3. 读者服务组织管理的内容和意义有哪些？

4. 如何组织读者登记工作？

5.图书馆应设置哪些读者服务机构？各种读者服务机构的职责和任务是什么？

6.对图书馆读者服务人员的素质有哪些要求？如何合理的配备读者服务人员？

7.如何确立读者服务的借阅体制？

8.设置读者服务设施的依据是什么？

9.读者服务工作效益评价的依据是什么？

10.简述读者服务工作统计的作用及指标体系的种类和具体的统计指标。

90 年代以来读者服务工作研究论文索引

一、总论

读者研究述评/代风勋//河南高校图书情报工作. —1990(1)

试论阅读学的研究对象/黄葵等//图书情报论坛. —1990(4)

论图书馆参考工作社会化/曾建华//图书情报知识. —1990(2)

谈图书馆服务工作的优化/郁立//图书馆员. —1990 (3)

十年来关于读者工作规律研究述评/董见新//图书馆工作. —1991
(1)

再论读者工作的实质/陈洪旺//黑龙江图书馆. —1991(3)

略论阅读活动的控制和优化/王龙//黑龙江图书馆. —1991(3)

关于读者工作的理论与实践/项戈平//大学图书情报学刊. —1991
(3/4)

论图书馆读者服务工作/金德芬//四川图书馆学报. —1991(1)

读者工作十大新旧观念的破与立/徐文//图书馆研究. —1990(1)

浅谈读者服务工作的社会性:兼评"读者摈弃图书馆"的论点/王
璞//云南图书馆. —1991(1)

对读者工作原则的认识与思考/王春方//图书情报知识. —1991
(4)

阅读社会学初论/王龙//图书馆理论与实践. —1991(4)

阅读方法论/胡继武//四川图书馆学报. —1991(3)

当前读者工作中的几个问题/黄天常//贵图学刊.—1991(4)

试论读者工作与精神文明建设/王焰//图书馆学、情报学、资料工作.—1992(1)

浅谈读者工作的新作用、新趋势、新途径/王安文//山西图书馆学报.—1992(1)

深化服务,是传统服务的延伸与强化/夏洪川//图书馆建设.—1992(1)

阅读学的形成与发展过程/俞君立//图书情报论坛.—1992(4)

阅读倾向研究悖论/朱铮//图书馆工作与研究.—1993(2)

图书馆向社会全面开放的思考/刘勤文//大庆社会科学.—1993(4)

顺应形势发展,更新服务观念/贺金升//图书与情报.—1993(2)

更新观念,满足需要,迎接挑战/赵申全//图书馆.—1993(3)

更新观念强化读者服务工作/李新萍等//当代图书馆.—1994(3)

试论读书与经济发展/徐元复//福建图书馆学刊.—1994(1)

浅议图书馆信息服务经营环境与对策/彭欣//当代图书馆.—1994(6)

探讨新形势下图书馆的读者服务工作/吴薇//四川图书馆学报.—1994(7)

市场经济中图书馆信息咨询业的构建/赵莉//图书馆理论与实践.—1995(1)

关于读者学的学科性质浅议/王桂艳//图书馆学刊.—1995(1)

改革开放形势下读者服务工作的新内涵/刘淑荣//图书馆学刊.—1996(1)

试论文献信息服务与市场经济/陈邦兴//图书馆工作.—1996(2)

优质服务与图书馆形象/潘建民//图书馆研究与工作.—1996(3)

信息社会中图书馆服务的变革/高川霄//纺图学刊.—1996(2)

论新时期的图书馆读者工作/陈琰//文献信息学刊.—1996(2)

未来图书馆读者服务展望/卢滨玲//现代远距离教育.—1996(2)

用户资源建设引论/陈大辉//图书情报工作.—1996.增刊

新形势下的文献信息服务/白国应//大学图书情报学刊.—1996
（7）

论信息市场的发展与图书馆的信息服务/骆卫东//新疆图书馆.—
1996(2)

现代图书馆的信息服务及其评价/郭兴超//图书馆理论与实践.—
1996(2)

怎样做好新形势下的读者服务工作/张鹤明//少儿图书馆、中小学
图书馆.—1997(1)

读者工作与义务馆员/张建文//山东教育学院学报.—1997(1)

浅谈读者服务工作的现代化、情报化和社会化/刘甦//文献工作研
究.—1997(1)

师生并重、资源共享：谈读者体系改革/侯心如//文献信息学刊.—
1997(1)

二、读者心理与行为研究

高校读者阅读倾向漫谈：一个教师的观察和思考/陈永年//贵图学
刊.—1990(4)

试析大学生读者的逆反心理/陈青凤//西北高校图书馆通讯.—
1990(3)

80 年代我国图书馆读者调研活动述评/张欣毅//晋图学刊.—
1990(3)

试论影响读者行为心理的基本因素/王维利//辽宁师范大学学报：
社科版.—1990(6)

谈图书馆读者的阅读心理及气质/周俊//教育研究：社科版.—
1990(1)

图书馆读者工作周期性和趋势性的综合分析/李东方//图书馆

员. —1990(9)

浅谈农业图书馆的读者工作/刘季艳等//情报知识. —1990(2)

违章读者的心理分析/王铭庆//图书馆工作与研究. —1991(3)

长春市各层次学生读者利用图书馆的现状评述/杨鼎家//图书馆学研究. —1991(2)

儿童阅读理解监察能力的检测/沈雄楠//儿童图书馆与中小学图书馆. —1991(5)

当代大学生的文献需求与对策研究/吴丽萍//图书情报知识. —1991(2)

高校教师阅读心理分析/李金秀//许昌师专学报:社科版. —1991(1)

图书馆读者阅读倾向辩证观/马英立//黑龙江图书馆. —1991(3)

高校读者阅读心理研究/梁卫//图书馆学刊. —1991(2)

图书馆读者经济负担简析/葛爱和//图书馆工作与研究. —1991(3)

对我国文献需求的宏观预测/孟雪梅//图书馆学研究. —1991(4)

试论高校图书馆读者借阅心理/王霞//图书馆工作. —1991(3/4)

读者需求量及需求特点分析/王宁//图书馆学研究. —1991(5)

高校大学生读者心理探析/钱峰//云南高教研究. —1991(4)

关于读者阅读热点的宏观调控问题/邱维民//四川图书馆学报. —1991(5)

浅议师专学生借阅心理的变异/周凌//云南高教研究. —1991(4)

师专学生的阅读心理及其导引浅见/戴余波//高校图书馆工作. —1991(4)

高校师生读者的需求及其对策/钟伟湘//河南图书馆学刊. —1991(3)

医科大学生的文献情报需求:蚌埠医学院学生问卷调查与分析/周勤//大学图书馆情报学刊. —1992(2/3)

闽西大学学生课外阅读状况调查与分析/陈伶//福建图书馆学
　刊.—1992(3)

读者类型划分中的误导因素/李正麟//图书馆理论与实践.—1992
　(4)

论读者的阅读动机/孙伟//图书馆学研究.—1992(4)

高校读者阅读心理探析/李建宁//图书情报知识.—1991(1)

高校图书馆读者的阅读需求与阅读辅导/王建萍//阴山学刊:哲社
　版.—1992(1)

教师研究生的阅读需求特点及其对策/丁继祖//吉林高校图书
　馆.—1992(2)

阅读心理过程及其行为的构成/傅荣//心理学探新.—1992(4)

图书馆读者行为机制与制约因素探讨/沙勇忠//云南图书馆.—
　1992(3)

试论读者参考权/于鸣镝//中国图书馆学报.—1992(2)

读者工作中的心理暗示问题/张嘉林//冶金高校图书馆.—1991
　(3/4)

重点读者用户心理障碍分析及排除/汤水源//情报资料工作.—
　1992(4)

师专图书馆读者阅读需要初探/曾建//成都师院学报:文科版.—
　1992(2)

工科大学生图书情报需要调查分析/王夏//冶金高校图书馆.—
　1991(3/4)

理工科大学生文艺书刊阅读的重要性/朱进//冶金高校图书馆.—
　1992(2)

读者调研探索:兼记调研方法中的若干问题/程跃华//图书馆学研
　究.—1992(3)

把握读者心理状况,改善图书馆的工作方法/封薇//儿童图书馆与
　中小学图书馆.—1992(2)

采编工作中的读者心理研究初探/汤宗廷//河南高校图书情报工作. —1992(4)

学生阅览书刊逆反心理的产生与防治/王为群//吉林师范学院学报:哲社版. —1992(4)

读者需要研究/于鸣镝//大学图书情报学刊. —1992(4)

论图书馆与读者之间的协调/吴良兰//大学图书情报学刊. —1992(1)

高中文科学生课外阅读心理分析及对策研究/朱云萍//儿童图书馆与中小学图书馆. —1992(3)

农业图书馆读者需求情报的特点及规律/赫延春//图书馆学研究. —1992(3)

读者心理与规律/孙淑萍//图书馆学研究. —1992(5)

高校图书馆读者研究/陈明藏//贵州财经学院学报. —1992(4)

读者的审美观:读者心理初探之十一/洪焕//贵图学刊. —1992(4)

试析图书馆与读者的主客体关系/梅玫//图书馆界. —1992(4)

公共图书馆的读者工作/武复兴//陕西图书馆. —1992(4)

高校读者阅读规律探讨/桑玉洁//西北高校图书馆通讯. —1992(4)

大学生社会阅读热点的调控与导向/覃兼之//农业图书情报学刊. —1992(4)

读者心理与图书馆员素质/王玉芬//中国图书馆学报. —1992(3)

研究所读者利用文献的新特点/范贤民//图书情报工作. —1992(4)

窃书者的心理障碍及对策/王渭//图书馆学刊. —1992(3)

试论读者阅读需求的特性/邱维民//图书馆. —1992(3)

简论影响读者阅读心理的主要因素/麦勇洪//福建图书馆学刊. —1992(1)

研究读者心理,增强文章效应/吴建芳//广州师院学报:社科版.—
1992(3)

阅读过程的选择性和选择能力的结构/任先芳//上饶师专学报.—
1992.12(2)

高校读者对书目情报需求和利用的调查和分析/袁桂娥//图书
馆.—1992(4)

读者的时间观:《读者心理初探》之九/洪焕//贵图学刊.—1992
(2)

试论读者满意程度:探讨影响读者满意程度的相关因素/张艳红
等//图书馆学研究.—1993(1)

图书馆与读者的心理沟通/胡广东//图书与情报工作.—1993(1)

大学图书馆应注意少数民族学生的特殊阅读需求/尹熙根//西北
高校图书馆.—1993(1)

高校读者情报意识的现状与强化/王秋香//农业图书情报学报.—
1993(1)

研究阅读倾向,服务学生读者/刘明凤//图书情报论坛.—1993
(1)

省级文科院图书馆系统科技人员情报需求的调查与发展趋势/谢
坤生//四川图书馆学报.—1993(4)

近期大学生阅读倾向及对策/亢成业//晋图学刊.—1993(3)

馆员与读者的心理换位/周善儒//图书馆学研究.—1993(4)

大学生读者损坏书刊行为心理及预防对策/陈吉凤//高校图书馆
工作.—1993(2)

军校学员阅读需求分析/赵阳//津图学刊.—1993(3)

读者检索障碍浅析/高建平,徐爱凤//山东图书馆季刊.—1993
(4)

高校图书馆读者阅读需求探浅/张少淑//财税理论与实践.—1993
(4)

当代俄罗斯人阅读行为分析/姚育德//图书馆杂志.—1993(12)

高校女生读者阅读心态面面观/王金娥等//图书馆杂志.—1993(12)

读者咨询心理初探/谢晖//图书馆论坛.—1993(2)

情报需求与情报环境的研究:理工科院校文科研究生的调查/贾守铭等//西北高校图书馆.—1993(3)

县(市)图书馆读者的阅读偏向与对策/韩铁桥等//图书情报知识.—1993(1)

谈民族意识与阅读倾向/李杰//贵图学刊.—1993(3)

读者的审美观续:读者心理初探之十一/洪焕//贵图学刊.—1993(1)

读者阅读心理初探/王桂林//武汉教育学院学报:哲社版.—1993(12)

大型钢铁企业图书馆读者的需求特点及其对策/李洪珍//图书馆学刊.—1993(1)

影响读者行为的环境因素分析/白凌等//冶金高校图书馆.—1993(2)

读者心理学研究对象与研究内容新论/代振兴//图书情报知识.—1993(3)

论图书馆读者的阅读兴趣/刘建明等//图书与情报工作.—1993(1)

析影响大学生选择文献的三因素/陈文蓉//成都大学学报:社科版.—1993(4)

大学生读者阅读心理探幽/周金林//中国图书评论.—1993(1)

在社会主义市场经济条件下读者需求特点与图书馆改革/杨锐明//云南图书馆季刊.—1994(4)

谈外文期刊读者心态与导读/董丽波//图书馆学刊.—1994(4)

试谈读者间的相互影响/孙玉香//图书与情报工作.—1994(3)

浅谈工科大学一年级学生的阅读倾向及特点/杨宜培//津图学刊. —1994(3)

明确阅读目的,扩大知识视野:谈谈如何做好课外阅读工作/李钟秀//大学图书情报学刊. —1994(4)

试析高校图书馆不同层次读者的阅读心理/郝瑞芹//石油大学学报:社科版. —1994(2)

民族高校读者的阅读心理探析/李大杰//中南民族学院学报:哲社版. —1994(3)

读者阅读需求调查浅论/黄亚海//图书馆论坛. —1994(4)

学生读者心理浅析/林惠珍//文献信息学刊. —1994(3)

创造型读者思维特征浅析/刘红//图书情报论坛. —1994(2)

大学生利用图书的调查分析/李非,佟艳丽//图书与情报工作. —1994(4)

浅谈大学生读者技能/罗芷苓//图书与情报工作. —1994(3)

对当前工会图书馆读者阅读需求的分析和认识/王惠生//山东图书馆季刊. —1994(2)

影响图书馆读者工作的几种心理效应/孟昭玉//当代图书馆. —1994(3)

大学生信息搜寻心理和行为/孙淑兰//当代图书馆. —1994(2)

社科院图书馆读者需求研究/吴海升//图书馆工作. —1994(3/4)

高校图书馆学生读者心理特点及其对策/马绍荟//云南图书馆季刊. —1994(1)

读者心理学研究管见/梅雪//图书馆杂志. —1994(4)

当前读者研究的趋向/赵方切//图书馆学刊. —1994(3)

本世纪末的儿童读者研究:浅谈儿童阅读学的建立/何红//当代图书馆. —1994(3)

浅析图书乱架中的读者心理/刘冬梅//图书馆论坛. —1994(2)

对读者的尊重是读者的心理需要/王黎黎//贵图学刊. —1994(3)

浅议图书馆现代化对情报用户的心理影响/李金庆//文献信息学刊. —1994(1)

读者心理浅探/杨文闽//学海. —1994(3)

硕士研究生文献利用特点研究/杨荣馥,余平//贵图学刊. —1994(2)

建立以用户为中心的图书情报服务体系/张晓林//四川图书馆学报. —1994(6)

新时期高校图书馆读者的变化及其对策/胡明等//贵图学刊. —1995(1)

学生读者信息利用研究/樊松林//图书情报工作. —1995(1)

读者读书状况的变化与分析/徐光复//图书馆界. —1995(1)

博士研究生利用文献的研究/杨定芳//大学图书情报学报. —1995(2)

关于儿童阅读学/何红//中国图书馆学报. —1995(3)

中国在外国留学生利用西方、日本图书馆的障碍及其克服途径/叶向圆//图书馆论坛. —1995(1)

分析读者的层次性/张道葵//大学图书馆学报. —1995(2)

从博士生学位论文的引文看其文献需求/陈乐明,金瑞菊//图书馆理论与实践. —1995(1)

几种心理效应对馆读心理距离的影响/耿培环,秦珂//河南高校图书情报工作. —1995(1)

读者文献需求调研述评/孙勇//中国图书馆学报. —1996(1)

十多年来我国读者学理论研究述评/燕子//大学图书馆学报. —1996(1)

浅谈新时期读者阅读倾向/郦锡元//当代图书馆. —1996(3)

对读者心理学的系统研究/孙凤兴等//现代情报. —1996(3)

浅谈中学生阅读能力的构成与培养/潘维珍//福建图书馆学刊. —1996(3)

少儿读者阅读兴趣成因浅析/何聪郎//图书馆建设.—1996(3)

现代读者需求的特点分析/翟秀云//图书馆建设.—1996(1)

谈社会科学图书馆信息需求研究/王酉梅//北京社会科学.—1996
(2)

谈高校图书馆的读者流/黄雅琴//图书馆理论与实践.—1996(2)

不可忽视老年读者群/王缨缨//图书馆论坛.—1996(3)

论图书馆用户的信息行为及其影响因素/林平忠//图书馆论坛.—
1996(6)

读者队伍新结构的探讨/钱秀南,沈小英//图书馆研究与工作.—
1996(1)

试论图书馆读者学的研究对象/李希孔//图书情报工作.—1996.
增刊(1)

高校研究生群体的信息需求研究/胡小元,姜立志//大学图书馆学
报.—1996(4)

浅谈读者心理学/车遵萍//新疆图书馆.—1996(2)

读者流失现象剖析/夏萍//图书馆工作与研究.—1996(3)

读者行为导向问题思考/李玲//江西图书馆学刊.—1996(2)

分析读者心理,搞好优质服务/史桂华//图书馆论坛.—1996(4)

高校图书馆读者阅读心理及其导向浅说/陈爱华,蒋民//南京理工
大学学报:哲社版.—1996(4)

图书馆读者工作中几种心理效应分析/张萍玉,陈为//浙江高校图
书情报工作.—1996(1)

大学生阅读心理研究/苏凤芝//呼兰师专学报.—1997(1)

高校读者阅读需求初探/张建娥//情报杂志.—1997.16(1)

试论高校图书馆的读者违章行为/黄克文,丁红梅//图书馆论
坛.—1997(1)

高校图书馆读者阅读心理初探/徐竹英//文献信息学刊.—1997
(1)

三、图书馆读者教育

高校图书馆的导读工作/臧铁柱//图书与情报工作. —1990(1)

论高校图书馆用户教育/聂科等//图书馆学研究. —1990(9)

读者教育论/黄本华//孝感师专学报:哲社版. —1991(2)

我国高校图书馆读者教育之调查研究/陈林惠//大学图书情报学
　　刊. —1991(2)

图书馆用户分析与教育/王令英//图书馆员. —1992(1)

公共图书馆读者思想教育的强化对策/司颖//图书馆建设. —1992
　　(4)

大学图书馆用户教育剖析/王姿砚//津图学刊. —1993(1)

略谈图书馆导读的三个拓展/孟继红//江西图书馆学刊. —1993
　　(4)

试论儿童图书馆在跨世纪人才培养与教育上的功能/杨朝桂//少
　　年儿童图书馆. —1994(4)

我国高校情报用户教育现状及其展望/黑龙江省高等学校图书馆
　　情报工作委员会秘书处:葛冠雄等执笔//大学图书馆学报. —
　　1994(2)

高校图书馆读者教育工作浅探/张联君//东方论坛. —1994. 增刊

图书馆的读者培训/姜荷娟//大学图书情报学刊. —1994(3)

图书馆用户教育内容简论/张效赤//图书馆建设. —1994(1)

图书馆加强读者教育的思考/降绍瑞//图书馆工作与研究. —1995
　　(3)

浅谈少年儿童图书馆的教育职能/高德钰//四川图书馆学报. —
　　1995(2)

儿童图书馆社会教育职能的再思考/杨宇平//四川图书馆学报. —
　　1995(2)

教育职能仍是现代图书馆的主要职能,与雷树德同志商榷/彭俊

婷//图书馆论坛.—1995(1)

高校图书馆应注重学生导读的智育效应/康桂芹//图书馆杂志.—1995(1)

用户教育的实践与探讨/张文德//文献信息学刊.—1996(1)

高校图书馆的教师用户教育/杨少敏//云南图书馆季刊.—1996(3)

用户教育：图书馆的一项新职能/金采玲//上海教育学院学报：社科版.—1996(2)

高校信息教育与未来人才培养/魏力更//黑龙江高校研究.—1996(6)

高校图书馆与素质教育/黄俊霞//教育论坛.—1996(6)

自动化后的高校图书馆读者教育/苏俊枝//河南图书馆季刊.—1996(1)

开发读者书目情报意识的几点思考/徐力文//山西图书馆学报.—1996(5)

高校图书馆情报用户教育初探/严玲//情报杂志.—1996.15(6)

四、读者服务方法

试论文献利用障碍及应采取的对策/王浩//西北高校图书馆通讯.—1990(3)

论参与式服务/汪仁泽//四川图书馆学报.—1990(2)

读者服务工作的基本情况、问题和对策/杨学梅等//黑龙江图书馆.—1990(6)

几个咨询理论问题的探讨/薛列栓//科技管理咨询.—1990(10)

谈拒借率的产生与对策/刘小平//高校图书馆工作.—1990(3)

论图书馆免费服务与收费服务的关系/[苏]祖巴列夫著,莎莎译//图书馆界.—1990(2)

锐意改革,开创读者服务工作的新局面/杨鸣//中医药图书情

报. —1990(2)

拒借原因剖析及其解决办法/蔡喜萍//咸宁师专学报. —1990. 10
(3)

图书流通规律初探/陈昕//南京师范大学学报:社科版. —1990
(4)

参考专题阅览室的设置原则与作用/阎家企//江苏图书馆学报. —
1990(5)

浅谈读者服务工作的"四个第一"/王洪杰//渤海学刊. —1990(2/
3)

关于图书馆有偿服务"度"的思考/龙训田//高校图书馆工作. —
1990(2)

对图书馆深化服务问题的探讨/杨成有等//图书情报通讯. —1990
(2/3)

图书利用率统计的指标与方法/孙济庆//福建图书馆学刊. —1990
(3)

为读者查找外文期刊的服务技巧/罗霞//冶金高校图书馆. —1990
(1/2)

发挥图书馆情报职能作用的好形式:参考咨询工作/卢元添//文献
情报学刊. —1990(3)

读者服务工作中有待加强的几种意识/陈誉//浙江高校图书情报
工作. —1990(4)

论图书馆工作服务性和创造性的统一/王邗华//青海图书馆. —
1990(3)

为重点项目深化情报服务的尝试/马秀萍//情报杂志. —1991(4)

图书馆咨询服务论/冯懃//浙江财经学院学报. —1991(3)

图书流通情况抽样分析/徐兆和//上海高校图书情报学刊. —1991
(4)

论咨询系统的耗散结构形式/赵芾彬//图书馆学研究. —1991(3)

论图书馆有偿服务的调控与无偿服务的强化/杨元生//图书馆.—1991(2)

为社会开放,为社会服务/陈超众//图书馆理论与实践.—1991(4)

试论图书馆不同目的的有偿服务/杨伟真//图书情报工作.—1991.增刊(14)

开架好还是闭架好:书刊借阅形式探讨/纪燕秋//青海图书馆.—1991(2)

图书馆有偿服务辨析/蒋玉瑁//四川图书馆学报.—1991(4)

西方参考服务评价的一般方法/方卿等//山东图书馆季刊.—1991(2)

改进参考咨询的几点建议/阎亚宁//图书情报工作.—1991(4)

谈谈图书馆的图书宣传工作/王世位//四川图书馆学报.—1991(5)

图书开架阅览室借阅规律的研究/刘瑞兴等//大学图书馆学报.—1991(5)

关于我国图书馆"有偿信息服务"的几个问题/梁溪清//图书馆理论与实践.—1991(3)

开架借书的规章制度亟待完善/张靖安//图书馆.—1991(5)

参考咨询中原始文献识别及获取途径/洪宪华//情报业务研究.—1991(1)

论图书馆的阅读指导原则/石呈祥//黑龙江图书馆.—1991(5)

谈图书馆服务观念的淡化及其对策/阿尔太//内蒙古社会科学:文史哲.—1991(2)

流通统计工作浅议/余治国//河南高校图书情报工作.—1991(4)

试论图书馆参考咨询心理/张放//黑龙江图书馆.—1991(5)

图书利用率、周转率、流通率辨析/李瑞祥//津图学刊.—1991(4)

图书馆情报咨询服务工作新探:谈学科情报服务/翟丽萍//图书情

报工作. —1991. 增刊(14)

谈如何加强读者服务工作/杨萍//河南图书馆学刊. —1991(2)

浅论参考咨询工作的主动服务意识/孙仪曾//贵图学刊. —1991
(4)

试论图书馆读者工作服务效益统计及其综合评价模式的建立/江
向东//文献情报学刊. —1991(1/2)

发挥群体优势,改进情报信息服务工作/丁民//图书馆. —1991
(6)

浅谈心理学在参考咨询工作中的应用/阎海娟//陕西图书馆. —
1991(1)

图书馆文献资源开发双向作用的探讨/段静//陕西图书馆. —1991
(3)

目录工作者怎样更好地为读者服务/石迎春//青海图书馆. —1992
(3/4)

西方图书馆参考服务人际关系研究述略/雷永立//图书馆学研
究. —1992(6)

决策信息服务如何强化针对性/朱厚桓//图书馆杂志. —1992(1)

文献服务与用户需求/赵秋//图书馆学刊. —1992(14)

图书馆个体服务与群体服务的关系/村夫//图书馆界. —1992(3)

简论增强图书馆服务功能/徐淑文//图书馆研究与工作. —1992
(4)

职业道德层次高低与读者服务质量的探讨/陈带好//图书馆论
坛. —1992(6)

咨询若干理论问题的探讨/焦玉英//情报学刊. —1992(2)

"特色服务"刍议/孙红//高教研究与实践. —1992(1)

特色服务之我见/孙虹//吉林高校图书馆. —1992(1)

参考工作研究综述/赵学军//晋图学刊. —1992(1)

试论参与型服务方式/周军//图书馆建设. —1992(2)

图书馆有偿服务纵横谈/林汉城//图书馆论坛. —1992(3)

定题服务的实践与启示/涂斌//陕西图书馆. —1992(2)

开发文献资源,提高服务质量/金玉满//图书情报工作. —1992
(4)

读者服务工作中言谈艺术六要素/刘甦信//云南图书馆. —1992
(3)

谈读者需求的满足与文献价值的实现/贺巷超//图书馆理论与实
践. —1992(1)

有偿服务及其前景/段小虎//图书馆理论与实践. —1992(1)

关于开展重点读者服务工作的探索/杨昌俊//图书情报知识. —
1992(2)

论馆员的主导作用:兼谈高效率、快节奏、多层次服务问题/朱铮//
图书馆员. —1992(5)

浅论图书馆有偿服务/赵立君//图书馆工作. —1992(2)

参与式服务是图书馆深化服务的必然发展/高潮柱//中国图书馆
学报. —1992(4)

充分发挥大中型图书馆的咨询功能/付立宏//图书馆建设. —1992
(2)

图书馆要主动为读者服务/卢淑敏//中国图书馆学报. —1992(4)

西欧图书馆有偿服务的起因与发展/谢新洲编译//图书馆. —1992
(4)

图书馆为党政领导决策服务之我见/王荣心//图书馆论坛. —1993
(2)

在改革开放中提高文献服务水平的思考/曾发泽//大学图书情报
学刊. —1993(1)

图书馆公关服务/刘磊//情报资料工作. —1993(4)

市场经济和图书馆服务/魏建华//中国图书馆学报. —1993(1)

为重点读者服务的经验/王君//江苏图书馆学报. —1993(3)

图书馆建立信息咨询业的思考/鲍亚宁等//图书与情报.—1993
(2)

读者服务体系的改革及其认识/周龙祥//大学图书馆学报.—1993
(6)

图书馆情报服务方法之浅见/程新//江西图书馆学刊.—1993(1)

论图书馆服务/钟循捷//江西图书馆学刊.—1993(2)

试论我国图书馆信息服务业发展战略/周海旭//北京图书馆馆
刊.—1993(3/4)

面向经济建设,拓宽信息服务领域/张继娜//图书馆学研究.—
1993(6)

图书馆有偿服务的新探索:书刊代租服务/邢尤斌//中国图书馆学
报.—1993(4)

市场经济条件下图书馆为企业服务参考/姜洪良//图书馆学刊.—
1993(5)

浅析图书情报有偿服务工作发展规律/韦宁//四川图书馆学报.—
1993(5)

科技市场的新格局与图书馆科技服务工作/阎龙//图书馆学刊.—
1993(5)

跟踪服务,大有作为/冯梅//图书馆杂志.—1993(6)

提高服务质量,迎接时代挑战/杨晓玲//四川图书馆学报.—1993
(5)

发挥整体优势,发展科技信息服务业/张玉洁//大学图书馆学
报.—1993(6)

面向市场经济,深化信息服务工作/王爱娟//图书馆建设.—1993
(6)

图书情报机构有偿服务综述/若文//图书馆.—1993(2)

多途径开展情报服务的实践与思考/朱月兰等//图书馆.—1993
(6)

论咨询服务的质量评价/何大智等//图书情报工作. —1993(5)

图书情报有偿服务的理论依据/与崇法//图书馆理论与实践. —
1993(3)

谈读者服务工作/阎碧华//图书馆研究与工作. —1993(3)

谈谈读者服务的组织与管理的几个问题/宝福荣等//津图学刊. —
1993(2)

图书馆向社会全面开放之构想/刘勤久等//图书馆学研究. —1993
(5)

试论读者服务工作改革的战略目标与战术目标/孔方恩//图书馆
工作与研究. —1993(1)

图书馆参考工作:它的定义、实质及效果评价/蒋永福//图书馆学
刊. —1993(5)

浅谈提高读者自我服务能力/徐春艳//图书馆杂志. —1993(12)

图书馆要为科技发展和成果转化服务/宋明华//中国图书馆学
报. —1993(4)

公关语言艺术与读者服务/黄祖彬//高校图书馆工作. —1993(2)

略析文献信息服务方式同用户需求的同构空间/朱震远//图书馆
学研究. —1993(5)

加强信息开发,深化读者服务/唐绍明//北京图书馆馆刊. —1993
(3)

中西图书馆参考工作之比较:兼谈我国图书馆参考咨询工作的改
革/肖红//云南图书馆季刊. —1993(4)

图书馆情报服务工作的新概念/岳建设//图书馆杂志. —1993(2)

开放式服务要树立开放式时空观/赵玉婵//青海图书馆. —1993
(1)

谈谈为党政机关决策服务的方法/董绍杰//图书馆建设. —1994
(2)

古代的有偿借书风俗/王器利//津图学刊. —1994(2)

如何评价文献检索服务/邓婉芬编译//图书馆论坛.—1994(3)

浅谈港、澳、台图书馆的服务特色/江浩平//福建图书馆学刊.—1994(1)

略谈利用馆藏科技文献优势开发情报产品/李庆云//图书馆.—1994(4)

变馆藏资源为信息成果初探/王香//高校图书馆工作.—1994(1)

合作咨询服务的信息资源共享新途径/沈固朝//中国图书馆学报.—1994(1)

开展定题跟踪服务,促进成果形成与发展/关昆//图书馆建设.—1994(3)

一种重要的信息咨询服务形式:对图书馆开展查新咨询工作的思考/任丽萍//北京图书馆刊.—1994(1/2)

小议服务观念的转变与服务重点的转移/薛海芹,张平//当代图书馆.—1994(1)

谈图书馆的特色服务/陈惠明//图书馆研究与工作.—1994(12)

内阅:解决图书馆供需矛盾的有效措施/马明霞//图书情报论坛.—1994(1)

关于信息服务的哲学思考(上)/程磊//图书馆学研究.—1994(3)

关于信息服务的哲学思考(下)/程磊//图书馆学研究.—1994(4)

图书馆服务工作的经济学探讨/张京明,杨勇//图书馆杂志.—1994(4)

高校图书馆扩大社会服务的可行性研究/金应渊等//图书馆建设.—1994(5)

制约潜在信息用户向现实信息用户的转化的环境因素分析/徐宝祥等//情报科学.—1994(5)

台湾儿童图书馆服务范围的延伸/罗益群//少年儿童图书馆.—1994(2)

公共图书馆与服务市场/刘卫中//江西图书馆学刊.—1994(3)

读者服务工作的辩证法/崔春梅//晋图学刊.—1994(4)

关于读者服务工作的思考/严跃群//文献工作研究.—1994(3/4)

读者服务模式、方法视野转向与延伸:图书馆工作滑坡论与挑战机遇的思考/杨锐明//四川图书馆学报.—1994(6)

关于情报研究工作的实践与探索/孙学权//大学图书馆学报.—1994(5)

我国公共图书馆有偿服务的发展与趋向/徐大平//图书馆建设.—1994(2)

美国图书馆参考咨询服务/汤春梅,杨子竞//津图学刊.—1994(3)

近年西方图书馆参考服务评价研究述评/付立宏,李祈平//江苏图书馆学报.—1994(5)

强化情报意识搞好读者服务工作/李云生//津图学刊.—1994(3)

树立读者至上观念,改善高校图书馆读者工作/罗丽丽//图书馆论坛.—1994(4)

对图书馆有偿服务的探讨/殷勤业//图书馆建设.—1994(5)

论公共图书馆服务模式种种/余丽君//图书馆学刊.—1994(4)

突破报刊阅览服务的传统模式变被动服务为主动服务/必滔//图书馆.—1994(1)

开展专题服务工作的思考/陈兵强等//大学图书馆学报.—1994(1)

美国高校图书馆的有偿信息服务/戴莹珊//江苏图书馆学报.—1994(5)

新形势下图书馆的信息开发与服务/李高远//中国图书馆学报.—1994(6)

图书馆服务方式辨证/丁道谦//图书馆工作与研究.—1994(1)

我国大陆与香港高校图书馆现代化信息服务之比较/严建援//图书馆工作与研究.—1994(3)

外借服务新议/代根兴等//云南图书馆季刊. —1994（2）

为经济建设服务是我国图书馆的永恒主题/赵成山//中国图书馆学报. —1994（6）

试论读者中心说/于鸣镝//图书与情报工作. —1994（2）

参考咨询专家谈未来的参考咨询工作/孙文艳译//津图学刊. —1994（2）

发展中的图书馆信息服务工作/王传娟等//图书馆建设. —1994（1）

图书馆信息服务工作探讨/黄俊贵//图书馆论坛. —1994（6）

改革服务模式，迎接新的挑战/傅正//高校图书馆工作. —1994（4）

继续更新观念，提高读者服务/陈誉//图书馆杂志. —1994（2）

为乡村企业服务的尝试/李文福//图书馆杂志. —1994（6）

俄罗斯高等院校图书馆和信息的服务协调系统工作/崔志刚等//图书馆建设. —1994（1）

提高文献利用率之诸因素/邱燕等//山东图书馆季刊. —1995（1）

美国信息服务机构的现状和特点/杨子竞//情报资料工作. —1994（1）

近四年来关于国外参考服务研究述评/张美莲//河南图书馆学报. —1994（4）

试论图书馆实行有偿服务的合理性和条件/于鸣镝//四川图书馆学报. —1994（5）

论现代图书馆信息服务/孔庆杰等//图书与情报. —1994（2）

图书馆如何以信息服务市场/王淑华//图书馆建设. —1995（3）

图书馆有偿服务的意义与范围/费俞庆//纺图学刊. —1995（1）

浅谈高校图书馆有偿服务的途径/周海洋//河南高校图书情报工作. —1995（1）

试论高校馆为经济建设服务的三个环节/高非//高校信息学刊. —

1995(1)

信息服务业与作为开发文献信息关键部门的图书馆/卢子博//中国图书馆学报.—1995(2)

让读者服务工作为经济建设服务/王旭//四川图书馆学报.—1995(2)

试论信息的供给与需求/郑长军//图书情报知识.—1995(1)

连锁图书馆,延伸服务的好形式/孙勤//图书馆研究与工作.—1995(2)

公共图书馆不应任意扩大有偿服务的范围/许培基//江苏图书馆学报.—1995(2)

强化图书馆咨询服务/刘艳娥//四川图书馆学报.—1995(1)

读者和助手:读者协会思考/龚景兴//浙江高校图书情报工作.—1995(1)

深圳读者联谊会:联结图书馆与读者的桥梁/庄锡谦//图书馆论坛.—1995(1)

试论新形势下图书馆服务的发展/刘淼艳//图书馆建设.—1996(5)

信息咨询服务的项目管理预备、项目控制和报告/卓传军//图书馆工作与研究.—1996(6)

影响我国文献信息服务现代化与社会化的基本因素和主要障碍/郭彦新//晋图学刊.—1996(4)

新形势下关于消除图书馆文献借阅服务障碍的思考/景行玉//晋图学刊.—1996(4)

浅谈降低拒借率的对策/士宝玲//医院图书馆杂志.—1996(4)

漫议图书馆信息服务深化/覃斌//云南图书馆季刊.—1996(4)

新技术与图书馆信息服务/赵媛//云南图书馆季刊.—1996(4)

信息服务研究大有可为/杨械//图书馆杂志.—1996(5)

信息有偿服务存在的问题与对策/尚志明//山东图书馆季刊.—

1996（3）

搞好我国图书馆参考咨询工作的举措：从美国图书馆的参考咨询服务谈起/陆和健等//图书情报知识．—1996（4）

关于"吸引更多的读者利用图书馆"的经济学思考/王邗华//中国图书馆学报．—1996（6）

参考咨询的模糊性/赵美侠//四川图书馆学报．—1996（5）

图书馆流变，读者研究细分与读者服务研究/潘乔芹等//四川图书馆学报．—1996（6）

公共查询系统的拓展/廖正能//图书与情报工作．—1996（4）

关于深化图书馆文献信息服务的探讨/戴蓓//图书馆杂志．—1996（5）

90年代美国图书馆服务研究述评/赵嫒//江苏图书馆学报．—1996（5）

关于我国参考咨询工作的思考：从美国开展参考服务的优势角度分析/陆和健//晋图学刊．—1996（4）

试论新时期图书情报服务模式/李妹兰//现代情报．—1996（5）

图书馆用户权益保护/熊丽//大学图书馆学报．—1996（6）

一切为了读者是图书馆工作的根本宗旨/赵镇平，袁继坤//大学图书情报学刊．—1996（4）

图书馆服务理论的研究进程/张怀涛//中国图书馆学报．—1996（4）

近十年我国关于西方参考服务研究述评/雷晓庆//晋图学刊—1996（2）

开展信息咨询服务的探索与实践/高晓岚//情报理论与实践．—1996（3）

谈转型期的参考咨询服务/秦广宏//中国图书馆学报．—1996（3）

浅议读者统计与评价/徐安明//图书馆工作．—1996（专辑）

关于新中国参考咨询研究的统计与分析/詹德优//图书与情报．—

1996(1)

参考咨询工作跨世纪发展：前景与构思/李金庆//图书情报论坛. —1996(2)

重点读者的组织服务与管理/沈小英//图书馆学刊. —1996(1)

现代图书馆公共服务的特点/孙平//现代图书情报技术. —1996(1)

改善服务方式，提高图书利用率/吕琼//图书情报杂志. —1996(3)

试论信息供需矛盾与二次文献服务/张慎//情报资料工作. —1996(3)

图书开架借阅值得注意的两个问题/张玉秀//图书馆建设. —1996(2)

略谈多途径提高图书利用率/秦菊兰//图书馆学刊. —1996(4)

近几年关于图书馆导读工作研究概述/黄本华//图书馆理论与实践. —1996(3)

在社会信息服务业挑战中的图书馆发展策略/李琳//图书馆论坛. —1997(1)

90年代我国图书馆参考咨询服务研究综述/詹德优//中国图书馆学报. —1997(1)

面向21世纪的图书馆咨询服务/王纯//上海高校图书情报学刊. —1997(1)

九十年代我国图书馆参考咨询工作进展/刘君//福建图书馆学刊. —1997(1)

网络环境下的参考咨询工作/李秋实//图书馆工作与研究. —1997(1)

读者服务的新做法与效果/高晓凤//江西图书馆学刊. —1997(1)

五、读者服务工作管理

对各层次读者的区分服务/李萍//贵图学刊. —1990(1)

论全开架阅读中的控制与管理方法/费卫亭//图书馆研究与工作. —1990(2)

谈开架借阅管理/吴午霞//浙江高校图书情报工作. —1990(2)

实行开架借阅应进行读者统计工作的尝试/游金福//河南高校图书情报工作. —1990(3)

浅议书价上涨与图书赔偿制度/朱依群//浙江高校图书情报工作. —1990(3)

对图书馆流通工作实践探讨/陈世玲//图书馆学研究. —1991(6)

高校图书馆情报服务工作的走向及评价/刘应书//浙江高校图书情报工作. —1991(2)

试论图书馆开放服务/李静芝//现代远距离教育. —1992. (1)

强化图书情报服务竞争力/苏海潮//情报学刊. —1992.13(4)

试论读者工作组织机构的新模式/那春光//云南图书馆季刊. —1992(2)

浅议文献开发中的投入与管理/傅西平//图书馆工作. —1992(2)

对我国图书馆利用的管理与思考/孙富显//山东图书馆季刊. —1993(4)

浅析读者服务人员心态的几种表现及对策/关岚//图书馆学刊. —1993(5)

图书馆流通服务的数学模型/梁琦//图书情报工作. —1993(6)

读者管理的重要性和基本方法/王永鸣//黔南民族师专学报:哲社版. —1993(3)

图书馆发证工作研究/徐隆洁//图书馆工作与研究. —1993(3)

试论图书管理人员与读者的心理相容性/郑荣双//高等教育研究. —1993(4)

谈读者工作的实质/王玉英//聊城师范学院学报:哲社版. —1993 (3)

试论图书馆的馆藏利用与效益/文冬生//图书馆. —1993(6)

浅谈读者减少的原因及对策/崔芳//江西图书馆学刊. —1993(4)

用系统思想提高文献利用率/王翼宁//当代图书馆. —1993(2)

怎样做好开架借阅中的乱架管理/黄美球//宁德师专学报:哲社版. —1994(2)

浅谈开架借阅与书库管理的关系/鲁爱国//同济医科大学学报:哲社版. —1994(7)

运用运筹学的排队论加强阅览室科学管理/邱明礼//图书馆学研究. —1994(3)

图书馆读者工作新说断想/朱立文//图书馆学刊. —1994(6)

中美高校图书馆参考咨询服务组织管理之比较研究/王颖,吉萍//津图学刊. —1994(3)

读者指导网络:一种新型的网络格局浅析/潘德明//中国图书馆学报. —1994(2)

学生参考阅览室的建设与管理/原建军//河南高校图书情报工作. —1994(2)

关于建立集成式阅览室的探讨/李海林//图书馆学刊. — 1994(1)

当前图书流通部门的困境与改革/刘冬梅//图书情报论坛. —1995 (1)

流通管理自动化初期的一些问题/廖正能//图书与情报工作. —1995(2)

阅览室分得越细越好吗? /张锦秀//当代图书馆. —1995(1)

流通工作高层次服务的思考/刘柏云//高校图书馆工作. —1996 (2)

高校馆发展信息、咨询业的制约因素及对策/刘鑫玲,王耀慧//情报杂志. —1996.15(5)

论军校图书馆服务工作社会化/王春生//文献工作研究. —1996
（2）

提高文献利用率的三个途径/尹慕玲//图书馆界. —1996（2）

图书流通数据分析/吴小武等//高校图书馆工作. —1996（4）

开架借阅与闭架借阅的利与弊/江新//图书馆学刊. —1996（6）

读者服务系统的最优监控/梁琦//江苏图书馆学报. —1996（3）

情感效应在图书流通中的应用/白蜜芸//图书馆论坛. —1996（5）

营造友好的图书馆"用户界面"/周秦//中国图书馆学报. —1997
（1）

绝对丢书率和相对丢书率/李明明//图书馆建设. —1997（1）

浅谈借阅率/张力//现代远距离教育. —1997（1）

主要参考文献

1. 图书馆学百科全书编委会. 图书馆学百科全书. 北京：中国大百科全书出版社,1993

2. 周文骏. 图书馆学情报学词典. 北京：书目文献出版社,1991

3. 北京大学图书馆情报学系,武汉大学图书情报学院. 图书馆学基础. 北京：商务印书馆,1991

4. 宓浩. 图书馆学原理. 上海：华东师范大学出版社,1988

5. 南开大学图书馆学系. 理论图书馆学教程. 天津：南开大学出版社,1986

6. 杜克. 中国图书馆发展战略研讨会论文集. 北京：书目文献出版社,1996

7. 刘经宇. 图书馆与经济发展. 哈尔滨：黑龙江人民出版社,1996

8. 夏侯炳等. 图书馆社会学. 南昌：江西教育出版社,1997

9. 郭星寿. 现代图书馆学教程. 太原：山西高校联合出版社,1992

10. 李明华. 信息交流与现代图书馆系统. 北京：书目文献出版社,1996

11. 黄宗忠. 图书馆学导论. 武汉：武汉大学出版社,1988

12. 黄宗忠. 图书馆管理学. 武汉：武汉大学出版社,1992

13. 沈继武. 藏书建设与读者工作. 武汉：武汉大学出版社,

1987

14. 张树华等. 图书馆读者工作教程. 北京:北京大学出版社,1986

15. В. Ф. 萨哈罗夫等. 图书馆读者工作. 沈阳:辽宁人民出版社,1988.

16. 佟曾功等. 文献服务与保管. 北京:中国科学院文献情报中心,1991

17. 张厚涵. 图书馆的读者服务. 山东:山东省高等学校图书馆工作委员会秘书处,1985

18. 四川省图书馆学会. 读者工作概说. 成都:四川省中心图书馆委员会,1984

19. 中国图书馆学会. 读者学与读者服务工作论文选. 北京:书目文献出版社,1989

20. 彭斐章等. 书目情报服务的组织与管理. 武汉:武汉大学出版社,1996

21. 彭斐章. 书目情报需求与服务研究. 武汉:武汉大学出版社,1990

22. 胡昌平. 信息服务与用户研究. 武汉:武汉大学出版社,1993

23. 沈媛芬,林万莲. 信息服务及其利用. 武汉:华中师范大学出版社,1996.

24. 李希孔. 图书馆读者学概论. 北京:北京农业大学出版社,1995

25. 王十禾等. 社会信息利用能力. 上海:上海文化出版社,1996

26. 林平忠. 图书情报用户教育. 上海:上海科学技术文献出版社,1993

27. 李雪峰,毕强. 图书馆用户教育. 全国高等学校图书情报工

作委员会,1988

28.王学东.图书情报管理学概论.北京:中国商业出版社,1990

29.陈建龙.信息市场经营与信息用户.北京:科学技术文献出版社,1994

30.娄策群等.文献信息服务.武汉:华中师范大学出版社,1994

31.黄葵,俞君立.阅读学基础.武汉:武汉大学出版社,1996

32.刘荣.图书情报管理自动化基础(下).武汉:武汉大学出版社,1993

33. H. K.克鲁普斯卡娅.列宁论图书馆工作.北京:北京时代出版社,1957

34.梁彦斌.读者学.哈尔滨:黑龙江教育出版社,1990

35.张树华.试论图书馆读者结构.大学图书馆通讯,1982(2)

36.项戈平.1982-1983我国读者工作研究综述及展望.图书情报知识,1984(3)

37.罗德运.再谈读者工作规律.图书情报知识,1985(1)

38.程磊.图书馆读者划分与研究,图书馆学研究,1985(2)

39.张欣毅.浅谈读者工作学科的科学体系.图书馆理论与实践,1986(3)

40.黄晓新.近年来读者工作研究述评.图书馆工作与研究,1988(2)

41.张树华,项戈平.四十年图书馆读者服务的实践与理论进展.图书馆学通讯,1989(2)

42.梁晓军.图书馆服务工作中的读者心理.图书与情报,1989(2~3)

43.宋安英.读者心理学浅探.图书与情报,1989(2~3)

44.郁立.谈图书馆服务工作的优化.图书馆员,1990(3)

45. 石呈祥. 关于建立图书馆服务学的构想. 图书馆理论与实践,1989(2)

46. 全国高校图工委秘书处. 我国高等学校情报用户教育现状及其展望. 大学图书馆学报,1991(1~2)

47. 葛冠雄等. 我国高等学校情报用户教育教材建设述评. 大学图书馆学报,1991(1~2)

48. 陈洪旺. 再论读者工作的实质. 黑龙江图书馆,1991(3)

49. 王龙. 略论社会阅读活动的控制与优化. 黑龙江图书馆,1991(3)

50. 王安文. 浅谈读者工作的新作用、新趋势、新途径. 山西图书馆学报,1992(1)

51. 何明纯. 谈少儿读者个性培养中应注意的几个问题. 图书馆学研究,1992(3)

52. 魏巧润. 论读者工作新概念. 纺图学刊,1993(2)

53. 王桂艳. 我国读者学理论研究现状及发展态势分析. 中国图书馆学报,1994(3)

54. 王桂艳. 关于读者学的学科性质浅议. 图书馆学刊,1995(1)

55. 徐恩之. 论社会的图书馆意识. 山东图书馆季刊,1995(2)

56. 徐东明. 论当前高校图书馆读者工作的拓展与革新. 西藏民族学院学报:社科版,1995(4)

57. 周德明等. 文献资源共享与知识产权的维护. 图书馆杂志,1995(6)

58. 温国强,蒋凌慧. 略论图书馆读者组织的三种模式. 图书情报工作,1995(5)

59. 孙勇. 读者文献需求调研述评. 中国图书馆学报,1996(1)

60. 黄宗忠. 论21世纪图书馆. 图书与情报,1996(2)

61. 白国应. 树立信息观念——实现图书馆信息化. 津图学刊,

1996（2）

62. 彭斐章,刘磊. 论现代条件下科研与发展中信息需求与利用的特征. 图书与情报,1996（3）

63. 王春正. 再接再厉,讲求实效,努力做好信息服务工作. 信息市场报,1996（4）

64. 燕子. 十多年来我国读者学理论研究述评. 大学图书馆学报,1996（4）

65. 周六炎等. 知识产权法规对我国情报服务的影响与对策研究. 情报杂志,1996（2~3）

66. 全国信息资源调查领导小组办公室. 全国信息资源调查分析报告. 中国信息导报,1996（2）

67. 张怀涛,刘广普. 图书馆服务理论的研究进展. 中国图书馆学报,1996（4）

68. 赵成山. 构建以读者为核心的图书馆学. 中国图书馆学报,1996（4）

69. 王邗华. 关于"吸引更多的读者利用图书馆"的经济学思考. 中国图书馆学报,1996（6）

70. 曾民族. 面向电子信息资源的信息服务业及其技术发展动向. 情报学报,1996.15（1）

71. 梁若冰. 文化部图书馆司司长、第六十二届国际图联大会中国组委会秘书长杜克谈传统意义上的图书馆会消逝吗. 光明日报,1996.8.31.②

72. 陈燮君. 以科学管理方法营造跨世纪的管理——关于上海图书馆新馆建设的理论思考. 图书馆杂志,1996（6）

73. 钟婉懿. 社会科学图书馆在电子信息时代的新角色与新任务. 情报资料工作,1996（9）

74. 蔡泽东,信息服务与研究的现状和发展. 图书情报工作,1997（1）

75. 沈媛芬. 对深化图书馆信息服务的思考. 中国图书馆学报, 1997（3）

76. 孙辨华. 迎接图书馆现代化的挑战. 现代图书情报技术, 1997（3）

77. 钱刚, 毕强. "图书馆信息化"理论探讨. 中国图书馆学报, 1997（4）

78. 刘甦. 谈读者服务工作的现代化、情报化和社会化. 情报杂志, 1997（5）

79. 周秦. 论发展读者. 图书情报工作, 1997（6）

80. 詹德优. 90年代我国图书馆参考咨询服务研究综述. 中国图书馆学报, 1997（1）